A cura di
Alberto Clementi
Paolo Fusero

PROGETTARE DOPO IL TERREMOTO
Esperienze per l'Abruzzo

DESIGNING AFTER THE EARTHQUAKE
The Abruzzo Region Experience

AF412001

Montorio al Vamano
Campotosto
Pietracamela
San Demetrio Ne' Vestini
Poggio Picenze
Capitignano
Barete
Montereale
Pizzoli
Cagnano Amiterno
Villa Sant' Angelo
Sant' Eusanio Forconese
Scoppito
L'Aquila
Fossa
Ocre
Tornimparte
Lucoli
Fagnano Alto
Fontecchio
San Pio
Rocca di Cambio
Rocca di Mezzo
Tione degli Abruzzi
Ovindoli
Collarmele
Cocullo
Tossicia
Colledara
Castelli
Arsita
Fano Adriano
Barisciano
Prata d'Ansidonia
Santo Stefano di Sessanio
Montebello di Bertona
Castelvecchio Calvisio
Castel del Monte
Civitella Casanova
Villa Santa Lucia degli Abruzzi
Ofena
Cugnoli
Brittoli
Penna Sant'Andrea
San Pio delle Camere
Capestrano
Caporciano
Torre de Passeri
Navelli
Bussi sul Tirino
Acciano
Popoli
Gagliano Aterno
Castelvecchio Subequo
Castel di'Ieri
Goriano Sicoli
Bugnara

PROGETTARE DOPO IL TERREMOTO
DESIGNING AFTER THE EARTHQUAKE

Abruzzo Region

UdA, University Chieti-Pescara, Faculty of Architecture

SCUT, UdA Research Centre "Urban and Territorial Competitive Development"

Il presente volume è stato finanziato con il contributo del Centro di Ricerche SCUT, Sviluppo Competitivo Urbano e Territoriale

INDICE

PRESENTAZIONE

Gianni Chiodi, Commissario Delegato per la Ricostruzione Presidente Regione Abruzzo

Per far fronte al grave evento del terremoto dell'Aquila, la Regione Abruzzo ha avviato fin dai primi momenti la sperimentazione dei modelli di intervento con il concorso delle università abruzzesi. In particolare ha promosso i Laboratori interdisciplinari (Abruzzo InterLab) attraverso un innovativo Protocollo d'Intesa con la Facoltà di Ingegneria de L'Aquila, la Facoltà di Architettura di Pescara, la Facoltà di Geologia di Chieti.
I laboratori, autofinanziati grazie alla generosa disponibilità delle università partecipanti, avrebbero dovuto rappresentare il banco di prova delle attività di ricerca, speri-mentazione e formazione, nonché dell'avvio di "cantieri scuola", al fine di mettere a punto modelli di intervento generalizzabili ai diversi territori colpiti dal sisma. Come campo di applicazione prioritario sono stati scelti sei comuni del cratere sismico: Barete (AQ), Caporciano (AQ), Castelli (TE), Goriano Sicoli (AQ), Poggio Picenze (AQ) e Rocca di Mezzo (AQ).
Nei loro primo anno di vita, i Laboratori, insediati nei sei comuni convenzionati, hanno predisposto una varietà di materiali finalizzati alla ricostruzione: studi tematici, modelli metodologici, proposte esemplificative anche a carattere sperimentale sul tessuto edilizio e sul sistema degli spazi pubblici, nella prospettiva della sicurezza sismica, sostenibilità ambientale e partecipazione sociale.
In questo scenario, l'obiettivo specifico della Regione, prima ancora che il quadro istituzionale evolvesse con la istituzione del Commissario delegato alla Ricostruzione, è stato di sperimentare nuovi modi di intervento a partire dal livello locale, delle amministrazioni comunali e delle società locali colpite dal sisma. Con il Protocollo si intendeva infatti contribuire alla mobilitazione dei diversi attori istituzionali per soddisfare le diverse istanze (sociali, professionali, istituzionali e imprenditoriali) all'interno di una visione unitaria in sede locale del difficile processo di ricostruzione post sisma.
In particolare, l'obiettivo dei Laboratori è stato di contribuire alla definizione degli indirizzi per il recupero, la conservazione, la messa in sicurezza del patrimonio residenziale e produttivo, e anche di formulare prime ipotesi di carattere progettuale con cui avviare i cantieri della ricostruzione. Le Facoltà coinvolte hanno risposto mettendo a disposizione le loro professionalità, con docenti, dottori di ricerca, dottorandi, laureandi e studenti, e fornendo servizi di supporto tecnico, anche in termini di strumentazioni hardware e software.
Superata ormai la prima fase dell'emergenza, il modello della ricostruzione in Abruzzo si è consolidato, grazie anche all'introduzione dei Tavoli di Coordinamento Istituzionali e della Struttura Tecnica di Missione. Ma rimane la nostra priorità accordata alle società e alle istituzioni locali che devono fungere da soggetti protagonisti

PROGETTARE DOPO IL TERREMOTO

FOREWORD

Gianni Chiodi, Deputy Commissioner for Reconstruction President of the Abruzzo Region

To address the severe occurrence of the earthquake in L'Aquila, the Abruzzo region immediately started experimenting models of intervention with the participation of universities in Abruzzo. In particular it promoted the *Interdisciplinary Laboratories* (Abruzzo InterLab) through an innovative Protocol of Understanding with the Faculty of Engineering of L'Aquila, the Faculty of Architecture of Pescara, and the Faculty of Geology of Chieti. The workshops, self-funded thanks to the generosity of the participating universities, were to represent a trial of research, experimentation and training, and the opening of "laboratories" in order to develop intervention models applicable to the other territories affected by the earthquake. Six municipalities of the sismic crater were given priority for the application: Barete (AQ), Caporciano (AQ), Castelli (TE), Goriano Sicoli (AQ), Poggio Picenze (AQ) and Rocca di Mezzo (AQ).

In their first year of life, the Laboratory, established within the six municipalities, provided a variety of materials aimed at reconstruction: thematic studies, methodological models, experimental examples on the buildings and on the system of public spaces, with a view of seismic safety, environmental sustainability and social participation. Within this scenario, the specific objective of the Region, even before the institutional framework with the institution of the Commissioner delegated to the Reconstruction was developed, was to experiment with new methods of intervention at a local level of the municipalities and local communities affected by earthquake. In fact, the Protocol was intended to contribute to the mobilization of various institutions in order to meet the various requirments (social, professional, institutional and business) within a unitary view of the difficult process of local post-earthquake reconstruction.

In particular, the objective of the Laboratories was to contribute to the definition of guidelines for the recovery, preservation, the safety of residential and productive assets, and also to formulate the first hypothesis of design with which to start the reconstruction. The involved faculties responded by providing their expertise with lecturers, postdocs, graduates, undergraduates and students, and providing technical support services, also in terms of hardware and software.

Having exceeded the initial emergency phase, in Abruzzo the model of reconstruction has been consolidated, thanks also to the introduction of the Tables of Institutional Coordination and the Technical Structure of the Mission. But our priority remains with local companies and institutions that must serve as protagonists of the reconstruction, playing a key role in particular for the revival of the economies and the reconstruction of the identity of our territory. We intend to continue to demand an extraordinary commitment from the university, providing their skills

della ricostruzione, svolgendo un ruolo chiave in particolare ai fini del rilancio delle economie e della ricostruzione identitaria del nostro territorio.

Intendiamo continuare a chiedere alle università un impegno straordinario, mettendo le proprie capacità al servizio delle comunità e delle amministrazioni locali. Pur nelle nuove condizioni di contesto, si vorrebbe infatti dar seguito alla fattiva collaborazione già sperimentata sui temi della ricostruzione nelle aree investite dal terremoto. Il fine ultimo è di favorire la crescita di un sistema coeso su base regionale, il "Sistema Abruzzo", mirato alla condivisione di attività conoscitive, formative e sperimentali, di studi rivolti alla predisposizione di programmi integrati per la ricostruzione e lo sviluppo sostenibile del territorio.

Questo libro raccoglie i primi risultati di quella progettualità messa al servizio dei sei comuni pilota dei Laboratori interdisciplinari. E' stata una fase di grande intensità, in cui le università hanno investito le proprie risorse per aiutare i sindaci a fare il meglio possibile all'indomani del sisma, offrendo le proprie competenze per definire le prime proposte di intervento.

Questo esperimento rafforza la nostra convinzione che, per produrre buoni risultati in situazioni drammatiche, come quella del terremoto in Abruzzo, occorre fare appello alle risorse di tutti, trovando nuovi modelli di cooperazione e partenariato, non solo tra le istituzioni di governo, ma anche con le università, il volontariato, le comunità locali nonché il mondo delle professioni e le forze imprenditoriali.

Sono presentati in questo volume i primi risultati. In futuro cercheremo di fare ancora meglio, strutturando in modo più organico i rapporti con le università nell'ambito dei piani di ricostruzione, che dovranno accompagnare il lungo processo di rinascita dei nostri territori e del loro tessuto economico negli anni a venire.

Il nuovo quadro legislativo che si sta deliberando in Regione, "Norme in materia di pianificazione per il governo del territorio", dovrebbe diventare un ulteriore riferimento per la ricostruzione in Abruzzo, promuovendo una programmazione del territorio in grado di coniugare istanze di sviluppo e valorizzazione delle identità locali. In fondo proprio la ricostruzione, se bene intesa, può diventare il banco di prova di una nuova concezione della pianificazione urbanistica integrata con la pianificazione paesaggistico-ambientale e con la pianificazione strategica nell'ottica dello sviluppo sostenibile del territorio.

Molto è stato fatto, ma il percorso della ricostruzione dei territori più devastati dal sisma è in realtà ancora al suo inizio. È però nostra convinzione che con l'apporto di tutti, in particolare degli enti locali e delle università, a cui va il nostro sentito ringraziamento, si potrà affermare nel prossimo futuro un modello di intervento in cui il sapere comune viene messo a servizio della collettività, e in cui il livello locale assume anche il ruolo chiave di artefice del proprio futuro.

Questo esperimento lo ha lasciato intravedere. Ci auguriamo che i risultati futuri siano ancora più probanti.

to serve the community and local government. Even in the conditions of a new context, we would like to proceed with the collaboration that has already been experimented on the theme of reconstruction in the areas affected by the earthquake. The ultimate goal is to encourage the growth of a cohesive system on a regional basis, the "Abruzzo System" aimed activities at sharing knowledge, training and experimental studies aimed at the establishment of integrated programs for reconstruction and sustainable development of the territory .

This book collects the first results of the projects in the service of the six pilot municipalities of the Interdisciplinary Laboratories. It was a time of great intensity, in which universities invested their resources to help the mayors do the best possible in the aftermath of the earthquake, providing expertise to set the first proposals for action.

This experiment strengthens our belief that in order to produce good results in dramatic situations, such as the earthquake in Abruzzo, it is necessary to call upon all the available resources, finding new models of cooperation and partnership, not only among government institutions, but also with universities, the voluntary sector, local communities and the world of professionals and entrepreneurial forces.

Presented in this volume are the first results. In the future we will try to do even better by structuring a more organic relationship with the universities in terms of reconstruction plans, which must accompany the long process of rebirth of our land and its economy in the years to come.

The new legislative framework that is active in the region, "Regulations on planning for the territorial government," should become an additional reference for the reconstruction of Abruzzo, promoting spatial planning able to combine the need for development and valorization of local identities. Fundamentally it is the reconstruction, if correctly understood, that can become the touchstone of a new conception of urban planning integrated with the landscape and environmental planning and strategic planning aiming toward the sustainable development of the area.

Much has been done, but the path of reconstruction of the areas most devastated by the earthquake is still at its beginning. However, it is our belief that with the help of everyone, especially local authorities and universities, which deserve our heartfelt thanks, one can claim in the near future an intervention model in which common knowledge is put at the service of society and where the local authorities take the key role of in creating their own future.

This is what the experiment has hinted at. We hope that the future results are more conclusive.

PRESENTAZIONE

Alberto Clementi, Paolo Fusero

Questa pubblicazione nasce da un'importante esperienza che ha coinvolto intensamente la facoltà di architettura di Pescara. Il terremoto del 6 aprile 2009 ha toccato le coscienze di tutti, docenti e studenti, suscitando una generosa mobilitazione al soccorso delle popolazioni colpite, e liberando nell'occasione energie latenti che raramente sono state messe a frutto in precedenza.

Dopo i primi concitati momenti, in cui ha prevalso la necessità di essere presenti in qualche modo offrendo spontaneamente la propria disponibilità, ci si è presto resi conto che alle università veniva chiesto qualcosa di più che non soltanto il volontariato dei singoli docenti e studenti. C'era bisogno di capacità organizzativa, per provvedere in modo strutturato alla assistenza ai tecnici della protezione civile, ai sindaci e alle altre autorità pubbliche impegnate nelle operazioni di pronto intervento. Solo così si sarebbe potuto contribuire davvero a migliorare l'efficacia degli sforzi, portando il valore aggiunto di una strategia coerente, in grado di portare a sistema le singole azioni dell'emergenza e della ripresa.

Nella circostanza si è avvertita una sostanziale impreparazione del mondo universitario ad agire come sistema, essendo ciascuno abituato piuttosto a muoversi individualmente, o come singola componente specialistica, chiamata ad offrire le proprie strumentazioni di supporto agli organismi preposti.

E' stato così che la prima iniziativa presa dalla nostra facoltà, d'intesa con la Regione e l'associazione nazionale dei costruttori, ANCE, ad appena un mese dal sisma, è stata la convocazione di un incontro di lavoro all'Aquila di tutte le facoltà tecniche dell'Abruzzo. Prima con le rappresentanze qualificate delle altre facoltà di architettura e ingegneria italiane, poi con le imprese e gli ordini professionali dell'Abruzzo. Attraverso questo confronto a caldo tra le diverse parti, ci si riprometteva di capire se proprio in questo frangente fosse stato possibile sperimentare una nuova filosofia d'intervento, caratterizzata più dalla sinergia e dalla complementarietà degli sforzi che dalla generosità dei contributi individuali.

Nel corso del primo seminario, alla presenza del vicepresidente del CUN e dei presidi o loro delegati di 18 facoltà italiane (*), si è discusso del ruolo che il sistema universitario nel suo insieme è chiamato ad assumere nei processi di ricostruzione post-terremoto, in Abruzzo come altrove.

Dall'incontro è emerso l'intendimento comune di cogliere l'occasione per rilanciare una riflessione più complessiva sul sistema Paese, e sulla necessità di riformare urgentemente le politiche preventive sul territorio al fine di migliorarne i profili di sicurezza contro i rischi sismici e idrogeologici. Come già accadde in passato, con la frana di Agrigento nel '66, ci si è resi conto che il problema non riguarda soltanto un singolo territorio, particolarmente carente nei controlli e nell'applicazione delle normative. In Abruzzo si è manifestato un difetto di sistema, che può ripetersi in ogni parte del Paese. E, come allora si dette risposta realizzando aree per servizi

FOREWORD

Alberto Clementi, Paolo Fusero

This publication was written following an important experience that intensely involved the Faculty of Architecture of Pescara. The strong earthquake of April 6, 2009 touched the conscience of everyone, teachers and students, fostering a generous mobilization to help the people affected and releasing latent energies which had rarely been put to use in the past. After the first few agitated moments, in which the need to be present somehow and spontaneously offer availability were dominant, it was soon realized that the university was required to offer more than just the volunteering of individual teachers and students. There was the need for organization in order to provide structured technical assistance to the civil protection, the mayors and other authorities involved in emergency operations. Only in this way could one really help to improve the effectiveness of efforts, bringing the added value of a coherent strategy that combines the actions of emergency and recovery.

The circumstances have revealed a substantial lack in preparation of the university to act as a system, being used to move as individuals or in single specialist components called to offer their support.

As a result, the first initiative taken by our faculty, in consultation with the Region and the ANCE, just one month after the earthquake, was to hold a meeting for all the technical faculties of Abruzzo. First with qualified representatives of the other Italian faculties of Architecture and Engineering, then with the businesses and professionals of Abruzzo. By discussing with these different groups, one hoped to determine whether at this point it was possible to experiment a new philosophy of action, characterized by more synergy and synchronization of the efforts generously offered by individual contributors.

During the first seminar, which was attended by the Vice-President of the CUN and deans or their delegates from 18 Italian Faculties (*), was discussed the role that the university system as a whole could play in the post-earthquake reconstruction processes, in Abruzzo and elsewhere.

The meeting showed the common determination to take this opportunity to launch a more comprehensive reflection on the country's system, and the need for an urgent reform of preventative policies in the territory in order to improve the safety profiles of seismic and geological risks. As has already happened in the past, with the landslide of Agrigento in 1966, we realized that the problem is not just the single territory, particularly lacking in verifications and enforcement of regulations. Abruzzo was victim of a fault in the system which could be repeated anywhere in the country. Therefore, in the same way as important innovations in zoning laws were given as an answer, in particular introducing minimum standards for areas of public services, today, a reform of the system is just as necessary in order to ensure a genuine improvement of urban and territorial safety standards. In the context of this new policy against the risk of disasters, in

pubblici, così oggi appare altrettanto necessaria una riforma di
sistema, che garantisca l' effettivo
miglioramento degli standards di
sicurezza territoriale e urbana.
In questa prospettiva una nuova
politica del Paese contro i rischi di
calamità, si è manifestato all'Aquila un impegno comune a coordinare per la prima volta in modo
stabile le attività delle singole
facoltà, estendendo soluzioni già
sperimentate embrionalmente nel
settore della sismica con il modello
ReLuis (la rete dei laboratori per
l'ingegneria sismica a servizio della
protezione civile) alle strategie più
complessive della ricostruzione
mirate allo sviluppo sostenibile. L'
obiettivo prioritario di questa nuova
fase diventa l' integrazione sul
territorio dei diversi saperi, competenze e linee di intervento necessarie per far fronte alla complessità
delle politiche di programmazione
e di governo a favore delle aree
terremotate.
L'università -agendo come sistema,
non come somma dei singoli istituti
- dovrebbe dimostrare l'efficacia
del proprio ruolo a supporto delle

amministrazioni pubbliche centrali
e locali, inaugurando una nuova
fase dei rapporti interistituzionali, con l'obiettivo di valorizzare
l'alto contributo che proviene dal
mondo scientifico posto al servizio del Paese. Come corollario di
quest'impostazione, si era avanzata
la richiesta di modificare temporaneamente la normativa dei lavori
pubblici vigente, ripristinando in
particolare la norma che consente
alle università di produrre studi di
fattibilità e progetti preliminari.
Il costituirsi di un punto di vista
dell'università come soggetto
unitario, in grado di dialogare
sulle questioni del terremoto con
le altre amministrazioni dello Stato
ai diversi livelli, ma anche con le
organizzazioni sociali e imprenditoriali, nonché con la società civile,
è il risultato più importante dell'
incontro seminariale all'Aquila.
L'importanza decisiva del protagonismo delle società e delle istituzioni locali è invece stata messa
in luce dal successivo Seminario
"Idee per la ricostruzione delle città. Università e imprese a confron-

PROGETTARE DOPO IL TERREMOTO

L'Aquila for the first time a common commitment to the coordination of the activities of individual faculties has been witnessed, by extending solutions experimented in the seismic sector by the ReLuis model (the network of laboratories for earthquake engineering at the service of the civil protection) to more comprehensive reconstruction strategies aimed toward sustainable development. The primary objective of this new phase is the integration in the territory of the various knowledge, skills and lines of intervention on offer, necessary for dealing with the complexity of planning and government policies in favor of the quake-hit areas.

The university - acting as a system and not as the sum of individual institutions – is meant to demonstrate the effectiveness of its role in supporting the central and local government, inaugurating a new phase of relationships between institutions, with the aim of applying the high-level contribution coming from the scientific sectors at the service of the country. As a corollary of this approach, the request to temporarily change the existing rules for public works, in particular by restoring the rule that allows universities to produce feasibility studies and preliminary designs was made.

The establishment of the university as a unit capable of contributing at various levels to seismic issues together with other government departments, social organizations and businesses, as well as with the civil society, is the most important result of the meeting in L'Aquila. The crucial importance of the leadership of local society and institutions was highlighted by the subsequent seminar "Ideas for the reconstruction of the city. Universities and firms face to face", organized by ANCE. The debate began with a critical reflection on past experiences of reconstruction of our country, in Belize, in Irpinia, in Friuli and in the Umbria-Marche region.

In particular, after Belize, the fallacy of imposed top down intervention models became quite clear, with the construction of relocated modern settlements, removed from tradition, indifferent to the expectations and specific opportunities for development of local societies. After Irpinia, on the other hand, were learned the potentials, but also the limits, of the centralist model guided by special commissioners, in turn, expression of extraordinary bureaucracy tempered by the subsidiarity of municipal mayors.

In Naples, the attempt to make the extraordinary procedures ordinary by inserting reconstruction plans in the municipal plan, already adopted in the suburbs, collided with the rigidity of the provisions of the plan in force, and the high complexity of reconstruction policies in a city already burdened by huge housing needs. Meanwhile, the experimentations of the model of early recovery led by the Minister of Civil Protection in Pozzuoli have proven to be ineffective in practice, in particular with the initiative to entrust the design of a town of about 4,000 new houses in Monterusciello to the University of Naples, giving particularly disappointing results.

to", organizzato con l'ANCE. Qui il dibattito ha preso le mosse dalla riflessione critica sulle precedenti esperienze della ricostruzione del nostro Paese, nel Belice, nell'Irpinia, nel Friuli e nell'Umbria-Marche.
In particolare, dal Belice è emersa in tutta evidenza la fallacia dei modelli di intervento top down imposti dal centro, con la ricostruzione di insediamenti moderni delocalizzati, avulsi dalle tradizioni, indifferenti alle attese e alle specifiche possibilità di sviluppo delle società locali.
Dall' Irpinia si sono invece apprese le potenzialità, ma anche i limiti, del modello centralistico guidato dai commissari straordinari, espressione a sua volta di procedure burocratiche straordinarie temperate dalla sussidiarietà dei sindaci comunali.
A Napoli il tentativo di riportare all'ordinario le procedure straordinarie, inserendo la ricostruzione nel piano comunale delle periferie già adottato, si è scontrato con la rigidità delle previsioni del piano regolatore vigente, e con l'elevata complessità delle politiche della ri-

costruzione in una città già gravata da un enorme fabbisogno abitativo pregresso. Al tempo stesso, a Pozzuoli, si è sperimentata concretamente l'inefficacia del modello di ricostruzione rapida guidata dal ministro della Protezione civile, in particolare con la sua iniziativa di affidare all'università di Napoli la progettazione di una new town di circa 4.000 alloggi a Monterusciello, dagli esiti particolarmente deludenti.
Per contro, l'Umbria, le Marche e in particolar modo il Friuli, hanno dimostrato la validità dei modelli che riconoscono alle Regioni e agli Enti locali un ruolo decisivo nella programmazione e nella gestione degli interventi post-sisma. Soprattutto nel Friuli si è riusciti a trasformare il capitale sociale locale e gli investimenti per la ricostruzione in una leva per la trasformazione dell'economia, propiziando l'evoluzione verso un nuovo modello di sviluppo caratterizzato da profili di elevata competitività internazionale.
Questo secondo seminario è stato

  PROGETTARE DOPO IL TERREMOTO

In contrast, Umbria, Marche and in particular Friuli, have demonstrated the validity of models that give the regions and local authorities a decisive role in the planning and management of post-earthquake operations. Friuli has been especially successful in transforming the local social capital and investments for the reconstruction into a lever for a change in the economy, favoring a new model of development characterized by high-profile international competitiveness.

The second seminar was important for the full convergence between the university, businesses, professional associations and regional government, in an effort to strengthen the Abruzzo System, recognized as the leading actor of the necessary reconstruction policies, in turn hinged on individual local areas. The central role of the regional administration itself allows to effectively combine the strategies based on the endogenous capacity of the local system and those carried by the central institutions of the government, civil protection and universities. What happened next was largely a result of the founding moments launched by these seminars in L'Aquila.

The Region initiated a pilot program of collaboration between the university and several municipalities of the Abruzzo area, without allocation of funds. This program (Abruzzo InterLab) has now concluded after a year and a half of work and this book gathers the most significant results.

The agreement between the national school of architecture and engineering, however, after a promising debut with the idea of creating a coordination with RITS, Interfaculty Network for Earthquakes and Sustainable Development, which was signed by the faculties that had organized the seminars in L'Aquila, disintegrated without leading to concrete results. They were weighed down the difficulty of harmonizing intervention programs of the individual universities involved in Abruzzo, but above all by the inability to find partners interested in the institutions from the central and regional governments, even from the ministry of the university

importante per aver registrato la piena convergenza dell'università, delle imprese, degli ordini professionali e del governo regionale, nell'impegno di rafforzamento del Sistema Abruzzo, riconosciuto come necessario protagonista delle politiche di ricostruzione, a loro volta incardinate sui singoli territori locali. Proprio il ruolo centrale dell'amministrazione regionale consente di coniugare in modo efficace le strategie fondate sulle capacità endogene del sistema locale e quelle portate dalle istituzioni centrali del governo, della protezione civile e delle università. Ciò che è accaduto dopo, è in gran parte una conseguenza di questi momenti fondativi lanciati dai seminari dell'Aquila.

La Regione ha avviato un programma sperimentale di collaborazione tra le università dell'Abruzzo e alcuni comuni pilota dell'area del cratere, senza dotazione di fondi. Questo programma (Abruzzo InterLab) si è ora concluso dopo un anno e mezzo di lavoro, e il libro qui presentato ne raccoglie i frutti più significativi. Invece l'intesa tra le facoltà di architettura e ingegneria nazionali, dopo un promettente esordio con l' ipotesi di creazione di un coordinamento RITS, Rete Interfacoltà Terremoti e Sviluppo Sostenibile, a cui hanno aderito le stesse facoltà cha avevano dato vita al seminario dell'Aquila, si è esaurita senza portare a risultati concreti. Hanno pesato le difficoltà di armonizzare i programmi di intervento delle singole università impegnate in Abruzzo, ma soprattutto l'impossibilità di trovare interlocutori interessati nelle istituzioni di governo centrale e regionale, neanche presso il ministero dell'università con le sue strategie di finanziamento delle ricerche d'interesse nazionale PRIN, troppo condizionate dalla separatezza tra i diversi settori disciplinari.

Insomma, l'università non ce l'ha fatta a costituirsi in soggetto unitario, alla scala delle altre agenzie nazionali e degli enti di governo ai diversi livelli. E lo scenario attuale, di crisi e false riforme, rende ancora più pessimisti per il futuro. Forse si è perduta un'occasione importante, e ci vorrà del tempo perché si manifesti di nuovo un simile sussulto di dignità da parte del sistema universitario.

Oggi, dopo la conclusione della prima fase sperimentale di Abruzzo InterLab, si sta aprendo una nuova fase di lavoro, in cui alcune università partecipano alla produzione dei Piani di Ricostruzione gestita dai singoli comuni con il supporto del Commissario delegato, Chiodi, e della Struttura Tecnica di Missione diretta dall'arch. Fontana, già capo dipartimento del ministero delle Infrastrutture. Entrambi hanno mostrato interesse e capacità di organizzare positivamente la complessa rete dei rapporti interistituzionali, riportandoli alle finalità prioriarie di ripresa economica e sociale dei territori colpiti dal sisma. Dell' impostazione iniziale è rimasta la concreta disponibilità della facoltà di architettura di Pescara ad agire di supporto ai Comuni, in un regime di cooperazione interistizionale che abbatte i costi della pianificazione e che soprattutto consente ai ricercatori più attrezzati culturalmente di sperimentare un approccio trasversale, interdisciplinare e trans-scalare. Non è poco.

Almeno questa sarebbe un'innovazione importante nel campo delle strategie della ricostruzione e dello sviluppo sostenibile post-sisma. Nel dare conto dei risultati di Abruzzo InterLab, è apparso opportuno richiamare anche le altre attività di sperimentazione che la facoltà ha promosso, pur in assenza di specifici protocolli di accordo con la Regione. E' in particolare il caso di Cese di Preturo nel comune dell'Aquila, dove sono in gioco i problematici rapporti con il nuovo insediamento realizzato dalla Protezione civile, totalmente avulso dal contesto locale e bisognoso di nuovi interventi che ne migliorino l'abitabilità e la vivibilità urbana. Ma è anche il caso di Fontecchio, dove una tempestiva richiesta di intervento da parte del sindaco ha permesso di adottare soluzioni efficaci fin dai primi giorni dell'emergenza. In secondo luogo, si è voluto evocare alcuni risultati delle prime tesi di laurea che sono state prodotte pionieristicamente sui territori del terremoto, anticipando una scelta che avrebbe poi caratterizzato i laboratori progettuali dell'anno

16

with its research funding strategies of national PRIN interest, too conditioned by the separation between the different disciplines.

In short, the university did not manage to form a unit on the scale of other national agencies and government bodies at various levels. And the current scenario of crisis and false reforms makes us even more pessimistic about the future. It could be that an important opportunity has been lost and it will take time for such a surge of dignity from the university system to present itself again.

Today, after the conclusion of the first experimental phase of the Abruzzo InterLab, a new phase of work is starting, in which some universities will be involved in the production of reconstruction plans run by individual municipalities with the support of the Deputy Commissioner, Chiodi, and the Technical Mission Structure directed by the architect Fontana, former head of department of the Ministry of Infrastructure. Both have shown interest and ability to successfully organize the complex network of institutio-

nal relationships, reintroducing the priority objectives of economic and social recovery of the territories affected by the earthquake.

What has remained of the initial approach is the current availability of the Faculty of Architecture of Pescara in offering support to the municipalities within a system of inter-institutional cooperation that lowers the cost of planning and above all enables more culturally equipped researchers to experience a cross-sectoral, disciplinary and trans-scalar approach. This is not to be overlooked. At least this would be a major breakthrough in the field of post-earthquake reconstruction and sustainable development strategies.

In giving account of the results of Abruzzo InterLab, it seems necessary to mention the other experimental activities that it has promoted, even in the absence of specific agreement protocols from the Region. This is in particular the case of Cese di Preturo in the town of L'Aquila, in which problematic relations with the newly developed

accademico successivo, totalmente dedicati alla progettazione
ricostruzione post sismica.
Alla conclusione di questa breve
presentazione, vogliamo rivolgere
il nostro sentito ringraziamento a
quanti hanno offerto generosamente la propria disponibilità ad
impegnarsi strenuamente, anche in
assenza di finanziamenti e specifiche risorse dedicate al lavoro sul
campo. Soprattutto il nostro ringraziamento va agli studenti, che
hanno contribuito in modo decisivo
non solo alle attività di indagine e
di progettazione, ma soprattutto
di riflessione critica sulle importanti
questioni etiche e tecniche solleva-
te dalla generale impreparazione
del nostro sistema paese ad affrontare le ricorrenti calamità naturali.

(*) Facoltà partecipanti: ingegneria
di Ancona, ingegneria dell'Aquila,
architettura di Ascoli, architettura di
Bari, architettura di Cesena, geologia di
Chieti, architettura di Firenze, architettura di Genova, architettura di Napoli 1,
architettura di Palermo, architettura di
Pescara ingegneria di Roma1, architettura di Sassari, architettura di Torino,
ingegneria di Udine, ingegneria di Napoli 1, architettura di Reggio Calabria,
Facoltà di architettura di Venezia.

housing areas carried out by the Civil Defense are in play, areas totally separated from the local context and in need of new interventions that improve the livability. But it is also the case of Fontecchio, where a timely request for intervention by the mayor allowed to adopt effective solutions during the early days of the emergency. We also wanted to show some of the results of the first PhD theses that have stood as pioneering works for the territories affected by the earthquake, anticipating a decision that later characterized the design labs of the following academic year, totally dedicated to post-seismic rebuilding design.

In conclusion to this brief presentation, we would like to offer a heartfelt thanks to all who have generously offered their willingness to work strenuously, even in the absence of funding and specific resources for field work. Above all, our thanks go to students who have made a decisive contribution not only to the activities of investigation and design, but also their critical reflection on important ethical and technical issues raised by the general unpreparedness of our country's system to deal with recurring natural disasters.

(*) Participating Faculties: Faculty of Engineering of Ancona, Faculty of Engineering of L'Aquila, Faculty of Architecture of Ascoli, Faculty of Architecture of Bari, Faculty of Architecture of Cesena, Faculty of Geology of Chieti, Faculty of Architecture of Florence, Faculty of Architecture of Genoa, Faculty of Architecture of Naples 1, Faculty of Architecture of Palermo, Faculty of Architecture of Pescara, Faculty of Engineering of Roma1, Faculty of Architecture of Sassari, Faculty of Architecture of Torino, Faculty of Engineering of Udine, Faculty of Engineering of Napoli 1, Faculty of Architecture of Reggio Calabria, Faculty of Architecture of Venice.

IMPOSTAZIONI
SETTINGS

FARE IL SISTEMA ABRUZZO. REGIONE, UNIVERSITÀ, ENTI LOCALI

Antonio Sorgi, Direttore Affari della Presidenza, Regione Abruzzo

La catastrofe dell'Aquila ha messo a dura prova il sistema di governo regionale e le strutture tecnico-amministrative dei diversi Enti pubblici in gioco. Come accade in questi frangenti, intanto che la Protezione Civile faceva partire la sua poderosa macchina per l'emergenza, la Regione si è trovata a dover fronteggiare una molteplicità di problemi di gestione, dovuti anche all'affollamento delle istituzioni che da tutta Italia e anche da fuori hanno messo generosamente a disposizione la propria capacità d'azione.

In particolare, ci si è trovati di fronte ad una proliferazione spontanea di presenze universitarie, che, a diverso titolo, hanno manifestato tangibilmente la propria volontà di aiutare le popolazioni colpite e di contribuire sia all'emergenza che ai primi sforzi della ricostruzione. Questa offerta di collaborazione ha suscitato alcune interessanti questioni di metodo. Quale ruolo può essere effettivamente attribuito alle Università come sistema nel processo di ricostruzione? Come far tesoro della loro disponibilità, evitando al tempo stesso gli sprechi e le sovrapposizioni che nascono in un contesto di totale autonomia nelle scelte e nelle localizzazioni degli interventi? Come portare a coerenza le iniziative che fioriscono tumultuosamente sul campo, sotto la spinta delle singole congiunture, con il rischio di complicare ulteriormente una situazione già difficile da governare?

La Regione Abruzzo si è assunta il delicato compito di agire a caldo, inventando al momento un modello di coinvolgimento organizzato e di coordinamento dei singoli atenei, che intendeva privilegiare in particolare il Sistema universitario abruzzese, assunto come interlocutore di tramite rispetto agli altri atenei. Questo modello aveva per obiettivo la valorizzazione dell'apporto delle singole università, regolandone tuttavia in modo concertato sia i ruoli che le

MAKING ABRUZZO SYSTEM. REGION, UNIVERSITY, LOCAL BODIES

Antonio Sorgi, Director Affairs of the Presidency, Abruzzo Region

The L'Aquila disaster has put strain on the regional government system and the administrative and technical structures of the various public agencies involved. As happens in these situations, while the Civil Protection was starting to deal with the emergency, the region was having to face a variety of management problems, due also to overcrowding of institutions that from all over Italy and also from outside generously made available their own capacity for action.

In particular, we were confronted with a spontaneous proliferation of university presence, which, for various reasons, tangibly expressed their willingness to help those affected and to contribute to both the emergency and the early reconstruction efforts. This offer of cooperation raised some interesting questions of method. What role can actually be attributed to the University as a system in the reconstruction process? How to capitalize on their availability, while avoiding waste and duplication that arise in a context of complete autonomy in choices and location of operations? How to bring coherence to the initiatives that flourish tumultuously in the field, under the influence of individual economic trends, with the risk of further complicating an already difficult situation to govern?

The Region of Abruzzo assumed the delicate task of acting quickly and at the same time inventing a model of organized involvement and coordination of individual universities, focusing in particular on the Abruzzo University system, taken as interlocutor with respect to other universities. This model aimed at maximizing the contribution of individual universities regulating, however, in a concerted manner both the roles and the required performance, relying on specific inter-institutional agreements between the Region, municipalities and universities. All this in the absence of explicit economic and

prestazioni richieste, facendo leva su specifici accordi interistituzionali tra Regione, Comuni e Atenei. Tutto ciò in esplicita assenza di risorse economico-finanziarie da investire da parte della Regione, e contando invece sul volontariato e sulla piena disponibilità delle istituzioni universitarie che si sono dimostrate particolarmente sensibili di fronte ad un terremoto che ha colpito fortemente l'immaginario sociale del nostro Paese.

La Regione si è proposta di fare massa critica delle competenze e della disponibilità degli atenei, abruzzesi in particolare, come occasione di lavoro in collaborazione con i Comuni, anche al fine di sperimentare nuove forme d'intervento locale nella prospettiva dello sviluppo sostenibile. Come campo di applicazione dei progetti pilota dell'emergenza e della ricostruzione, si è preferito assumere alcuni piccoli comuni interni al cratere sismico, ciascuno rappresentativo delle aree territoriali in cui era stata articolata la presenza della protezione civile. Infatti il laboratorio dell'Aquila è apparso troppo complesso e conflittuale per sperimentare modelli di intervento partenariali non ancora sufficientemente collaudati.

Lo strumento utilizzato è stato quello del Protocollo d'Intesa *Sistema Abruzzo - Laboratori Interdisciplinari*", impostato a poco più di un mese dal sisma dalla Regione Abruzzo, e sottoscritto dalle Facoltà di Ingegneria di L'Aquila, di Architettura di Pescara, di Geologia di Chieti e da sei Comuni del cratere sismico (Barete, Caporciano, Castelli, Goriano Sicoli, Poggio Picenze e Rocca di Mezzo).

Le motivazioni, gli obiettivi ed i contenuti principali del Protocollo d'Intesa possono essere così sintetizzati:

- "considerato che - con Ordinanza della Presidenza del Consiglio dei Ministri n. 3753 del 6 aprile 2009- il Presidente della Regione Abruzzo ed i Sindaci dei Comuni colpiti dal sisma del 6 aprile sono stati incaricati di individuare le strutture idonee ad assicurare adeguata sistemazione alla popolazione interessata dagli eventi sismici anche mediante il reperimento di una sistemazione per alloggiare gli sfollati, nonché di provvedere ad assicurare le necessarie ed urgenti iniziative volte a rimuovere le situazioni di pericolo e la indispensabile assistenza alla popolazioni colpite dagli eventi, altresì provvedendo, ove necessario, alla realizzazione di interventi urgenti ed indifferibili su beni pubblici al fine di assicurarne la funzionalità;
- Considerata l'urgenza di ogni iniziativa utile a creare un "Sistema Abruzzo" mirato a favorire sia il ritorno alle normali condizioni di vita delle popolazioni colpita dagli eventi sismici del 6 aprile 2009 ed il superamento dell'emergenza, che uno sviluppo integrato del territorio interessato dalla ricostruzione, al fine di scongiurare il rischio dello spopolamento e, più in generale, dell'abbandono da parte dei presidi umani e produttivi ivi stanziati;
- Considerato inoltre che in questo contesto l'Università, come istituzione pubblica, può offrire un prezioso supporto alle Amministrazioni locali coinvolte dal sisma, ponendo al loro servizio, anche a titolo gratuito, le proprie dotazioni strumentali di conoscenza, al fine di accompagnare e di orientare con efficacia le scelte decisionali dei Comuni, consentendo loro di cogliere anche le opportunità di alternative diverse di sviluppo e, comunque, di venire valorizzati nella loro capacità e nel loro ruolo di protagonisti della attuale fase di ricostruzione sociale e territoriale;
- Considerato dunque che l'Università può costituire un importante attivatore di contesto, offrendo opportunità di sviluppo e di crescita per le Amministrazioni comunali, per il settore edile e quello produttivo, nonché per i professionisti, attraverso iniziative di ricerca, sperimentazione e formazione funzionali al rilancio ed alla rivitalizzazione del territorio all'insegna di elevati livelli di qualità, innovazione tecnolo-

financial resources to be invested by the Region, and relying instead on voluntary organizations and the availability of higher education institutions that have proved particularly sensitive in the face of a strong earthquake that struck the social viewpoint of our country.

The Region has proposed to give a good part of the work to the skills and the willingness of the universities, Abruzzo in particular, as an opportunity to work in cooperation with municipalities, in order to experiment with new forms of local intervention in the context of sustainable development. As the scope of the pilot projects of the emergency and reconstruction, it was decided to take some small towns inside the seismic crater, each representative of the geographic areas in which the presence of civil protection was articulated. In fact, the L'Aquila laboratory appeared too complex and conflictive to test partnership models of intervention that had not yet been sufficiently tested.

The instrument used was the Protocol of Understanding "*Abruzzo System - Interdisciplinary Laborato-ries*", set just over a month after the earthquake by the Abruzzo Region, and signed by the Faculty of Engineering of L'Aquila, the Faculty of Architecture of Pescara, the Faculty of Geology of Chieti and six municipalities of within the seismic crater (Barete, Caporciano, Castelli, Goriano Sicoli, Poggio Picenze and Rocca di Mezzo).

The motivations, objectives and main contents of the Protocol of Understanding can be summarized as follows:

- Given that - with the Order of the Presidency of the Council of Ministers no 3753 April 6, 2009 – the President of the Abruzzo Region and the mayors of the municipalities affected by the earthquake of 6 April were instructed to identify the facilities to ensure adequate accommodation for the people affected by the earthquake also by finding accommodation to house displaced persons, and to take steps to ensure the necessary and urgent steps to remove the danger are taken and the necessary assistance is given to populations affected by the events, also, where appropriate, carrying out emergency measures on public property that cannot be postponed in order to ensure functionality;

- Given the urgency of any useful initiative to create an "Abruzzo System" aimed at promoting the return to normal living conditions of populations affected by the earthquake of 6 April 2009 and the overcoming of the crisis by an integrated development of the territory affected by the reconstruction, in order to avoid the risk of depopulation and, more generally, abandonment of the human and productive principals therein;

- Considered also that in this context the University, as a public institution, can offer valuable support to local administrations affected by the earthquake, putting at their service, even free of charge, its instrumental knowledge to accompany and effectively guide the decision making of municipalities, allowing them to seize the opportunities of development and different alternatives, however, to be valued in their ability and in their role as protagonists of the current phase of reconstruction of social and territorial cohesion;

- Considered therefore that the University can be an important activator of context, providing opportunities for development and growth for municipalities for the construction and productive sector, and also for professionals through initiatives in research, testing and training functional for the revival and revitalization of the area marked by high levels of quality, technological innovation and protection against seismic actions;

- Moving on from these considerations, the parties form a relationship of collaboration aimed at creating Interdisciplinary Laboratories, having as main a objectives that of

gica e protezione dalle azioni sismiche;

- Muovendo da codeste considerazioni, le parti istaurano un rapporto di collaborazione finalizzato alla realizzazione di Laboratori Interdisciplinari, aventi come obiettivi principali lo svolgimento di attività di ricerca, di sperimentazione e formazione nonché l'avvio di "cantieri-scuola" strumentali al raggiungimento delle finalità sopra espresse".

A titolo meramente esemplificativo e non esaustivo, i Laboratori sono finalizzati alla predisposizione di studi per la ricostruzione e per lo sviluppo territoriale sostenibile alla scala dei singoli Comuni e all'accompagnamento del loro processo di attuazione, contribuendo alla valutazione dell'efficacia e della qualità degli interventi; alla predisposizione di strumenti metodologici multidisciplinari e proposte esemplificative, anche a carattere sperimentale alla scala edilizia o di centro relativamente agli spazi pubblici, al tessuto residenziale e all'architettura specialistica e

attinenti temi tipologici, tecnologici figurativi e della sostenibilità ambientale anche attraverso l'indagine storica (strutture territoriali, sistemi insediativi, pratiche costruttive); all'attivazione a al monitoraggio di cantieri pilota attraverso forme di integrazione tra gli operatori edili ed i soggetti firmatari del presente protocollo con un coinvolgimento finalizzato al conseguimento di obiettivi di qualità di processo e di prodotto finale, nonché alla definizione di metodologie e protocolli per la valutazione dell'adeguatezza sismica e linee guida per gli eventuali successivi interventi di adeguamento delle strutture alle richieste prestazionali delle attuali e delle future disposizioni normative.

Allo scopo di attuare gli obiettivi innanzi citati, le Parti del presente Protocollo si sono impegnate in particolare:

I Comuni: ad individuare ed a mettere a disposizione la sede logistica dei laboratori e ad assicurare il pagamento delle utenze la cui attivazione è strettamente necessaria allo svolgimento delle attività previste;

Le Facoltà: a mettere a disposizione, sulla base delle necessità specifiche, personale di ricerca, nonché servizi di supporto tecnico, attività formative, materiali didattici, prodotti hardware e software;

La Regione Abruzzo: a svolgere funzioni di coordinamento e di supporto all'attività dei laboratori interdisciplinari, promuovendo ogni azione e iniziativa necessaria all' attuazione delle attività del Protocollo.

Ad oltre un anno di lavoro, i primi esiti delle attività dei Laboratori presentati in questa pubblicazione dimostrano come l'intuizione si sia rivelata ben fondata. L'iniziativa si è dimostrata utile non soltanto come segnale di vicinanza ai territori, ma soprattutto perché ha permesso ai Comuni più piccoli di migliorare la propria capacità di risposta a situazioni di emergenza, che richiedevano prontezza di intervento e capacità tecniche adeguate. Al tempo stesso ha facilitato la collaborazione tra le diverse università, contribuendo al superamento di steccati e separatezze stratificate nel tempo, non solo a causa delle

diverse attitudini disciplinari, ma talvolta anche per gelosie istituzionali.

Da questo punto di vista si può affermare che i Laboratori Interdisciplinari sperimentati in Abruzzo hanno rappresentato un interessante tentativo di istituzionalizzare un innovativo "modello abruzzese" per la ricostruzione, in cui la Regione mette in gioco le proprie risorse di autorevolezza organizzando il dialogo tra le Università e i Comuni; le Università a loro volta finalizzano le proprie competenze e mezzi alla preparazione delle decisioni che i Comuni sono chiamati a prendere in breve tempo.

Da questa esperienza pilota sarà possibile passare ad altre forme di collaborazione più strutturate, che potranno essere preziose anche nella fase cruciale della pianificazione della ricostruzione che si sta ora avviando.

carrying out research, testing and training and launching of instrumental "laboratories" for achieving the tasks expressed above. "
By way of example, the laboratories are aimed at the preparation of studies for the reconstruction and sustainable land development at the scale of individual municipalities and at the accompaniment of their implementation process, helping to assess the efficacy and quality of the interventions; to the of development of multidisciplinary methodological tools and exemplary proposals, even as experiments on buildings or in public spaces, on the residential fabric, on specialist architecture, on related typological and technological figurative topics and on environmental sustainability through the historical investigation (territorial structures, settlement systems, construction practices); in the monitoring of pilot sites through forms of integration between construction operators and those who signed the Protocol with the participation aimed at achieving process and

final product quality, as well as the definition of methodologies and protocols for the assessment of seismic adequacy and guidelines for any subsequent effort to bring structures to the performance requirements of existing and future laws and regulations.
In order to attain the objectives mentioned before, the Parties of this Protocol have made a particular effort to:
The municipalities: identify and make available the logistic headquarters and laboratories to ensure the payment of utilities whose activation is strictly necessary to implement activities;
The Faculties: to provide, based on specific needs, research staff and support services, training, teaching materials, hardware and software
The Region of Abruzzo: coordinate and support activities of interdisciplinary laboratories, promoting every action and initiative necessary to implement activities under the Protocol.
After more than a year of work, the first results of the activities of the laboratories in this publication show

the intuition to be well founded. The initiative has been proven useful not only as a sign of closeness to the territories, but also because it has allowed smaller communities to improve their capacity to respond to emergencies, requiring prompt intervention and appropriate technical skills. At the same time the collaboration between different universities has been facilitated, thus helping to overcome barriers and separations layered over time, not only due to different disciplinary skills, but sometimes also due to institutional jealousy.
From this point of view we can say that the Interdisciplinary Laboratories tested in Abruzzo have been an interesting attempt to institutionalize an innovative "Abruzzo model" for reconstruction, in which the region brings into play the resources of authority by organizing a dialogue between the University and municipalities; the universities finalize their skills and resources to the preparation of decisions which the municipalities are required to take a short time. From this point of view we can say that the Interdi-

sciplinary Laboratories tested in Abruzzo have been an interesting attempt to institutionalize an innovative "Abruzzo model" for reconstruction, in which the region brings into play the resources of authority by organizing a dialogue between the University and municipalities; the universities finalize their skills and resources to the preparation of decisions which the municipalities are required to take a short time.
From this pilot experience it will be possible to switch to other more structured forms of collaboration, which can be valuable even in the crucial stage of the planning of the reconstruction that is now under way.

URBANISTICA E RICOSTRUZIONE

Alberto Clementi

1. Una nuova urbanistica per la ricostruzione.

Sebbene il nostro Paese sia da sempre alle prese con terremoti ricorrenti e altri rischi idrogeologici endemici, il continuo mutamento delle condizioni sollecita l'urbanistica a dotarsi di quadri per l'azione sempre nuovi, e soprattutto a cercare strategie sempre più efficaci sia ai fini della prevenzione che della ricostruzione.

Per la verità, non sempre il mutamento nel tempo è sembrato andare verso la conquista di una maggiore efficacia. Anzi, mettendo ad esempio a confronto le mirabili risposte ai terremoti settecenteschi in Sicilia, in Calabria o in Abruzzo con le insoddisfacenti ricostruzioni realizzate nel nostro dopoguerra, viene da dubitare che l'urbanistica moderna abbia contribuito davvero a migliorare la nostra capacità di azione a favore delle comunità colpite.

Tanti anni fa, di fronte alle devastazioni del terremoto del 1783 in Calabria, l'abate Galliani aveva affermato: "la calamità è stata tale e tanto distruttiva, da offrire il campo a formare spaziosamente un nuovo sistema di cose. Bisogna approfittare del momento per formare un piano generale da eseguirsi passo passo ". Queste illuminanti osservazioni appaiono quanto mai attuali, anzi denotano una consapevolezza della necessità di pianificare coraggiosamente il futuro che generalmente è mancata nelle nostre vicende più recenti, dal Belice all'Irpinia; e che solo nel Friuli e poi nelle Marche-Umbria ha cominciato a maturare.

L'esperienza dell'ultimo terremoto dell'Aquila sembra al contrario voler dimostrare finora che il poderoso rafforzamento della macchina dell'emergenza e delle prime azioni della ricostruzione possa ormai fare a meno di un pensiero urbanistico, almeno nella sua accezione più comune di pianificazione razionale delle future strutture urbane e territoriali. L'urgenza degli interventi e la loro immediata fattibilità attraverso un'efficiente azione di protezione civile sembra dover scontare il prezzo di un' inaccettabile indifferenza nei confronti degli assetti insediativi futuri, in assenza di una sensata visione complessiva del divenire del territorio e della evoluzione possibile della comunità locale.

Questo libro nasce da una considerazione esattamente opposta. E cioè che, diversamente dalle politiche adottate finora in Italia, la ricostruzione (come del resto la prevenzione) ha un forte bisogno di urbanistica e di progettualità strategica, a cui non si è saputo (o voluto) finora dare risposta. Ma con una precisazione. L'urbanistica di cui avvertiamo l'esigenza non è quella ingessata e burocratica che appesantisce fin troppo le nostre pratiche correnti di trasformazione dello spazio, e che trova ancora i suoi cantori in quanti -ormai palesemente invecchiati e nostalgici- continuano a rivendicare il potere assoluto del Piano tradizionale nei confronti di una realtà che non si

PROGETTARE DOPO IL TERREMOTO

URBAN PLANNING AND RECONSTRUCTION

Alberto Clementi

1.New urban planning for reconstruction.

Although our country has always struggled with recurring earthquakes and other endemic geological hazards the constantly changing conditions urge urban planning to adopt frameworks for new modes of action, and above all to seek more effective strategies both for prevention and reconstruction. In reality, not every change has necessarily resulted in greater effectiveness. In fact, comparing the wonderful responses to earthquakes in the eighteenth-century in Sicily, Calabria and Abruzzo with the unsatisfactory reconstructions performed in our post-war era, one begins to wonder whether modern urban planning has really helped to improve our ability to act upon affected communities.

Many years ago, faced with the devastation of the 1783 earthquake in Calabria, Abbot Galliani had said that, "the calamity has been so destructive that it offers the field the chance to spaciously form a new system of things. We must seize the moment to form a master plan to be carried out step by step." These illuminating comments seem to be very relevant and denote an awareness of the need to plan the future boldly, an idea that is generally lacking after our most recent events, from Belice to Irpinia, that only in the Friuli region and later in the Marche-Umbria region have begun to mature.

The experience of the most recent earthquake in Aquila, on the contrary, seems to want to prove that the strengthening of the emergency machines and the first actions of reconstruction can now do without considering town planning, at least in its most common idea rational planning of future urban and territorial structures. The urgency of the interventions and their immediate feasibility carried out by efficient action by the protection seems to have to pay the price of an 'unacceptable disregard for the future arrangement of settlements, in the absence of a meaningful overall view of the future of the territory and the possible evolution the local community.

This book comes from exactly the opposite consideration. That is that, unlike the policies adopted so far in Italy, the reconstruction (as well as prevention) has a strong need for town planning and strategic planning, which has not been able (or willing) to respond so far. But one clarification is given. The planning of which we feel the need is not of the rigid and bureaucratic type that excessively burdens our current practices of transforming space, and that still finds admirers - clearly nostalgic and aged - who continue

lascia affatto imbrigliare da una razionalità elementare.

E' invece un'urbanistica che -nel misurarsi con le condizioni di incertezza, con la varietà delle scale, con la complessità dei temi della ripresa e dello sviluppo e soprattutto dei vincoli in gioco nel programmare gli interventi-, si affida sempre meno a soluzioni rigide e impositive, a favore di altre più aperte alla processualità e alla indeterminazione, proprio come avviene nella evoluzione dei paesaggi naturali quando devono ricostituire i loro equilibri spezzati da eventi traumatici. Un'urbanistica che, nel rinunciare alla pretesa di onnipotenza di una singola autorità di guida e controllo di tutte le trasformazioni in gioco a favore di nuove forme di *governance* condivise verticalmente e orizzontalmente, tende a mutare il modo stesso di intendere la pianificazione: da proiezione verso visioni del futuro prefigurata e guidata autoritativamente, a quello di *stimolo operativo per trasformazioni del contesto auto-organizzate da parte delle società locali.*

Sotto questo profilo, il terremoto può rappresentare un importante banco di prova per innovare la nostra concezione dell'urbanistica, e per verificare la sua stessa utilità come metodo a cui affidare il governo della ricostruzione. Un metodo che trae la sua ragion d'essere non soltanto nella necessità di organizzare coerentemente lo spazio e gli usi del suolo, tenendo a bada le forti pressioni speculative sulle aree e sui lavori edilizi che s'innescano abitualmente nei processi di ricostruzione; ma anche nella volontà di contribuire alla ripresa delle condizioni di vita delle popolazioni locali, cercando di armonizzare i modi di abitare il territorio e la riorganizzazione delle strutture insediative con le attese sociali più urgenti e con le possibilità di rigenerare al più presto mezzi di sussistenza e posti di lavoro, salvaguardando le reti di coesione della società locale che rappresentano un capitale sociale imprescindibile di ogni forma della ricostruzione.

Muovendo da questo approccio orientato all'innovazione, verranno di seguito sviluppate alcune riflessioni su ciò che sta diventando un sapere comune in materia di pianificazione della ricostruzione, sulla base delle esperienze più qualificate di altri Paesi alle prese con la ricostruzione dopo il terremoto. Il confronto tra le differenti esperienze ci permetterà di ritornare al caso italiano, inserito in una prospettiva comparata a livello internazionale. In che cosa è differente l'approccio italiano? Quali sono i contributi che può portare al perfezionamento dei modelli di intervento europei, almeno sotto il profilo metodologico? E, soprattutto, quali sono le evidenze che emergono dal recente terremoto dell'Aquila e che chiedono di adattare i modelli di pianificazione alle specifiche condizioni di contesto? Nelle conclusioni, proveremo infine a delineare sinteticamente alcune priorità su cui a nostro avviso dovremmo lavorare nell'immediato, considerando il caso abruzzese come un banco di prova dell'innovazione non solo per l'Italia, ma anche per l'Europa.

to assert the absolute power of the Traditional Plan with respect to a reality that cannot be harnessed by means of basic rationality.
It is an urbanism that, when confronted with the conditions of uncertainty, with the variety of scales, with the complexity of the themes of recovery and development, and above all the constraints involved in the planning of interventions, relies increasingly on rigid and imposing solutions, instead of others more open to process and uncertainty, similar to the evolution of natural landscapes when they have to rebuild their balance after being broken by traumatic events. This is an urbanism that, in renouncing the alleged omnipotence of a single authority of control and guidance of all the transformations in act and in favor of new forms of vertically and horizontally shared governance, tends to change the very meaning of planning: from the foreshadowed and authoritatively guided projection towards visions of the future to that operational stimulus for change in the context, self-organized by local actors.

In this respect, the earthquake may be an important test for our understanding of urban innovation, and a way of verifying its utility as a method of entrusting the government with the reconstruction. It is a method that derives its raison d'être not only from the need to coherently organize the space and the uses of the ground, holding off the strong speculative pressures on the areas and the building that are normally triggered in the process of reconstruction, but also from the desire to contribute to the recovery of the living conditions of local people, trying to harmonize the ways of inhabiting the land and the reorganization of settlement structures with the most urgent social expectations and opportunities to rebuild as soon as possible livelihoods and jobs, maintaining the cohesion of the local society that represent an indispensable social capital of all forms of reconstruction.
Following on from this approach orientated toward innovation, will come the development of some considerations on what is becoming common knowledge in the planning of reconstruction, based on the more qualified experiences of other countries of post-earthquake reconstruction. The comparison between the different experiences allows us to turn back to the Italian case, contained within a comparative perspective at international level. What is different about the Italian approach? What are the contributions that can lead to the improvement of intervention models in Europe, at least from a methodological point of view? And, more importantly, what is the evidence emerging from the recent Aquila earthquake that seeks to adapt its planning models to the specific conditions of the context? In the conclusions we will try to briefly outline some of the priorities on which we believe we should work immediately, considering the case of Abruzzo as a test of innovation not only in Italy but also for Europe.

2. Learning from others/ The World Bank case

As support to the strategies undertaken for reconstruction after a disaster, the World Bank (WB) has recently published an important manual "Safer Homes, Stronger communities" (1), which already states in its title its fundamental theory: the objective of reconstruction is not only improving the safety profiles of the housing, but also the strengthening of communities affected by natural disasters.
The manual is clearly aimed at improving the quality of the programs that the Bank is to finance to urgently deal with disasters of various kinds, from earthquakes to floods or fires, relying on a long and international experience. In light of the experiences, one realizes that the initial decisions, sometimes made in response to the dramatic urgency of a disaster, inevitably produce significant long term effects. Above all, the future results are very different if the initial choices are taken as a goal over the general process of recovery of the territory, or if they are aimed at solving one specific aspect of reconstruction.
The first solution that the manual offers is a useful guide to addressing the entire process, from initial

2. Apprendere dagli altri/ Il caso World Bank

Come supporto alle strategie da intraprendere per la ricostruzione dopo una calamità, la World Bank (WB) ha recentemente pubblicato un importante manuale *"Safer Homes, Stronger communities"* (1), che già nel suo titolo enuncia la tesi di fondo: obiettivo della ricostruzione non è soltanto il miglioramento dei profili di sicurezza del patrimonio abitativo, ma anche il rafforzamento delle comunità colpite dalla calamità naturale.

Il manuale è evidentemente finalizzato a migliorare la qualità dei programmi che la Banca si trova a finanziare per fronteggiare urgentemente calamità di varia natura, dai terremoti alle inondazioni o agli incendi, e si appoggia su una lunga e articolata esperienza internazionale. Proprio alla luce delle esperienze fatte, ci si è resi conto che le decisioni iniziali, prese nell'urgenza talvolta drammatica del disastro, producono inevitabilmente effetti rilevanti a lungo termine. Soprattutto, i risultati futuri sono profondamente diversi se le scelte dell'avvio vengono traguardate sul processo complessivo di ripresa del territorio, o se invece sono mirate alla soluzione di uno specifico aspetto della ricostruzione.

Propendendo decisamente per la prima soluzione, il manuale offre una guida utile ad affrontare l'intero processo, dalla risposta iniziale alla gestione dello sviluppo, nella convinzione che la ricostruzione comincia il giorno stesso del disastro. Le tappe più importanti, scandite da scadenze pressanti e ineludibili, riguardano in particolare: A. L' organizzazione della risposta iniziale; B. la valutazione dei danni e l'impostazione delle politiche della ricostruzione; C. la definizione operativa del processo globale (comprehensive) della ricostruzione, nelle sue cinque componenti fondamentali : strategie istituzionali, strategie finanziarie, partecipazione della comunità, metodologie operative, valutazione dei rischi (vedi fig.1).

Pur riconoscendo che ogni piano di ricostruzione è unico, in quanto soluzione necessariamente commisurata alle specifiche condizioni di contesto, il processo di elaborazione consigliato muove dall'assunzione di alcuni *principi guida* a cui dovrebbero in generale attenersi le strategie di intervento :

- Un orientamento prioritario al ripristino delle condizioni di vita delle popolazioni locali;
- La consapevolezza del ruolo determinante esercitato dagli abitanti e dai proprietari degli immobili;
- La urgenza di un sistema organizzativo che coinvolga fin dall'inizio gli attori locali;
- La necessità di coordinare gli interventi edilizi con le attività di ripresa economica e sociale;
- La funzione decisiva della cooperazione interistituzionale;
- L' importanza di una visione guida condivisa per un futuro a lungo termine;
- Il rifiuto tendenziale di soluzioni traumatiche, come lo sradicamento e il trasferimento delle popolazioni;
- L'assoluta necessità di dotarsi fin dall'inizio di efficaci sistemi di monitoraggio e valutazione delle politiche di intervento;
- La sostenibilità come requisito indispensabile per la ricostruzione a lungo termine (vedi tab.1).

response to development management, assuming that the reconstruction begins on the day of the disaster.

The most important steps, marked by tight and unavoidable deadlines, concern in particular: A. the organization of the initial response; B. damage assessment and the setting of policies of reconstruction, C. the operational definition of the overall (comprehensive) process, in its five key components: institutional strategies, financial strategies, community involvement, operational methods, risk assessment (see Figure 1).

Whilst acknowledging that any plan of reconstruction is unique, as each solution is appropriate only for the conditions of the specific context, the recommended process starts with the application of some guiding principles which should in general follow the strategies of intervention:

- Priority given to restoring the living conditions of local populations;
- Awareness of the role exercised by the residents and property owners,
- The urgent need for an organizational system that involves local stakeholders from the beginning,
- The need to coordinate construction projects with activities of economic and social recovery,
- The critical role of inter-institutional cooperation,
- The importance of a guiding vision for a shared long-term future
- The refusal of traumatic solutions, such as the uprooting and transfer of populations
- The absolute need to use from the beginning effective monitoring and evaluation of the policies of intervention,
- Sustainability as a prerequisite for long-term reconstruction (see table 1).

Tab.1 Principi Guida Del Manuale, fonte : Safer Homes, Stronger Communities, WorldBank, 2010

1. Una buona politica di ricostruzione aiuta a riattivare le comunità e mette le persone in grado di ricostruire le loro abitazioni, le loro vite, i loro mezzi di sussistenza.

La politica di ricostruzione dovrebbe essere inclusiva, basata sull'equità, e centrata sulla vulnerabilità. La ricostruzione delle abitazioni è la chiave di volta della ripresa dal disastro, ma dipende dalla ripresa dei mercati, dei mezzi di sussistenza, delle istituzioni e dell'ambiente. I diversi gruppi di popolazione richiedono specifiche soluzioni, ma i favoritismi incombono, cosicché è indispensabile prevedere un sistema di risarcimento per far fronte ai reclami di chi è danneggiato.

2. La ricostruzione inizia il giorno stesso del disastro.

Se i metodi costruttivi tradizionali devono essere cambiati per migliorare la sicurezza degli edifici, i governi devono essere preparati ad agire rapidamente, per stabilire le norme e per offrire una formazione adeguata. Altrimenti, nei futuri disastri, le abitazioni ricostruite saranno altrettanto vulnerabili di quelle preesistenti. Soluzioni specifiche con abitazioni transitorie possono servire a ridurre la pressione del tempo, e devono essere prese in considerazione nelle politiche di ricostruzione. I proprietari sono generalmente i migliori responsabili della ricostruzione delle proprie abitazioni; conoscono il proprio modo di abitare e ciò di cui hanno bisogno. Ma non tutti gli interessati sono proprietari, e non tutti sono capaci di gestire la ricostruzione; così le politiche di ricostruzione dovrebbero essere prefigurate pensando ai diversi interlocutori: proprietari, affittuari, proprietari fondiari, sia all'interno del sistema formale che informale.

3. I membri delle comunità dovrebbero essere i partners nella costruzione delle politiche e i leaders nei processi di attuazione locale.

Le persone investite dal disastro non sono vittime; sono i primi a rispondere durante l'emergenza e i partners più critici nella ricostruzione. Organizzare le comunità è un lavoro impegnativo, ma la loro capacitazione ai fini della ricostruzione consente ai diversi membri di perseguire le loro aspirazioni e di contribuire alla conoscenza e alla scelta della strumentazione. Una comunità bene organizzata funge da sistema di assistenza per il recupero psico-sociale degli individui, aiuta a ristabilire la coesione sociale e accresce la probabilità di soddisfazione rispetto ai risultati. Richiede di mantenere aperta la comunicazione durante il processo di ricostruzione, facilitando gli sforzi della popolazione locale. Nell' organizzare le politiche della ricostruzione e di tutti gli altri aspetti della ripresa, dalla valutazione al monitoraggio, è indispensabile un impegno reale degli attori politici e dei responsabili di progetto, per sostenere l'effettivo coinvolgimento delle comunità interessate.

4. Le politiche e i piani di ricostruzione dovrebbero essere realistici sotto il profilo finanziario, ma ambiziosi rispetto alla riduzione del rischio.

Le aspettative delle popolazioni possono essere irrealistiche, e le possibilità di finanziamento limitate. Gli attori politici dovrebbero pianificare in modo tendenzialmente conservativo, al fine di assicurare che i fondi siano sufficienti a completare la ricostruzione e che i tempi siano ragionevoli. Una riedificazione in grado di ridurre la vulnerabilità delle persone e delle comunità può essere assunta come obiettivo, ma richiede il supporto sia politico che tecnico. La ricostruzione delle abitazioni e delle comunità dovrebbe comunque essere integrata e strettamente coordinata con le altre attività di ripresa, in particolare con il recupero e la ricostruzione delle infrastrutture e il ripristino dei mezzi di sussistenza.

1.A good policy of reconstruction helps re-enable communities and puts people in the position to rebuild their homes, their lives, their livelihoods.

The policy of reconstruction should be inclusive, based on equity, and focused on vulnerability. The reconstruction of housing is the foundation of recovery from disaster, but it depends on market recovery, livelihoods, institutions and the environment. Different population groups require specific solutions, but bias is possible, so it is essential that a compensation system to address the complaints of those who have been damaged.

will be just as vulnerable as the original ones. Specific solutions with transitional housing may serve to reduce the pressure of time, and must be taken into account in the reconstruction policies. The house owners are usually the best leaders for the reconstruction of their homes, as they know their way of living and what they need. But not all those affected by the disaster are owners and not everyone is capable of handling the reconstruction, so the reconstruction policies should be prefigured and think of the various stakeholders: owners, tenants, landlords, both within the formal and informal system.

in the reconstruction. Organizing a community is a demanding job, but its empowerment for the reconstruction allows different members to pursue their aspirations and contribute to knowledge and choice of instrumentation. A well organized community assists the psycho-social recovery of individuals, helping to restore social cohesion and increasing the likelihood of satisfaction with the results. It is necessary to keep communication open during the reconstruction process, facilitating the efforts of the local population. In organizing the policies of reconstruction and other aspects of the recovery, from assessment to monitoring, a genuine commitment of politicians and project managers is needed to support the effective involvement of affected communities.

People's expectations can be unrealistic, and funding opportunities limited. Plans made by policy makers should be conservative, in order to ensure that funds are sufficient to complete the reconstruction work and that the timing is reasonable. A reconstruction reduces the vulnerability of individuals and communities can be taken as objective, but it requires both technical and political support. The reconstruction of homes and communities should be integrated and closely coordinated with other recovery activities, in particular the recovery and rebuilding of infrastructure and the restoring of livelihoods.

2.Reconstruction begins the day of the disaster.

If the traditional construction methods must be changed to improve building security, governments must be prepared to act quickly to set standards and provide adequate training. Otherwise, in future disasters, the rebuilt houses

3.The members of the community should join together in the reconstruction of the policies and the leaders in the process of local implementation.

The individuals affected by the disaster are not victims; they are the first to respond during an emergency and critical partners

4.The policies and reconstruction plans should be realistic in financial terms, but ambitious in terms of risk reduction.

5.Institutional issues and their coordination improve results.

Best practices of the reconstruction policies must be established and institutional responses prepared in advance. In some cases, there should be new mission agencies. Again, the relevant

5. Le questioni istituzionali e il loro coordinamento migliorano i risultati.

Devono essere definite le best practices delle politiche di ricostruzione e preparate in anticipo le risposte istituzionali. In alcuni casi, è opportuno prevedere nuove agenzie di missione. Anche in questo caso, i ministeri competenti dovrebbero essere coinvolti negli sforzi della ricostruzione, e per quanto possibile, dovrebbero essere attuate le politiche di settore precedenti. L'agenzia leader dovrebbe coordinare le decisioni delle politiche abitative e assicurare la loro comunicazione al pubblico. Inoltre dovrebbero essere stabiliti i meccanismi per coordinare le azioni e la raccolta dei fondi delle organizzazioni locali, nazionali e internazionali, per assicurare che le informazioni siano condivise e che i progetti siano conformi agli standards. I finanziamenti di tutte le agenzie dovrebbero essere distribuiti equamente, e rimanere entro limiti programmati preventivamente. L'uso di meccanismi anticorruzione e la rintracciabilità di tutte le fonti di finanziamento riduce al minimo le frodi.

6. La ricostruzione è un'opportunità per pianificare il futuro e per conservare il passato.

Ciò che è stato costruito nei secoli non può essere sostituito in pochi mesi. La pianificazione e le indicazioni da parte degli stakeholders aiutano a definire gli obiettivi di sviluppo economico e sociale, e ad individuare le opportunità culturali per la conservazione. Anche una modesta quantità di tempo impiegata per progettare o aggiornare i piani urbanistici può migliorare i risultati complessivi della ricostruzione. Linee guida per la ricostruzione aiutano a garantire che venga preservato ciò che ha valore, incoraggiando al tempo stesso lo sviluppo di insediamenti post-disastro più sostenibili. Il miglioramento dei sistemi di amministrazione fondiaria, insieme con l'aggiornamento delle normative di sviluppo, riducono la vulnerabilità e migliorano i livelli di sicurezza.

7. Il trasferimento delle popolazioni sconvolge le vite e dovrebbe essere praticato il meno possibile.

Il trasferimento delle comunità interessate dovrebbe essere evitato, a meno che non rappresenti l'unico approccio fattibile ai fini della gestione del rischio. Se il trasferimento è inevitabile, dovrebbe essere comunque contenuto al minimo, e le comunità interessate dovrebbero essere coinvolte nella scelta del sito; inoltre dovrebbe essere previsto un finanziamento adeguato, per un congruo arco di tempo, al fine di mitigare i conseguenti impatti sociali ed economici.

8. La società civile e il settore privato sono una parte importante della soluzione.

Il contributo alla ricostruzione delle ONG, delle organizzazioni della società civile e del settore privato è critico. Oltre che gestire i programmi-chiave, queste organizzazioni offrono assistenza tecnica e giuridica, e risorse finanziarie di enorme valore. I governi dovrebbero incoraggiare queste iniziative, e invitare le ONG e le altre organizzazioni del volontariato a partecipare alla pianificazione della ricostruzione, condividendo i loro sforzi. I Governi dovrebbero richiedere anche la loro responsabilizzazione, e assicurare che i loro interventi risultino coerenti con gli obiettivi e le politiche della ricostruzione.

9. La valutazione e il monitoraggio possono migliorare i risultati della ricostruzione.

La valutazione e il monitoraggio migliorano gli sforzi correnti (e futuri) della ricostruzione. Valutazioni non necessarie possono essere ridotte al minimo, quando sono in presenza di politiche che richiedono specifiche istituzioni per condividere dati e risultati. Le comunità locali dovrebbero partecipare alla conduzione delle

ministries should be involved in reconstruction efforts, and to the possible extent preceding policies should be implemented. The lead agency should coordinate housing policy decisions and ensure their public disclosure. In addition, mechanisms should be established to coordinate the activities and fund raising from local, national and international organizations, to ensure that information is shared and that the projects comply with standards. The funding of all agencies should be distributed fairly, and remain within the limits programmed in advance. The use of anti-corruption mechanisms and traceability of all sources of financing minimizes fraud.

6.Reconstruction is an opportunity for planning the future and conserving the past.

What has been built over the centuries cannot be replaced in a few months. Planning and guidance from stakeholders help define the goals of economic and social development, and identify opportunities for cultural preservation. Even a modest amount of time taken to design or update urban plans can improve the overall results of reconstruction. Guidelines for the reconstruction help to ensure that we preserve what is valuable, while encouraging the development of more sustainable post-disaster settlements. The improvement of land administration, along with the update of development regulations, reduce vulnerability and improve security levels.

7.Transfering the populations devastates live and should be practiced as little as possible.

The transfer of the affected communities should be avoided, unless it is the only feasible approach for the management of risk. If the transfer is inevitable, it should nevertheless be kept to a minimum and affected communities should be involved in the site selection; adequate funding should also be provided, for a reasonable period of time, in order to mitigate the resulting social and economic impacts.

8.Civil societies and private sectors are an important part of the solution

The contribution to the reconstruction of NGOs, from the civil society organizations and the private sector is critical. In addition to managing key programs, these organizations provide technical and legal assistance, and financial resources of enormous value. Governments should encourage such initiatives, and invite NGOs and other voluntary organizations to participate in the reconstruction planning, sharing their efforts. Governments should take up their responsibilities and ensure that their actions are consistent with the objectives and reconstruction policies.

9.Evaluation and monitoring can improve the reconstruction results.

Evaluation and monitoring can enhance the current (and future) efforts of reconstruction. Unnecessary evaluations can be kept to a minimum when in the presence of specific policies that require institutions to share data and results. Local communities should participate in conducting assessments, establishing goals and monitoring projects. The use of a reliable national data base to set the references of post-disaster monitoring increases the importance of evaluation. It is essential to monitor both the use of funds and the immediate physical results on the territory, and assess their impact on reconstruction time.

10.To contribute to long term development, rebuilding must be sustainable

Sustainability has many aspects. Environmental sustainability requires to consider the impacts of the disaster and reconstruction in terms of the local environment. The rush to act quickly should not take precedence over environmental regulations or result in short

valutazioni, nel definire gli obiettivi e nel monitorare i progetti. L'uso di un'affidabile base-dati nazionale per impostare i riferimenti al monitoraggio post-disastro accresce la rilevanza della valutazione. Occorre monitorare sia l'uso dei fondi che gli immediati risultati fisici sul terreno, e valutare il loro impatto sulla ricostruzione nel tempo.

La sostenibilità ha diversi aspetti. Quello ambientale richiede di riferire gli impatti del disastro e della ricostruzione nei confronti dell'ambiente locale. L'ansia di fare presto non dovrebbe prevalere sulle leggi ambientali o indurre a cortocircuitare il coordinamento quando sono in gioco i temi ambientali. La sostenibilità economica richiede equità nella ricostruzione, e che i mezzi di sostentamento vengano ripristinati. Le loro opportunità devono essere massimizzate. La sostenibilità istituzionale significa assicurare che le istituzioni locali emergano dalla ricostruzione avendo acquisito la capacità di mantenere le infrastrutture ricostruite, e di perseguire la riduzione del rischio sul lungo periodo. Appare essenziale un affidabile flusso di risorse, e potrà essere necessario rafforzare le istituzioni.

Un'ultima parola: ogni progetto di ricostruzione è unico. La natura e la grandezza del disastro, il contesto territoriale e istituzionale, il livello di urbanizzazione, e i valori culturali, nel loro insieme influenzano le decisioni sul modo di gestire la ricostruzione. Possono variare in particolare il ricorso del governo a procedure normali o speciali, il peso attribuito alle esigenze di rapidità rispetto a quelle di qualità, e la attribuzione all'ambito istituzionale nella divisione dei compiti. La storia e le best practices sono semplicemente dei dati conoscitivi, che devono essere soppesati per giungere al miglior approccio locale.

E' appena il caso di rilevare l'insistenza con cui il manuale WB rinvia al protagonismo delle comunità locali; è un approccio che distingue la natura stessa delle politiche di ricostruzione, assai diverse a seconda che prevalga il dirigismo centralistico o la partecipazione allargata, o ancora una qualche combinazione tra i due modelli. Coerentemente con le teorie dello sviluppo locale auto-organizzato che ispirano da tempo le logiche degli organismi internazionali, la WB propende chiaramente per un forte coinvolgimento delle comunità colpite dal disastro, anche se rimarca la necessità di un referente istituzionale, in grado di assumere responsabilità al livello più alto di governo.

Altrettanto importante, e del tutto coerente con la filosofia della WB, è la predisposizione di un efficace sistema di monitoraggio e *valutazione degli effetti delle politiche di ricostruzione*. Questa parte del manuale è sviluppata con dovizia di istruzioni, che non riguardano soltanto temi operativi come le tecniche di acquisizione dei dati e di loro mappatura su base GIS, o le metodologie di valutazione d'impatto e di conduzione degli Audit sociali; più soprendentemente, affrontano anche il tema tabù della *mitigazione dei rischi di corruzione*. I fenomeni di corruzione vengono considerati un sottoprodotto rilevante dei programmi di ricostruzione, che fatalmente attraggono ingenti capitali pubblici, e perciò vanno sottoposti ad attenti controlli formali al fine di migliorare la loro trasparenza e quindi l'efficacia dei risultati (anche al fine di evitare che i finanziamenti WB finiscano nelle mani sbagliate).

Ho richiamato questi due principi guida della ricostruzione perché possono aiutare a capire meglio le corrispondenze e differenze con il caso italiano, di cui tratteremo più avanti. Ma forse, ancora più interessante dal nostro punto di vista è il modo in cui il manuale propone di pianificare la ricostruzione, con un approccio che riflette chiaramente la tradizione del planning di matrice anglosassone.

Vengono distinti tre diversi strumenti di piano: i *piani di uso del suolo*, i *piani "fisici" e ambientali*, i *piani strategici*. I primi corrispondono grosso

PROGETTARE DOPO IL TERREMOTO

circuit coordination when it comes to environmental issues. Economic sustainability requires equity in the reconstruction, and that their livelihoods are restored. Their opportunities have to be maximized. Institutional sustainability means ensuring that local institutions emerge from the reconstruction having acquired the ability to maintain the rebuilt infrastructure, and pursue risk reduction in the long run. It seems essential to have a reliable flow of resources, and it may be necessary to strengthen institutions.

A last word: each reconstruction project is unique

The nature and magnitude of the disaster, the local context and institutional framework, the level of urbanization and cultural values work together to influence decisions on how to manage the reconstruction. They may influence how governments turn to regular or special procedures, the weight attributed to the need for speed rather than quality, and the allocation of institutions in the division of labor. The history and best practices are simply cognitive data that must be weighed to decide upon the best local approach.

It is hardly necessary to point out the insistence with which the WB manual refers to the *leadership of local communities*; this is an approach that distinguishes the very nature of reconstruction policies, very different depending on whether either centralized management or expanded participation prevails, or some combination of the two. Consistent with the theories of local self-organized development that inspire the logic of international organizations, the WB clearly favors a strong involvement of communities affected by the disaster, but emphasizes the need for an institutional reference, able to assume responsibility at the highest level of government.

Equally important, and entirely consistent with the philosophy of the WB, is to set up an effective system of monitoring and *evaluation of the impact of reconstruction policies*. This part of the manual was developed to be rich in instructions, which do not only regard operational issues such as data acquisition techniques and their mapping using GIS, or the methodologies of impact assessment and the conduct of social audits; most surprisingly, they also discuss the taboo subject of *mitigating risks of corruption*. The phenomena of corruption are considered an important by-product of the reconstruction programs, which inevitably attract substantial public funds and therefore should be subjected to careful inspection in order to improve their transparency and thus the effectiveness of the results (also in order to prevent WB funding from falling into the wrong hands).

I drew upon these two guiding principles of reconstruction as they help to understand the similarities and differences with the Italian case, dealt with later. But perhaps even more interesting from our point of view is the way in which this book aims to plan the rebuilding, with an approach that clearly reflects the Anglo-Saxon tradition of planning.

Three different planning instruments are distinguished: land use plans, "physical" and environmental plans and strategic plans. The first corresponds roughly to our urban plans,

modo ai nostri piani regolatori, almeno per ciò che concerne la regolazione normativa delle destinazioni d'uso delle aree. I secondi articolano le previsioni di infrastrutturazione dell'area con particolare riferimento a: assetto della rete viaria e dei lotti per l'edificazione; reti tecniche (acqua, rifiuti, energia, telecomunicazioni); attrezzature pubbliche e servizi sociali (aree per la sanità, educazione, ricreazione, amministrazione pubblica, assistenza sociale); opere necessarie per migliorare le relazioni tra ambiente costruito e ambiente naturale alla luce delle valutazioni d'impatto ambientale.

Tanto gli uni che gli altri sono orientati alla produzione di opere tangibili. I piani strategici sono invece orientati piuttosto alla gestione dei processi, inserendo gli atti della pianificazione fisica all'interno delle strategie più complessive (istituzionali, finanziarie, di organizzazione della partecipazione, di attuazione dei progetti, di comunicazione sociale) a cui sono affidate in definitiva le politiche della ricostruzione.

Tutti questi piani nel loro insieme dovrebbero guidare i processi di ricostruzione finalizzandoli agli obiettivi di sviluppo a lungo termine. Ma ciò che risulta davvero importante, è che si realizzi la *convergenza dei diversi strumenti* della pianificazione verso traguardi comuni del processo di ricostruzione.

E' proprio questo il principio più importante che viene suggerito dal manuale. *L'efficacia della ricostruzione dipende dalla capacità di praticare una pianificazione globale (comprehensive)*, da perseguire nonostante le evidenti difficoltà di armonizzare le diverse strumentazioni all'interno di un processo unitario. Insieme al coordinamento e all'integrazione delle diverse forme di pianificazione, va tenuto presente anche un altro requisito che è di grande importanza ai fini della efficacia del piano di ricostruzione. Come osserva il manuale, "ciò che viene deciso, o elaborato nell'ambito del processo di pianificazione, rimane una pura intenzione se non si rivolge una adeguata attenzione alle strategie di attuazione. Mentre le esigenze immediate dopo il disastro possono trovare facilmente i finanziamenti, per la ripresa a lungo termine può essere necessario prevedere strategie di reperimento dei fondi da molteplici fonti finanziarie. Occorre dunque tenere assieme una "rappresentazione d'insieme " del processo di ricostruzione, con la definizione concreta del processo attuativo, la stima delle necessarie risorse economico-finanziarie, l'attribuzione dei ruoli e responsabilità istituzionali, i compiti da assegnare ai diversi attori".

In altri termini, l'insieme congiunto dei diversi strumenti dovrebbe indirizzare le politiche della ricostruzione e dello sviluppo a lungo termine, traducendosi immediatamente in piani di intervento e proposte fattibili di investimento, estese anche alla promozione degli investimenti privati. All'interno di una simile impostazione metodologica delle strategie d'intervento, il manuale richiama anche gli *attori-chiave* da coinvolgere ai diversi livelli, ipotizzandone ruoli specifici nel processo di pianificazione. Come attori chiave vengono riconosciuti in particolare il Governo centrale e quello regionale, i governi locali, la comunità locale, i *facilitatori di progetto*" (pianificatori, ONG, altri intermediari), gli esperti. In linea di principio, l'elaborazione dei piani di ricostruzione dovrebbe essere attribuita al governo locale, il quale dovrebbe farsi carico non soltanto di approvare i piani e le norme d'attuazione, ma anche di creare le strutture che rendono possibile una significativa partecipazione da parte della comunità, e al tempo stesso di promuovere campagne di comunicazione e programmi di formazione finalizzati ad attuare con coerenza le previsioni di piano. Mentre il Governo centrale dovrebbe soprattutto provvedere al reperimento dei fondi e all' adeguamento -se necessario- della legislazione, rinviando comunque ad una sua specificazione a livello regionale, dove tra l'altro dovrebbe essere anche preparato l'ambiente politico per la definizione operativa dei piani di ricostruzione.

Per facilitare la predisposizione del processo di pianificazione globale (comprehensive planning) , il manuale dettaglia le istruzioni sul modo di individuare le attività , i risultati e le elaborazioni conclusive dei piani (vedi tab. 2).

at least as regards the legislation regulating the intended use of the areas. The second articulates the infrastructure of the area with particular reference to: the planning of roads and building lots; technical networks (water, waste, energy, telecommunications); public facilities and social services (health areas, education, recreation, public administration, social assistance); necessary works to improve relations between the built and natural environment in the light of environmental impact assessments.
Both are orientated to produce tangible works. The strategic plans are, on the other hand, oriented toward

process management, involving physical planning strategies within the general strategies (institutional, financial, organization of participation, project implementation, social communication) which the reconstruction policies must face.
All these plans as a whole should guide the reconstruction processes with long-term development as the main objective. But what is really important is achieving the *convergence of different planning tools* toward common goals of the reconstruction process.
This is the most important principle is suggested by the manual. *The effectiveness of the reconstruction*

depends on the ability to engage a global (comprehensive) planning approach, to be pursued despite the obvious difficulties of harmonizing the various instruments within a unified process.
Along with the coordination and integration of different forms of planning, one must keep in mind another requirement which is of great importance for the effectiveness of the reconstruction plan. As the manual notes, "what is decided, or produced as part of the planning process, remains pure intention if implementation strategies are not adequately addressed. While the immediate needs after the disaster can easily find the funding, the long-term recovery may have to involve strategies for the retrieval of funds from multiple financial sources. It is therefore necessary to put together a "comprehensive representation" of the reconstruction process, with a practical definition of the implementation process, the estimate of the necessary economic and financial resources, the allocation of institutional roles and responsibilities, the tasks to be allo-

cated to the various actors ".
In other words, the combination of the different instruments should direct the reconstruction policies and long term development, immediately translating them into workable plans and investment proposals, extended to include the promotion of private investment.
Within this methodological approach to intervention strategies, the manual also draws upon the key actors involved at different levels, hypothesizing the specific roles in the planning process. As key actors are recognized in particular the central and regional government, local governments, the local community, the "project facilitators" (planners, NGOs and other intermediaries) and the experts.
In principle, the development of reconstruction plans should be carried out by the local government, who should take responsibility not only for approving the plans and rules for implementation, but also for establishing structures that enable significant participation by the community, and at the same time promote communication

Tab. 2 Come Fare Per Un Processo Di Pianificazione Globale fonte : Safer Homes, Stronger Communities, WorldBank, 2010

Attività, risultati, elaborati finali

La pianificazione globale viene intesa come il processo di pianificazione che include l'uso del suolo, la pianificazione fisica, e la pianificazione strategica. Di seguito viene descritto un processo-tipo di pianificazione globale, con le sue attività-chiave e i risultati attesi

I. Attivita'

Delineare l'ambito territoriale e amministrativo del piano

Considerazioni

Il primo passo del piano è l'individuazione dell'ambito territoriale e amministrativo di riferimento, e la definizione delle componenti che devono essere trattate prioritariamente. Queste decisioni dovrebbero prendere in considerazione l'impatto del disastro, i temi emergenti anche con riguardo ai futuri rischi, e il contesto legale e istituzionale esistente.

Risultati

Carta di base, con la delimitazione geografica e amministrativa dell'area; report con un profilo del territorio e un elenco preliminare delle componenti di piano, con un loro profilo sintetico.

II. Attivita'

Elaborare la mappatura degli stakeholders

Considerazioni

Gli stakeholders primari per la pianificazione della ricostruzione sono quelli che sono stati danneggiati dal disastro e le agenzie coinvolte nella ricostruzione, incluse quelle governative e del volontariato. Altri stakeholders fanno riferimento alla comunità allargata, al mondo delle imprese, ai dipartimenti amministrativi di settore non direttamente coinvolti nella ricostruzione, a quanti infine possono comunque contribuire alla ricostruzione (portatori di risorse, istituzioni, individui). I danneggiati dalla calamità non costituiscono di solito un gruppo omogeneo. La diversità va riconosciuta, in particolare sotto il profilo della vulnerabilità dei diversi sottogruppi. La concertazione degli interessi con gli stakeholders è una funzione chiave del piano. Gli stakeholders possono aggiungere valore al piano per la loro conoscenza del contesto locale e degli strumenti disponibili.

Risultati

Inventario degli stakeholders, con una loro breve descrizione.

III. Attivita'

Preparare le cartografie e raccogliere i dati

Considerazioni

Preparare una carta di base dell'area di piano, e raccogliere i dati demografici. Poi, per ciascuna delle componenti del piano, preparare una serie di carte con la situazione pre e post disastro, e ricostruire la base-dati di riferimento al piano. E' abbastanza comune che non siano disponibili cartografie e dati affidabili. Per integrare le informazioni disponibili, si può allora ricorrere a varie tecnologie (come il remote sensing) e metodologie operative (come una mappatura partecipata e valutazioni speditive).

Risultati

Carte sulla situazione esistente
Report con i dati sulla situazione esistente

IV. Attivita'

Intraprendere la partecipazione alla pianificazione strategica

Considerazioni

Il piano strategico dovrebbe coinvolgere gli stakeholders secondo una modalità strutturata. Due sono le fasi principali di questo processo: elaborare una visione guida e programmare i progetti e le strategie di intervento.

Activities, results, final work

The overall planning is understood as the process of planning that includes land use, physical planning, and strategic planning. The following describes a process-type of comprehensive planning, with its key activities and expected results

I.Activities

Defining the territorial and administrative areas of the plan

Considerations

The first step of the plan is the identification of the territorial and administrative reference area and the definition of components that must be given priority. These decisions should take into consideration the impact of the disaster, the emerging issues with regard to future risks, and the existing institutional and legal framework.

Results

Base map, identifying the geographical and administrative area; report with a profile of the area and a preliminary list of the components of the plan, with their synthetic profile.

II.Activities

Define a map of the stakeholders

Considerations

The primary stakeholders for the reconstruction planning are those that have been damaged by the disaster and the agencies involved in reconstruction, including governmental and voluntary sectors. Other stakeholders refer to the larger community, the business world, the administrative departments for industries not directly involved in the reconstruction who can still contribute to the reconstruction (bearers of resources, institutions, individuals). Those damaged by the disaster do not normally constitute a homogeneous group. Diversity must be recognized, particularly in terms of the vulnerability of different subgroups. Consulting with stakeholders about the various interests is a key feature of the plan. Stakeholders can add value to plan for their local knowledge and the tools available.

Results

Inventory of stakeholders with brief description

III.Activities

Prepare cartography and collect data

Considerations

Prepare a base map the area and collect demographic data. Then, for each component of the plan, prepare a series of maps showing the situation before and after the disaster, and rebuild the database to which the plan can refer to. It is common for maps and reliable data to be unavailable. To integrate the available information, one can turn to various technologies (such as remote sensing) and operative methods (such as participative mapping and evaluations)

Results

Maps of the current situation Inventory of stakeholders, with a brief description

IV.Activities

Practice partnership in strategy planning

Considerations

The strategic plan should involve all stakeholders according to a structured modality. There are two main stages of this process: to develop a guiding vision and plan projects and strategies.

IV A.Activities

Analyze the current situation and set up visions for the future

IV A. Attività
Analizzare la situazione esistente e impostare la visione per il futuro

Considerazioni
Utilizzando la mappatura e i dati già raccolti, avviare una diagnosi partecipata sulla situazione esistente. Sono a disposizione diversi strumenti, quali l'analisi SWOT (punti di forza, debolezza, opportunità, minacce).
Gli studi sulle potenzialità del suolo e sulla valutazione dei rischi forniscono la base per la pianificazione degli usi del suolo.
A partire da queste analisi e diagnosi partecipate, produrre una visione collettiva d'insieme per la comunità, la città o la regione condivisa dagli stakeholders .

Risultati
Un report SWOT per ogni componente del piano
Definizione della Visione guida

IV.B Attività
Formulare obiettivi, strategie, progetti

Considerazioni
Sulla base della visione assunta:
- Individuare le componenti del piano, e per ciascuna definire gli obiettivi specifici
- Con riferimento agli obiettivi, formulare le strategie necessarie per valorizzare i punti di forza, per contrastare le debolezze, per sfruttare le opportunità, per respingere le minacce
- Tradurre le strategie in progetti attuabili.

Risultati
Piano Strategico globale, con approfondimenti per le diverse componenti

Attività
V. Approvare e pubblicare il piano

Considerazioni
Il piano con tutte le sue componenti deve essere approvato formalmente, in conformità con le disposizioni legislative vigenti. Particolarmente importante è l'aggiornamento normativo dei regolamenti edilizi.
I documenti di piano dovrebbero essere pubblicizzati utilizzando una pluralità di mezzi di comunicazione e resi accessibili attraverso siti web. Versioni complete dovrebbero essere messe in vendita, mentre altre versioni di sintesi dovrebbero essere distribuite gratuitamente.

Risultati
Notificazioni legali. Documenti di piano, disponibili in diversi formati.

Attività
VI. Attribuire responsabilità istituzionali

Considerazioni
Preparare un piano operativo di dettaglio, relativamente all'attuazione e al monitoraggio del piano. Individuare le istituzioni più adatte per assumere i diversi compiti, valutarne la capacità di designare ruoli e, quando necessario, di istituire commissioni di lavoro. Il piano operativo dovrebbe includere gli impegni e la comunicazione sociale per notificare il piano ai residenti e per educarli alle scelte fatte.

Risultati
Piano operativo con la distribuzione dei ruoli e delle responsabilità

Attività
VII. Dettagliare e attuare le disposizioni normative

Considerazioni
L'approfondimento delle disposizioni di attuazione insieme ai meccanismi di applicazione e di sanzionamento consentono di dare piena efficacia al piano

Risultati
Normative di attuazione

Considerations

Using maps and data already collected, start a participatory diagnosis on the situation. There are several tools available, such as SWOT analyses (strengths, weaknesses, opportunities, threats). Studies on the potential of the terrain and risk assessments provide the basis for planning land use. From these analyses and participatory diagnosis, one can produce a collective vision for the overall community, town or region shared by the stakeholders.

Results

A SWOT report for each component of the plan
Definition of the guiding vision

IV B. Activities

Formulate objectives, strategies and projects

Considerations

Based on the view taken:

- Identify the components of the plan, and define specific objectives for each one
- With reference to the goals, formulate strategies needed to enhance strengths, to counter the weaknesses, exploit opportunities, to reject threats
- Translate strategies into implementable projects.

Results

Comprehensive Strategic Plan with details on each component

Activities

V. Approve and publish the plan

Considerations

The plan with all its components must be formally approved, in accordance with the laws in force. Particularly important are the regulatory updates of building regulations. The planning documents should be advertised using a variety of means and made accessible through the web. Full versions should be offered for sale, while other briefer versions should be distributed free of charge.

Results

Legal notifications. Documentation of the plan, available in various formats

Activities

VI. *Assign institutional responsabilities*

Considerations

Prepare a detailed operational plan on the implementation and monitoring of the plan. Identify the institutions best suited to take on different tasks, evaluate the ability to designate roles and, when necessary, establish job committees. The operational plan should include commitments and social communication to notify residents of the plan and educate them in the choices made.

Results

Operative plan with distribution of roles and reponsabilities

Activities

VII. *Define and implement norms*

Considerations

The improvement of the tools of implementation together with mechanisms for application and sanctioning give full effect to the plan

Results

Norms for implementation

In definitiva, i prodotti della pianificazione consistono in relazioni accompagnate da elaborati grafici e cartografici, che rappresentano generalmente:
A. le **previsioni di uso del suolo** e le relative **normative** di attuazione; B. la **predisposizione delle reti infrastrutturali**, in particolare della mobilità, con gli allineamenti delle principali reti tecniche; C. la **localizzazione e il dimensionamento delle principali attrezzature pubbliche.**
Poi si prevede un'**agenda di istruzioni progettuali,** (D), con la descrizione degli obiettivi e della consistenza dei progetti, la loro localizzazione, una stima di massima dei costi, le strategie previste per la loro attuazione.
Infine i documenti di piano si concludono con un **piano attuativo** di dettaglio (E), che attribuisce ruoli e responsabilità, definisce i programmi per l'edificazione quando necessari, e che organizza la strategia per il monitoraggio e valutazione dell' attuazione .

3. Il caso Wenchuan.
Dello sconvolgente terremoto di Wenchuan in Cina che ha investito circa 500 mila km quadrati, provocando decine di migliaia di vittime e la distruzione di milioni di abitazioni, viene dato appositamente conto nello scritto di Paolo Fusero, in questa stessa pubblicazione. Qui vorrei richiamare soltanto alcuni aspetti delle strategie sperimentate in Cina, utili per articolare il confronto sulle metodologie della pianificazione della ricostruzione in una prospettiva comparata con il caso italiano.
Come è noto, l'approccio del governo cinese (per il terremoto come del resto per le altre politiche) è fortemente improntato alla forte capacità decisionale e di azione da parte del centro, con una catena di responsabilità decisamente verticalizzata, che riduce fatalmente il ruolo delle istituzioni e delle comunità locali. La chiave di volta per la ricostruzione nel Wenchuan è il ricorso ad una pretesa scientificità del metodo, che dovrebbe garantire efficacia dei risultati anche oltre

la soggettività delle interpretazioni da parte dei diversi attori in gioco. Così lo *"Scientific Outlook on Development"* (Una prospettiva scientifica sullo sviluppo) è il documento elaborato dal Governo cinese su cui devono incardinarsi le strategie complessive della ricostruzione, affidate a loro volta ad un *Master Plan* (*"Master Plan of Wenchuan Earthquake Post-Disaster Reconstruction"*) accompagnato da dieci *Piani Speciali* riferiti ai temi ritenuti più rilevanti ai fini della ricostruzione, quali i sistemi urbani, l'edilizia rurale, la mobilità, le attrezzature pubbliche.
In particolare, il *Piano globale per la Ricostruzione* (*"The Overall Planning for Post-Wenchuan Earthquake Restoration* and Reconstruction"*) individua alcuni requisiti generali a cui si dovranno attenere i diversi interventi, e la distribuzione spaziale delle strategie previste.
I temi di riferimento sono: l'abitazione urbana e rurale; gli insediamenti urbani; le dotazioni di servizi e infrastrutture per la produzione agricola; i servizi pubblici; le infrastrutture; gli impianti per l'industria,

il turismo, il commercio, la cultura e la finanza; le misure di prevenzione e mitigazione dei disastri; le azioni per l'ambiente; le politiche di supporto (fiscali, finanziarie, industriali, fondiarie) e per l'accesso ai fondi per la ricostruzione; l'attuazione delle previsioni di piano.
E' il caso di rimarcare che tra i principi guida della ricostruzione, al fine di rispondere adeguatamente alle minacce portate all'ambiente dai rischi di disastri, viene previsto

campaigns and training programs designed to consistently implement the plan. The central government should primarily secure funds and adapt the law if necessary, referring however to a specific regional level, where among other things the political environment for the operational definition of reconstruction plans should be prepared. To facilitate the preparation of the comprehensive planning process, the manual gives detailed instructions on how to identify the activities, results and the final elaboration of plans (see tab. 2).

Ultimately, the products of the planning phase consist in reports together with graphic and cartographic data, which are generally:

A. **estimates of land use** and its implementing **regulations**;

B. **the provision of infrastructure networks**, in particular of mobility, with the alignment of the main technical networks;

C. **location and sizing of major public facilities.**

It then provides an **agenda of planning instructions**, (D), with a description of the objectives and consistency of the projects, their location, a rough estimate of costs and strategies for their implementation. Finally, the plan documents conclude with a detailed **implementation plan** (E), which assigns roles and responsibilities, sets out building plans when needed, and organizes strategies for monitoring and evaluating the implementation.

3. The Wenchuan Case

In this publication the devastating earthquake in Wenchuan, China, that affected about 500 thousand square kilometers, causing tens of thousands of victims and the destruction of millions of homes, is taken specially into account in the writings of Paolo Fusero. Here I would like to consider only a few aspects of the strategies experimented in China which are useful when comparing these reconstruction planning methods with those of the Italian case.

As is known, the approach of the Chinese government (for the earthquake as indeed for other policies) is marked by strong decision-making and action by the center, with a very verticalized chain of responsibility, which inevitably reduces the role of institutions and local communities. The key to reconstruction in Wenchuan is the use of scientific methods, which should ensure the effectiveness of the results beyond the subjectivity of the interpretations by the various actors involved. Thus the *"Scientific Outlook on Development"* is the document prepared by the Chinese government on which they hinged the overall strategies of reconstruction, in turn entrusted to a Master Plan ("*Master Plan of Wenchuan Earthquake Post-Disaster Reconstruction*"), accompanied by ten *Special Plans* relating to the issues considered most relevant to the reconstruction, such as urban systems, rural housing, mobility and public facilities.

In particular, the *The Overall Planning for Post-Wenchuan Earthquake Restoration and Reconstruction* identifies some general requirements to which the various actions and spatial distribution of the strategies must refer.

The themes are: urban and rural housing; urban settlements; the allocation of services and infrastructure for agricultural production; public services; infrastructure; facilities for industry, tourism, trade, culture and finance; the prevention and mitigation of disasters; actions for the environment; support policies (fiscal, financial, industrial, land) and access to funds for reconstruction; the implementation of the plan.

It is important to stress that among the guiding principles of reconstruction, in order to respond adequately to the threat posed to the environment by the risks of disasters, it is necessary to "*scientifically define the specific functions to be allocated to different regions, optimizing the urban and rural spatial structure, population distribution, the production structure*", with the goal of "harmonizing the relationships between man and nature."

As we can see, it is an approach to rational-comprehensive planning, heavily imposing, which seeks its legitimacy in the scientific justification for its decisions and in the efficacy of top-down imposed solutions.

di "definire *scientificamente* le funzioni specifiche da attribuire alle diverse regioni, ottimizzando gli assetti spaziali urbani e rurali, la distribuzione della popolazione, la struttura produttiva", con l'obiettivo di "armonizzare i rapporti tra l'uomo e la natura".
Si tratta come si vede di un approccio alla pianificazione di tipo razional-comprensivo, fortemente impositivo, che cerca la sua legittimità nella fondatezza scientifica delle proprie scelte e nell'efficacia risolutiva delle soluzioni imposte top down. A ben guardare, è un approccio non troppo dissimile da quello che il governo cinese sta adottando in questi giorni per l'economia, nel tentativo di ricondurre ad una strumentazione ortodossa per un regime socialista (la Pianificazione quinquennale dello sviluppo) il governo di un'economia esposta alla fluttuazione dei mercati mondiali. Si tratta in questo caso di sfruttare spregiudicatamente i vantaggi competitivi di una società con un basso costo del lavoro, dei mezzi di produzione e dei processi di riproduzione della forza

lavoro, sottoposta nel suo insieme a un ferreo controllo centralistico (ciò che è stato definito il capitalismo di stato in un Paese socialista).
Nel caso della ricostruzione, le variabili in gioco sono assai diverse e tutto sommato meno aleatorie. Molte di loro sono effettivamente prevedibili ricorrendo ad accurati modelli di previsione, accompagnati a loro volta dal continuo monitoraggio e valutazione degli effetti delle strategie adottate.
E' questo del resto uno dei motivi dell'importante collaborazione instaurata dal Governo cinese con la World Bank, la quale attraverso il Progetto *"Supporting Sustainable Post-Earthquake Recovery in China"* si è resa disponibile a finanziare una poderosa azione di assistenza alla ricostruzione. Il Progetto tende in particolare a garantire un'analisi sistematica e complessiva degli effetti generati dalle politiche della ricostruzione, con l'obiettivo di apprendere dalle criticità e migliorare conseguentemente le azioni in programma.
Altro obiettivo del Progetto, non meno importante, è di inquadrare

l'esperienza del Wenchuan in una prospettiva internazionale, al fine di predisporre i modelli di intervento più avanzati al mondo nei confronti della gestione dei terremoti e di altri disastri naturali.
La marcata preferenza per una pianificazione onnicomprensiva, rigidamente guidata da un attore centrale legittimato a decidere rapidamente e senza troppi intralci, s' ispira per la verità ad un metodo non troppo diverso da ciò che è stato a lungo perorato (meno abitualmente praticato) dall'urbanistica della modernità. Nel caso cinese, la scala e le dimensioni degli interventi in gioco sono francamente smisurate, ma è in fondo l'approccio non è molto dissimile: la fiducia in un controllo "scientifico" e razionale delle trasformazioni nel tempo, da cui dipenderà l'esito della ricostruzione, con una ferrea pianificazione guidata dal centro, senza troppo concedere al protagonismo delle attese e degli interessi locali. Effettivamente, i primi risultati raggiunti nel Wenchuan sembrano abbastanza convincenti, almeno per l'efficienza dimostrata

da parte della poderosa macchina statale per gli aiuti; ma l'autoreferenzialità dei poteri centrali si traduce anche nell'imposizione di soluzioni drastiche e impopolari, come lo sradicamento e il trasferimento forzoso delle popolazioni colpite dal sisma, che appaiono ben difficilmente applicabili altrove.
Si tratta in definitiva di un'impostazione ben diversa rispetto a quella da noi propugnata in apertura, cioè il *governo processuale e condiviso, aperto alla indeterminazione e alla aleatorietà delle trasformazioni nel tempo.* Ma la singolarità del contesto, oltre che la natura del sistema dei poteri che caratterizzano la Cina attuale, ci induce a riconoscere una volta di più che non è possibile individuare in assoluto un metodo come preferibile. Ogni volta, lo stile e la forma della pianificazione della ricostruzione dovranno essere commisurati alla specificità delle condizioni di contesto, da valutare attentamente in sede preventiva e poi da controllare con adeguati sistemi di monitoraggio e riflessione critica degli effetti generati.

PROGETTARE DOPO IL TERREMOTO

After all, it is an approach not too dissimilar from what the Chinese government is taking these days for the economy in an attempt to bring an orthodox instrumentation for a socialist regime (the Five-Year Development Plan) to the governing of an economy exposed to fluctuations in world markets. It is, in this case, a question of unscrupulously exploiting the competitive advantages of a society with a low cost of labor, means of production and reproduction processes of the workforce as a whole, subjected to strict centralized control (what has been called state capitalism in a socialist country).

In the case of reconstruction, the variables are very different and altogether less random. Many of them are actually predictable using accurate forecasting models, in turn accompanied by the continuous monitoring and evaluation of the effects of the strategies adopted.
This is actually one of the reasons for this important collaboration established by the Chinese government with the World Bank, which through the project "*Supporting Sustainable Post-Earthquake Recovery in China*" has been able to fund a massive share of reconstruction assistance. The project aims

in particular to ensure systematic and comprehensive analysis of the effects generated by the politics of reconstruction, with the aim to learn from criticism and consequently improve the actions in the program. Another objective of the project, not least, is to frame the experience of Wenchuan in an international perspective in order to develop more advanced models of intervention in the world in terms of the management of earthquakes and other natural disasters.
The marked preference for a comprehensive planning, strictly guided by a central player entitled to decide quickly and without too many obstacles, is inspired by a method not too different from what has long been advocated (yet less commonly practiced) by urban modernity. In the case of China, the scale and size of the interventions involved are frankly enormous, but essentially the approach is not dissimilar: the trust in "scientific" control and rational transformations over time, on which the outcome of the reconstruction will depend, with a strict schedule, centrally driven,

without giving too much space to expectations and local interests. Indeed, the initial results achieved in Wenchuan seem quite convincing, at least for the efficiency shown by the powerful state machine for aid; but the central powers are self-referential and this is reflected in the imposition of unpopular and drastic solutions, such as the eradication and the forced transfer of populations affected by the earthquake, which appear very difficult to apply elsewhere.
It is definitely a very different approach to that advocated by us in opening our case, namely the *shared and processed government, open to uncertainty and unpredictability of change* over time. Yet the uniqueness of the context, as well as the nature of the system of power that characterize current China, leads us to recognize once again that you cannot ever find a preferable absolute method. Each time, the style and form of the reconstruction planning should be commensurate with the specific conditions of the context, to be carefully evaluated before and

4. Verso un modello italiano.

Alla luce delle esperienze appena richiamate, conviene ritornare sul caso italiano e riflettere sulla sua specificità in una prospettiva internazionale. Il nostro Paese, come è noto, è stato più volte messo alla prova da terremoti e altri disastri naturali, con risposte istituzionali che hanno dato luogo a risultati altalenanti. E' indubitabile che i modelli di intervento siano andati evolvendo dal dopoguerra ad oggi a favore di un ruolo sempre più incisivo del servizio di protezione civile, diventato una delle istituzioni più apprezzate anche in sede internazionale; mentre le strategie per la ricostruzione hanno spesso oscillato tra due approcci opposti, di centralità statale *versus* il protagonismo regionale e locale, senza mai risolversi in un modello compiuto e condiviso.

Ancora oggi tende purtroppo a prevalere la logica di un'azione remediale, non sufficientemente preparata da strategie attive della prevenzione, se si escludono i ricorrenti aggiornamenti normativi per la sicurezza delle costruzioni. Ogni volta che si è di fronte ad una catastrofe, sembra che si debba ricominciare daccapo, per individuare la strategia più adatta, nell'evidente incapacità di fare tesoro delle esperienze maturate nel passato.

Eppure, c'è stata una stagione in cui è sembrato possibile che lo Stato sapesse apprendere dalla lezione, modificando di conseguenza le pratiche di pianificazione del territorio di fronte ai rischi di calamità naturali. E' accaduto alla metà degli anni Sessanta, agli albori di una feconda epoca riformista, quando in occasione della frana di Agrigento ci si era resi conto della necessità di adeguare urgentemente la legislazione urbanistica ed edilizia con l'obiettivo di migliorare gli standards di sicurezza del territorio; e quando dunque un ministro dei Lavori pubblici lungimirante come Giacomo Mancini, fece approvare la Legge Ponte, una legge assai avanzata per il tempo, che avrebbe cambiato sensibilmente da allora le pratiche dell'urbanistica italiana.

Ma durante l'impressionante sequenza di calamità successive dagli anni Sessanta ad oggi, si è continuato ad agire sotto la pressione delle contingenze locali, senza disporre di un modello d'intervento ben collaudato e condiviso.

Ad esempio nel Belice, nel 1968, si è fatta l'esperienza totalmente negativa della "ricostruzione di Stato", con una gestione centralistica che si è tradotta in soluzioni discutibili, come il trasferimento forzoso degli abitanti, con tipologie insediative ed abitative estranee al sentire comune delle società locali, imposte dall'alto senza tenere adeguatamente in conto le esigenze del territorio.

Poi c'è stato il Friuli, otto anni dopo, con un terremoto che ha investito un'area di 5.500 kmq, circa un decimo di quello dello Wenchuan in Cina sopra richiamato. Allora si è fatta un'esperienza straordinaria e originale di ricostruzione, ispirata al rilancio prioritario dell'economia (*prima le fabbriche, poi le chiese e le case*); un'esperienza promossa, governata e attuata tutta a livello regionale e locale, volendo ostinatamente rivendicare la propria capacità di protagonismo (*fare tutto da sé*), con risultati assai positivi che vengono tuttora presi come modello. Grazie agli investimenti per la ricostruzione si è saputo contribuire alla ripresa e all'innovazione di un tessuto produttivo il quale sarebbe presto diventato sano e notevolmente competitivo, con potenzialità decisamente superiori a quelle ante-terremoto. Il modello Friuli dimostra inoltre che è possibile ricostruire in modo partecipato e in tempi ragionevoli *"tutto com'era e dov'era"*, con costi abbastanza contenuti. E che con una intelligente programmazione diventa possibile perfino realizzare nuovi poli di ricerca e formazione avanzata, come ad esempio l'università ad Udine, e la Scuola di studi superiori a Trieste, diventata in breve tempo un centro d'eccellenza di livello internazionale.

Poco tempo dopo, nel 1980, si è verificato il terremoto dell'Irpinia, una calamità che ha investito un territorio immenso e già disagiato, dal napoletano al salernitano fino alla provincia di Potenza. Si tratta

then controlled by proper systems of monitoring and critical reflection of the effects generated.

4. Towards an Italian model

In light of the experiences just mentioned, it is convenient to return to the Italian case and reflect on its specificity in an international perspective. Our country, as is known, has been repeatedly challenged by earthquakes and other natural disasters, with institutional responses that have led to mixed results. There is no doubt that the intervention models have been evolving since the war in favor of an increasing role of the civil protection service, which has become one of the institutions most appreciated at international level, while strategies for reconstruction have often fluctuated between two opposite approaches, of state versus regional and local centrality, without ever leading to a determined and shared model.

Even today, unfortunately, the logic of remedial action tends to dominate, not sufficiently prepared by active strategies of prevention, if we exclude the continuous regulatory updates for the safety of buildings. Every time we face a disaster it seems we must start again in identifying the most appropriate strategy, in an apparent inability to draw on past experience.

There was, however, a period in which it seemed that the State knew how to learn from the lesson, thus changing the practice of territorial planning to address risks of natural disasters. This was in the mid-sixties, at the beginning of a fruitful era of reforms, when in the occasion of the Agrigento landslide we realized the urgent need to adapt the planning legislation and building with the aim of improving the safety standards of the territory; and therefore the farsighted minister of Public Works Giacomo Mancini approved the Legge Ponte (temporary law), a very advanced law for their time, which since then significantly changed the Italian planning practices.

But during an impressive sequence of successive disasters from the sixties to today, one continued to act under the pressure of local contingencies, without a well-established and shared model of action.

For example, in Belize, in 1968, can the totally negative experience of the "State reconstruction", with a centralized management that led to controversial solutions, such as the forced transfer of the population, settlements and housing types unrelated to the common feeling of local societies, imposed without properly taking into account the needs of the area.

Then there was the Friuli earthquake, eight years later, an earthquake that hit an area of 5,500 sq km, about one tenth that of Wenchuan in China referred to above. In this case an extraordinary and original reconstruction experience was made, inspired by the revival of the economy (*first the factories, then churches and homes*); a promoted experience, implemented and governed at regional and local level, wanting to stubbornly assert its protagonist ability (*doing everything by itself*), with very positive results that are still taken as a model. Thanks to the investments for the reconstruction it was possible to contribute to the recovery and innovation of production which would soon become healthy and highly competitive, with far higher potential than before the earthquake. The Friuli model also shows that it is possible to reconstruct in a participatory manner and in a reasonable time "*everything the way it was and where it was*", with fairly contained costs. And with intelligent scheduling it even became possible to create new centers of research and advanced training, such as the University of Udine, and the School of Higher Studies in Trieste, which quickly became a center of excellence at international level.

A short time later, in 1980, there was the Irpinia earthquake, a calamity that affected a vast and already disadvantaged territory, between Naples and Salerno up to the province of Potenza. This was the most severe Italian earthquake after the war, and also the most expensive, partly because of a policy of public support so generous as to often seem scandalous. Under the pressure from local political

del più grave terremoto italiano dal dopoguerra, e anche il più costoso, anche a causa di una politica degli aiuti pubblici tanto generosa da apparire spesso scandalosa. Sotto la pressione delle rappresentanze politiche locali, l'area interessata è stata infatti surrettiziamente allargata a dismisura, gonfiando enormemente la spesa complessiva, peraltro con risultati assai deludenti, soprattutto per il mancato decollo produttivo e industriale.

In Irpinia si è ritornati ad una conduzione di stampo tendenzialmente centralistico, attribuendo in questo caso un ruolo determinante alla figura dei "commissari straordinari", abilitati ad agire in deroga, con poteri discrezionali e con procedure burocratiche straordinarie. Il livello regionale e locale ha mantenuto comunque un ruolo significativo, intervenendo in particolare nella gestione dei rapporti con le grandi centrali di offerta abitativa, cioè le vere protagoniste della ricostruzione in particolare nell'area napoletana. In questo caso il modello si è tuttavia articolato con interessanti meccanismi di riequilibrio tra il centro e le istituzioni locali. I Commissari Straordinari del Governo hanno infatti affidato alle autorità locali (sindaci), regionali (presidenti regionali) o nazionali (ministri), il compito di identificare le linee guida degli interventi e di intraprendere direttamente alcune azioni significative (come l' affidamento di concessioni, l'avocazione di altre opere, la gestione dei finanziamenti per la ricostruzione). In particolare, hanno attribuito ai sindaci il compito di definire i piani urbanistici attuativi e di gestire i finanziamenti per la ricostruzione. Intanto i partiti a livello nazionale, anche se di concerto con le rappresentanze di livello regionale, si assumevano la responsabilità di trovare le mediazioni tra i potenti cartelli d'impresa chiamati a gestire la ricostruzione, utilizzando disinvoltamente l'enorme massa di investimenti pubblici disponibili. Le grandi imprese di costruzione hanno in effetti agito da general contractor, coinvolgendo - grazie a sistema del subappalto generalizzato- una moltitudine di imprese locali, spesso anche di dubbia provenienza.

PROGETTARE DOPO IL TERREMOTO

representatives, the affected area was in fact surreptitiously expanded dramatically, greatly inflating the total expenditure, but with very disappointing results, especially for the lack in industrial and productive re-launching.
Irpinia returned to a centralist management-style, attributing in this case a decisive role to the figure of "special commissioners", allowed to act as an exception with discretionary powers and extraordinary bureaucratic procedures. The regional and local level, however, maintained a significant role, intervening in particular in managing relationships with offers of housing supply, that is the real protagonists of the reconstruction, in particular in the Naples area.
In this case, nonetheless, the model is articulated with interesting mechanisms of re-balancing central and local institutions.
The Special Commissioner of the Government gave in fact to local (mayors), regional (regional presidents) or national (ministers) authorities the task of identifying the guidelines of the interventions

and to take any meaningful action directly (such as the allocation of concessions, the evocation of other works, the management of funds for reconstruction). In particular, the mayors were given the task of defining and implementing development plans and to manage funds for reconstruction. Meanwhile, the parties at national level, although in consultation with representatives at regional level, took the responsibility of finding mediations between the powerful business cartels called to manage the reconstruction, casually using the enormous amount of public investment available. The big construction companies acted in fact as general contractors, engaging - thanks to widespread system of subcontracts - a multitude of local companies, often of dubious origin.
With the following 1997 earthquake, which struck Umbria and the Marche Regione, we again returned to reconstruction policies firmly in the hand of the regions. As in Friuli, the force and firmness of the regional political, social and administration

systems resulted in a high prevalence of local interests and balances, both in the management of emergency planning and reconstruction, complying with procedures and the timing of interventions so as to substantially favor the business system and the local actors (sometimes unfortunately at the expense of the timeliness of the recovery). The strong social sharing of the decisions, however, legitimated a policy of reconstruction with many positive effects, such as in particular the maintenance of local cohesion; but also produced some little publicized negative aspects, in the presence of a marked phenomena of crisis in the local economy and depopulation that in turn made redundant the later recovery of the housing stock. Here the figure of the Deputy Commissioner generally gave a good account of himself, especially for the restoration of the architectural and cultural-historical heritage. In this regard it may well be said that the full involvement of the respective Superintendents and the Central Institute for Restoration was the keystone of a strategy

that yielded results that are often exemplary.
It did not go so well in Abruzzo after the earthquake on April 6, 2009. In this case, through the Civil Protection, the responsibility of recovering the historical and cultural heritage was entrusted to a sub-deputy commissioner who preferred to use his own structure, even as an alternative to state institutions, complicating actions already very weakened by the lack of funds available from the Ministry for Cultural Heritage and the Civil Protection.
But that of Abruzzo is another story, which deserves to be given more attention. The earthquake in Abruzzo has become in fact the explicit test of a new *model of state intervention to natural disasters*, both for emergencies and for reconstruction. The impatience with previous experiences, burdened by excessive time and great inconvenience to the people waiting to return to their homes, was the starting point for a new highly centralized decision making model, which took the Civil Protection as the key tool

Con il successivo terremoto del 1997, che ha colpito l'Umbria e le Marche, si è ritornati nuovamente ad una politica della ricostruzione saldamente in pugno delle Regioni. Come nel Friuli, la forza e la compattezza del sistema politico, sociale e amministrativo regionale si sono tradotte in una netta prevalenza degli interessi e degli equilibri locali, sia nella gestione dell' emergenza che nella programmazione della ricostruzione, conformando procedure e tempi degli interventi in modo da privilegiare sostanzialmente il sistema delle imprese e degli attori locali (talvolta purtroppo anche a scapito della tempestività della ripresa). La forte condivisione sociale delle scelte ha comunque legittimato una politica della ricostruzione con molteplici effetti positivi, come in particolare il mantenimento della coesione locale; però ha prodotto anche alcune negatività poco pubblicizzate, in presenza di marcati fenomeni di crisi del sistema economico locale e di spopolamento che talvolta hanno reso ridondante il recupero tardivo del patrimonio edilizio. Qui

generalmente la figura del commissario delegato ha dato buona prova di sé, soprattutto per il restauro del patrimonio architettonico e storico-culturale. Al riguardo si può ben affermare che il pieno coinvolgimento delle rispettive Soprintendenze e dell'Istituto Centrale del Restauro è stata la chiave di volta di una strategia che ha condotto a risultati spesso esemplari.
Non è andata altrettanto bene in Abruzzo, dopo il sisma del 6 aprile 2009. In questo caso, per il tramite della Protezione civile, si sono affidate le responsabilità di recupero del patrimonio storico-culturale ad un sub-Commissario delegato che ha preferito utilizzare una propria struttura, anche in alternativa alle istituzioni statali, complicando oltremodo un'azione già indebolita dalla scarsità dei fondi messi a disposizione da parte del ministero per i Beni culturali e dalla stessa Protezione civile.
Ma quella dell'Abruzzo è un'altra storia, che merita di essere richiamata con maggiore attenzione. Il terremoto abruzzese è diventato infatti l' esplicito banco di prova

di un *nuovo modello d'intervento statale per le calamità naturali*, sia per l'emergenza che per la ricostruzione. Dall'insofferenza per le precedenti esperienze, gravate da tempi eccessivamente lunghi e da notevoli disagi per la popolazione in attesa di rientrare nelle proprie abitazioni, ha preso le mosse un nuovo modello fortemente decisionista e centralizzato, che ha assunto la Protezione civile come lo strumento chiave di tutte le strategie. Il fortunato slogan della prima ora è diventato " dalle tende alle case", evitando la dura fase intermedia di vita degli sfollati dentro i containers. E la Protezione civile si è vista investire di compiti programmatori e attuativi mai conosciuti in precedenza.
In regime straordinario, sotto la responsabilità del Capo della Protezione civile in veste di Commissario governativo, si sono così progettate e realizzate in tempi record, durante la fase dell'emergenza, circa 4.500 abitazioni transitorie ad elevata sicurezza, dai costi di costruzione alquanto elevati. Le abitazioni (programma C.A.S.E.) sono

state distribuite in 19 insediamenti, disseminati all'interno del territorio urbano dell'Aquila, con un enorme impegno di aree da urbanizzare (circa 160 ettari), scelte dal Comune in base al criterio della immediata disponibilità e in assenza di una qualsiasi previsione sugli effetti urbanistici futuri. La costruzione urgente dei nuovi alloggi si è così sostituita al recupero delle abitazioni esistenti, evacuate immediatamente perché lesionate anche in presenza di danni modesti.
Per procedere con urgenza, si è dunque preferito investire prioritariamente sulla costruzione del nuovo, rinviando a tempi successivi il recupero del preesistente. Non c'è da stupirsi allora se, a più di un anno e mezzo dal terremoto, non è ancora partita la complessa strategia di ricostruzione del centro storico. Soltanto da poco tempo si cominciano finalmente a vedere i primi risultati tangibili, con l'avvio di alcuni progetti pilota, dovuti all'ingresso sulla scena della neoistituita Struttura Tecnica di Missione, espressione del Commissario delegato alla Ricostruzione che a

for all strategies. The initial lucky slogan has now become "*from the tents to the houses*", avoiding the hard intermediate stage of the displaced persons to live inside containers. And the Civil Protection has had to invest in programming and implementation tasks never known before.

In an extraordinary regime, under the responsibility of the Head of Civil Protection, acting as a government commissioner, the planning and construction of about 4,500 high security transitional houses, of relatively high construction costs, were carried out in record time during the emergency phase. The housing (as part of the C.A.S.E program) were distributed in 19 settlements, scattered throughout the urban area of l'Aquila, with a huge commitment from unurbanized areas (160 hectares), selected by the Municipality on the basis of immediate availability and in the absence of any prediction on the future effects of this urban planning. The urgent construction of new housing replaced the recovery of existing homes, evacuate immediately due to the fractures and modest damage.

To proceed with urgency, it was therefore preferred to invest primarily on the construction of the new homes, postponing the recovery of the existing buildings. It is no wonder then that, over a year and a half after the earthquake, the complex reconstruction strategy of the historic center has not yet started. Only recently have we finally begun to see the first tangible results, with the launch of pilot projects, with the newly established Technical Mission Structure, thanks to the deputy commissioner for the reconstruction, which in the meantime was promoted to Head of Civil Protection.

The consequences of this delay in the recovery of existing assets in the face of the rapid construction of new settlements could be really disastrous for the entire capital city of Abruzzo and not only for its ancient core, a historic center of incalculable value in today rubble. In fact, these risks have been described by the World Bank: the initial decisions taken in the urgency of the disaster, inevitably produce significant effects in the long term. In l'Aquila the Civil Protection, in affirming a new model which prioritizes the timely building of new homes, has in fact had to exercise the role of urban-planner, but unfortunately presenting a total lack of preparation and perhaps lack of interest in this regard .

Yet since the early days after the earthquake a major reflection on the need to improve through planning intervention models already tested in the past began, in particular thanks to the initiative of universities in collaboration with Ance and professional bodies (2). From this it is well understood that Abruzzo was not only faced with a tragedy caused by an institutional and individual responsibility for failure to comply with the regulations, *but also with a real shortcoming of the system, which could be repeated at any time in any area of the country*. Therefore a new state policy to radically change the strategies of prevention has been called for, aiming in particular at a thorough reform of the management of the territory, with the objective of raising pre-conditions of security against the risk of natural and manmade disasters. In analogy with what has been done forty years ago, a serious change in the State-Region agreement law has been called for, in order not only to enhance the effectiveness of civil protection, but more generally to improve the capabilities of planned defense from natural disasters.

At the same time came the need to deal with the reconstruction process from the very onset, through the invention of a new model based on balanced, multi-level and multi-actor governance (state government, regional, local universities, businesses, agencies social, voluntary) oriented to the empowerment of local communities and the renewed cohesion of the "Abruzzo System". This system should have been focused on the role of regions and municipalities, in cooperation with the figure of the Deputy Commissioner, with the clear involvement of businesses and universities.

Naively, it was not yet realized that

sua volta è succeduto nel frattempo al Capo della Protezione civile. Le conseguenze di questo ritardo del recupero del patrimonio esistente, a fronte della costruzione veloce dei nuovi insediamenti, rischiano di essere veramente disastrose per tutta la città capitale dell'Abruzzo, non soltanto per il suo cuore antico, un centro storico di incalcolabile valore oggi in macerie. Di fatto si è avverato il rischio paventato dalla World Bank: le decisioni iniziali, prese nell'urgenza del disastro, producono inevitabilmente effetti rilevanti a lungo termine. All'Aquila la Protezione civile, nell'affermare un nuovo modello d'intervento a favore della tempestività delle nuove abitazioni, di fatto si è trovata ad esercitare il ruolo di urbanista-pianificatore, ma scontando purtroppo la propria totale impreparazione e forse disinteresse al riguardo.
Eppure fin dai primi giorni dopo il terremoto si era avviata un'importante riflessione sulle necessità di migliorare attraverso la pianificazione i modelli d'intervento già sperimentati nel passato, in particolare grazie all'iniziativa delle università abruzzesi in collaborazione con Ance e ordini professionali (2). Allora si era ben capito che in Abruzzo non ci si è soltanto trovati di fronte ad un dramma provocato da singole responsabilità personali e istituzionali per l'inosservanza delle normative vigenti, *ma si è manifestato un vero difetto di sistema, che può ripetersi ad ogni momento in ogni parte del Paese.* Si era dunque fatto appello ad una nuova politica dello Stato, per cambiare profondamente le strategie della prevenzione, in particolare mirando ad un'incisiva riforma dei sistemi di gestione del territorio, con l'obiettivo di elevare preventivamente le condizioni di sicurezza contro il rischio di disastri naturali o provocati dall'uomo. In analogia con quanto fatto circa quaranta anni prima, si era invocata una seria modifica legislativa di concerto Stato-Regioni, al fine non soltanto di rafforzare l'efficacia della protezione civile, ma più complessivamente di migliorare la capacità di difesa pianificata dalle calamità naturali. Al tempo stesso si era manifestata l'esigenza di mettere mano al processo di ricostruzione fin dalle battute iniziali, attraverso l'invenzione di un nuovo modello fondato sulla *governance bilanciata, multilivello e multiattoriale* (governo statale, regionale, locale con università, imprese, rappresentanze sociali, volontariato) orientato alla responsabilizzazione delle comunità locali e alla rinnovata coesione del "Sistema Abruzzo". Questo sistema avrebbe dovuto essere imperniato sul ruolo determinante della Regione e dei Comuni, in collaborazione con la figura del Commissario delegato, con il coinvolgimento trasparente delle imprese e delle università . Ingenuamente, non ci si era allora resi conto che il Governo effettivamente stava meditando anche da parte sua un'insidiosa revisione dei propri modelli d'azione; stavolta però, non valorizzando l'approccio di pianificazione del territorio, ma piuttosto enfatizzando il ruolo della protezione civile come attore globale. Questo "big player", forte della propria conclamata efficienza decisionale e operativa, si sarebbe dovuto sostituire alle altre istituzioni di governo del territorio, esautorando di fatto Regioni, Enti locali e popolazioni colpite dalla calamità. Non avevamo cioè intuito che il Governo stava escogitando allora un sistema di gestione delle calamità assai preoccupante, perchè fondato sull'evoluzione della Protezione civile verso un suo ritorno alla sua missione iniziale, ma associato al trasferimento di gran parte delle sue nuove funzioni allargate (sia in fase di emergenza che di ricostruzione ma anche di organizzazione di eventi straordinari) ad una società di servizi s.p.a., a statuto privatistico. L'invenzione di questo modello avrebbe dovuto in futuro estendersi ad altre strutture dello Stato, con l'obiettivo di migliorare la loro efficienza operativa ricorrendo a procedure straordinarie che riducono i controlli, ma che aumentano esponenzialmente il rischio di oscure collusioni con circuiti affaristici di livello nazionale. L'allarme suscitato nell'opinione pubblica, insieme alle inchieste della magistratura sugli anomali intrecci d'interessi emersi in recenti vicende (come il singolare in-

PROGETTARE DOPO IL TERREMOTO

the government was actually mediating an insidious review of its patterns of action; this time, however, not strengthening the approach in terms of territorial planning, but rather emphasizing the role of the civil protection as a global actor. This "big player", strong in its overt decision-making and operational efficiency, was meant to replace the other institutions of territorial government, in fact depriving the regions, local authorities and populations affected by disaster.
We did not realize that the government was devising a rather worrying system of disaster management, based on the evolution of civil protection bringing it back to its initial mission, but associated with the transfer of most of its new extended functions (both during the emergency reconstruction phase and in the organization of special events) to a service company, incorporated under private law.
The invention of this model was, in the future, supposed to be extended to other structures of the State, with the aim of improving their operational efficiency using exceptional procedures that reduce the amount of verifications, but exponentially increase the risk of dark collusions with national business circuits. The alarm raised by the public, along with investigations by the prosecution on the unusual twists of interest emerged in recent events (such as the unique encounter with the G8, in Maddalena all'Aquila), have slowed, hopefully permanently, this process reorganization of the state machinery for disaster management.
In a very controversial situation, it is not too surprising that in Aquila to date we have seen interventions that, even if they meet legitimate and urgent housing needs, have often led to devastating effects on the territory, with serious risks that threaten the very survival of the historic town. Consistent with the entrepreneurial vision described above, the focus was indeed on quickly producing new "things" as efficient as high the cost, rather than patiently retrieving the existing assets, supporting and adequately habilitating local people and their government institutions, in turn recognized as indispensable protagonists of this painful situation. Instead of refining the already successfully model tested in Friuli, Umbria and the Marche regions, the state decided to impose a new model of "vertical action", a sort of updated reissue of the model tested in the sixties after the unfortunate earthquake in Belize. A model, now made possible not only by indubitable capacity for initiative of the Government, but also by the objective weakness of regional political class, deeply tried by scandals and investigations by the prosecution.
Wanting to show optimism in alarming situations like the earthquake of l'Aquila, it is not enough to record some comforting news, like the failure of the bulimic expansion strategy of the civil protection sphere, or handing over the reconstruction to a deputy commissioner that coincides with the regional governor, backed by an interesting Technical Mission Structure driven in turn by a government official with proven administrative skills and experience (3). It is also necessary to fully experiment the opportunities offered by the new layout of inter-institutional arrangements voted by Parliament.
This whole affair, detoxified from poisons and scandals that have monopolized the debate to date, can be interpreted optimistically, in light of the possible evolution of the "Italian model" to a new configuration, looking for a more reasonable balance between the central level of State and local and regional ones. The long commute that, even with fluctuations and changes of mind, has slowly led from the initial centralized Belize setup to a completely regionalist one of the Marche and Umbria, could now result in the achievement of a more advanced solution that - both in times of emergency and of reconstruction - is finally able to combine the partnership of the various government institutions with the participation of affected populations.
Some might argue that the assumption of this more complex conception of *multilevel governance* has matured in Italy thanks

contro del G8, dalla Maddalena all'Aquila) hanno frenato -speriamo per sempre- questo spregiudicato processo di riorganizzazione della macchina statale per la gestione delle calamità.

In una congiuntura tanto controversa, non c'è da troppo da stupirsi se all'Aquila abbiamo assistito fino ad oggi ad interventi che, sia pure per soddisfare legittimi ed urgenti bisogni abitativi, hanno spesso prodotto effetti devastanti sul territorio, con gravi rischi che minacciano la stessa sopravvivenza del centro storico. Coerentemente con la visione imprenditoriale sopra richiamata, si è puntato infatti a produrre velocemente nuove "cose", efficienti quanto ad alto costo, piuttosto che recuperare pazientemente il patrimonio preesistente, sostenendo e capacitando adeguatamente le popolazioni locali e le loro istituzioni di governo, a loro volta riconosciute come indispensabili protagoniste di questa dolorosa vicenda. Anziché perfezionare il modello già sperimentato con successo nel Friuli, in Umbria e nelle Marche, si è preferito imporre un nuovo mode-

llo di "azione verticale" da parte dello Stato, una sorta di riedizione aggiornata del modello sperimentato infaustamente negli anni Sessanta con il terremoto nel Belice. Un modello reso ora possibile non solo dall' indubitabile capacità d'iniziativa del Governo, ma anche dall'oggettiva debolezza della classe politica regionale, profondamente provata da scandali e inchieste della magistratura.

A volere dar prova di ottimismo anche in situazioni allarmanti come quella del terremoto dell'Aquila, non c'è soltanto da registrare alcune notizie confortanti, come il fallimento della strategia di espansione bulimica della sfera della Protezione civile; o il passaggio delle consegne per la ricostruzione ad una figura apprezzata di Commissario delegato che coincide con il presidente della Regione, rafforzato da una interessante Struttura Tecnica di Missione guidata a sua volta da un funzionario statale di comprovate capacità ed esperienze amministrative (3). C'è anche da sperimentare appieno le opportunità offerte dal nuovo disegno degli

assetti interistituzionali votato al Parlamento. Tutta questa vicenda, disintossicata dai veleni e dagli scandali che hanno monopolizzato fino ad oggi il dibattito, può essere allora interpretata ottimisticamente, alla luce delle possibili evoluzioni del "Modello Italia" verso una nuova configurazione, in cerca di equilibri più ragionevoli tra livelli centrali dello Stato e quelli regionali e locali. Il lungo processo pendolare che, pur con oscillazioni e ripensamenti, ha lentamente condotto dall'iniziale impostazione tutta centralistica del Belice a quella tutta regionalistica delle Marche e dell'Umbria, potrebbe sfociare adesso nella conquista di una soluzione più avanzata che, - tanto nei momenti dell'emergenza che della ricostruzione- sia finalmente in grado di combinare il partenariato delle diverse istituzioni di governo con la partecipazione delle popolazioni colpite.

Alcuni potrebbero sostenere che il presupposto di questa concezione più complessa della *governance multilivello* è maturato in Italia anche grazie alle esperienze fatte in

materia di programmazione delle politiche urbane infrastrutturali del Paese, in particolare quando nella preparazione del Quadro Strategico nazionale 2007-2013 , ad opera del ministero delle Infrastrutture, si è introdotto un importante principio: solo per alcuni territori critici del Paese, è indispensabile ricorrere alla responsabilizzazione congiunta dei principali attori comunitari, nazionali, regionali e locali, essendo la complessità dei problemi da affrontare localmente al di fuori della portata di ciascuno di loro (4). Altri invece potrebbero riconoscere le ragioni più profonde di questo cambiamento nella razionalità di natura giuridica che ha silenziosamente accompagnato nel tempo la evoluzione degli assetti istituzionali e amministrativi delle politiche del terremoto, alla ricerca di una migliore composizione degli interessi statali con quelli locali. Quale che sia la logica che ha ispirato il disegno legislativo delle relazioni interistituzionali, non v'è dubbio che il modello prefigurato per il terremoto dell'Abruzzo offra i margini per sperimentare una *go-*

to the experience in the planning of urban infrastructure policies in the country, particularly when, in preparing the National Strategic Framework 2007-2015, by the Ministry of Infrastructure, an important principle has been introduced: only for some critical areas of the country is it essential to turn to joint responsibility of the key European, national, regional and local actors, as the complexity of the local issues is outside the scope of all of them (4). Others may recognize the deeper reasons for this change in the legal rationality that has, over time, silently accompanied the evolution of the institutional and administrative earthquake policies, in search of a better composition of the state interests with the local ones.

Whatever the logic that inspired the legislative drawing of inter-institutional relations, there is no doubt that the model envisioned for the Abruzzo earthquake offers the possibility to experiment with a more balanced *multi-level governance* between central, regional and local authorities, and as far as possible based on genuine coope-ration between different actors as well as open to local bodies.

The advantages of this new approach are obvious, which assumes the disaster areas as "critical areas" to be addressed with shared solutions of partnership between central and local institutional powers. But the risks are equally apparent: an excess of conflict between actors, either due to the persistence of ingrained behaviors or to the enormous pressure of economic interests, makes it absolutely impossible to handle. Indeed, it increases the risk of paralysis of the normal procedures that define the hierarchies in the ordinary regime of powers between state, regions and municipalities.

Aware of the constitutive fragility of this model, but also of its potential, it is a question of working together to seize the opportunities for improving the policies of reconstruction, by minimizing the tensions that come from not sharing the roles exercised by the various institutions involved.

5. Methodological guidelines

This is how a possible interpretation of the most recent Italian experience emerges, and its originality in an internationally comparative perspective. What characterizes it is not only the effectiveness of the Civil Protection in the first phase of the emergency, but also a partnership strategy of reconstruction, which is keen to engage and empower at least the main actors of territorial governance, and in any case will take the leading role of institutions and local communities with the aid of central structures as a resource critical to the success of public policies.

This model has as a target not only the timely and efficient implementation of functional operations or the adjustment of the safety profiles of settlemens, but also the strengthening of communities affected by disasters. The method is that of a *selective reconstruction planning* that aims at rehabilitating settlements and at the same time the economic and social recovery of the territory, with the objective of promoting development that is environmentally sustainable, socially inclusive and economically and technologically smarter, as requested by the European Community for urban policies in general (5).

This approach, at least in its intention, seems virtuous and quite consistent with the complicated government system in a country like ours which has long been struggling with a kind of imperfect stratification, expression of the problematic coexistence of multiple chains of vertical and horizontal authority, a source of endless delays and difficulties in making and implementing decisions, and yet carrying strong originality due to its incompressible local territorial systems.

The envisioned model of *balanced, multilevel and multi-actor governance* is of considerable complexity, both in its programmatic approach in its management regime. We would like to highlight the particular problems associated with the construction of the strategies that must converge locally to be effective with respect to common objectives, conforming to speci-

vernance multilivello più bilanciata tra livelli centrali, regionali e locali, e per quanto possibile fondata sulla leale cooperazione tra i diversi attori oltre che aperta alle istanze locali.

Sono evidenti i vantaggi di questa nuova impostazione, che assume le aree disastrate come "territori critici" da affrontare con soluzioni partenariali condivise tra i poteri istituzionali centrali e locali. Ma sono altrettanto evidenti anche i rischi: un eccesso di conflittualità tra gli attori, dovuta sia al permanere di comportamenti inveterati che alla enorme pressione degli interessi economici in campo, rende assolutamente impossibile la sua gestione. Anzi, aumenta il rischio di paralisi, rispetto alle procedure abituali che in regime ordinario definiscono le gerarchie di competenze tra Stato, Regioni e Comuni. Consapevoli della fragilità costitutiva di questo modello, ma anche delle sue potenzialità, si tratta allora di lavorare insieme per cogliere le opportunità di miglioramento delle politiche di ricostruzione, riducendo per quanto possibile le tensioni che provengono dalla mancata condivisione dei ruoli esercitati dalle diverse istituzioni in gioco.

5. Indirizzi di metodo.

Si delinea così una possibile interpretazione dell'esperienza italiana più recente, e della sua originalità in una prospettiva comparata internazionalmente. A caratterizzarla sarebbe non soltanto l'efficacia della Protezione civile nella fase della prima emergenza, ma anche una strategia partenariale della ricostruzione, che vorrebbe coinvolgere e responsabilizzare almeno i principali attori di governo del territorio, e che comunque intende assumere il protagonismo delle istituzioni e delle comunità locali con il sussidio delle strutture centrali come una risorsa decisiva ai fini del successo delle politiche pubbliche.

Questo modello si pone come traguardo non soltanto la tempestiva ed efficiente realizzazione di opere funzionali o l'adeguamento dei profili di sicurezza del patrimonio insediativo, ma anche il rafforzamento delle comunità colpite dalle calamità. Il metodo è quello di una *pianificazione selettiva* della ricostruzione che mira alla riqualificazione insediativa e al tempo stesso alla ripresa economica e sociale del territorio, con l'obiettivo di favorire uno sviluppo *ambientalmente sostenibile, socialmente inclusivo e intelligente sotto il profilo economico e tecnologico*, come richiesto in sede comunitaria per le politiche urbane più in generale (5).

Questo approccio, almeno nelle intenzioni, appare virtuoso e abbastanza coerente con il complicato sistema di governo di un Paese come il nostro, che da tempo è alle prese con una sorta di *poliarchismo imperfetto*, espressione della problematica coesistenza tra molteplici filiere di poteri verticali e orizzontali, fonte di infiniti ritardi e difficoltà nel prendere e attuare le decisioni, e tuttavia portatore di una sua originalità dovuta alla forza incomprimibile dei sistemi territoriali locali.

Il modello prefigurato di una *governance bilanciata, multilivello e multiattoriale* è di notevole complessità, tanto nella sua impostazione programmatica che nella sua gestione a regime. A noi preme di mettere in luce soprattutto i problemi connessi alla costruzione delle strategie, che per essere efficaci devono convergere localmente rispetto ad obiettivi comuni, conformandosi a specifiche modalità d'intervento e rispettando tempi di attuazione cogenti. Ciò costituisce l'ambito problematico principale delle metodologie per la ricostruzione, per le quali a nostro avviso appare opportuno fare riferimento alla integrazione di almeno tre forme di piano, non diversamente da quanto proposto dalla World Bank:

- *Piani di riassetto edilizio e di riuso del suolo* (piani edilizi e urbanistici);
- *Piani di opere pubbliche e di opere ambientali* (piani delle reti e opere pubbliche, piani ambientali);
- *Piani strategici integrati*, intesi come strumenti per l'organizzazione processuale delle strategie d'intervento

PROGETTARE DOPO IL TERREMOTO

fic methods of intervention and respecting implementation timing. This is the main area of concern for reconstruction methods, for which we believe it to be appropriate to refer to the integration of at least three forms of the plan, not unlike that proposed by the World Bank:

- *Plans for building rehabilitation and reuse of land* (buildings and urban plans)
- *Plans for public works and environmental works* (network plans and public works, environmental plans);
- *Integrated strategic plans* as a means for setting dynamic strategies aimed at sustainable, cohesive and smart development of the territory.

The first type of plan is particularly relevant for interventions to be prepared for the restoration and renovation of housing hit by the earthquake, through disciplining land use made up of traditional urbanism and construction. Its primary scope is related to the regulation of private operations, with particular reference to areas of uniform implementation of renovating old buildings. These plans should take into account the findings of seismic micro-zoning and the results of usability evaluations to ensure the highest security of buildings, defining in particular: (a) the necessary action; (b) preventive safety measures; (c) the estimated costs; (d) stakeholders; (e) the time schedule and priorities of the interventions. The plans for public works apply mainly to infrastructure networks and public services, with particular reference to primary and secondary works of urbanization required for the connection between different areas of intervention. They also include service facilities and monuments, nonetheless of considerable historical value, and other works of public importance such as the arrangement of squares and places of collective identity. The environmental plans concern in particular the collection and disposal of solid waste, proper management of the water system, vegetation and more generally the environment and landscape, and especially the actions of environmental protection and risk reduction. Plans for public works should also take responsibility in *reducing the vulnerability of the urban structure*, ensuring the safety of the strategic routes and equipment, and at the same time the survival of *life lines* which determine the functioning of the territory even under the impact of disaster.

Strategic plans, however, are not applicable to the creation of physical objects, but rather the organization of the processes that lead to the prefigured strategies of intervention.

The various plans have in common the aim of a shared idea land use and economic and social assets to be taken for the medium-term future, once concluded the processes of reconstruction. The revelation of a target should allow for flexible management and trial of intervention strategies in the presence of high margins of uncertainty for the reference conditions and the results of its actions.

What really matters is that the process of development levers the endogenous potential of the local society, *using planning as a tool to strengthen the identity and capacity for self-organization*.

The building plans and public works can follow the usual methods of setting the operations of knowledge, design and implementation of the interventions, having also to organize sequence and the interplay between the different phases in a meaningful way. For the planning of strategies, it is necessary to flexibly identify each time their best combination, such as to measure up to the specificity of context conditions, constraints and resources that define the scope of possible and feasible actions.

For the construction plans and public works, as indeed in any urban or territorial plan, the design process may turn to the usual division into four phases: *identification, forecasting, evaluation, development*. Each phase is further divided, considering respectively the following operations: interpretation of the context, employment of the conditions of transformation, organization of a guiding vision, definition of the scheme of the structural asset, foreseeing of the master plan; assessing the sustainability and

mirate allo sviluppo sostenibile, coeso e intelligente del territorio.

La prima forma di piano riguarda soprattutto gli interventi da predisporre per il recupero e la rifunzionalizzazione del patrimonio abitativo investito dal terremoto, mediante le discipline di uso del suolo che fanno capo a modalità tradizionali dell'urbanistica e dell'edilizia. Il suo campo di applicazione prioritario è riferito alla regolazione degli interventi privati, con particolare riferimento agli ambiti di attuazione unitaria degli interventi di recupero edilizio. Questi piani dovrebbero tener conto delle risultanze della microzonazione sismica e degli esiti delle valutazioni di agibilità al fine di garantire la migliore sicurezza delle costruzioni, definendo in particolare: (a) gli interventi necessari; (b) le azioni di messa in sicurezza preventiva; (c) la stima dei costi ; (d) i soggetti interessati; (e) il cronoprogramma e le priorità degli interventi.

I piani delle opere e degli interventi pubblici si applicano soprattutto alle reti infrastrutturali e dei servizi pubblici, con particolare riferimento alle opere di urbanizzazione primaria e secondaria necessarie al collegamento tra i diversi ambiti di intervento. Comprendono anche le attrezzature di servizio, l'edilizia monumentale e comunque di rilevante valore storico-culturale, e infine altre opere di rilevanza pubblica come in particolare la sistemazione delle piazze e dei luoghi dell'identità collettiva. I piani ambientali riguardano in particolare la raccolta e lo smaltimento dei rifiuti solidi, la corretta gestione del sistema delle acque, del verde e più in generale dell'ambiente e del paesaggio, e in particolar modo le azioni di difesa ambientale e di riduzione dei rischi. I piani delle opere pubbliche dovrebbero farsi carico anche di ridurre la vulnerabilità della struttura urbana, garantendo la sicurezza dei percorsi e delle attrezzature strategiche, e al tempo stesso la sopravvivenza delle life lines da cui dipende il funzionamento del territorio anche sotto l'impatto di una calamità.

I piani strategici invece non si applicano alla realizzazione di cose ed oggetti fisici, ma piuttosto all'organizzazione dei processi che consentono di attuare le strategie di intervento prefigurate.

I diversi piani sono accomunati dalla loro finalizzazione ad un'idea condivisa di assetto territoriale, economico e sociale da assumere per il futuro a medio termine, alla conclusione dei processi di ricostruzione. La prefigurazione del traguardo da raggiungere dovrebbe consentire una gestione flessibile e processuale delle strategie di intervento, in presenza di elevati margini di aleatorietà delle condizioni di riferimento e degli stessi risultati delle azioni intraprese.

Ciò che è veramente importante è che il processo di sviluppo faccia leva sulle potenzialità endogene della società locale, utilizzando la progettualità come strumento per rafforzarne l'identità e la capacità di auto-organizzazione.

I piani edilizi e delle opere pubbliche possono seguire le abituali metodologie d'impostazione delle operazioni di conoscenza, progetto e attuazione degli interventi, avendo al più da organizzare in modo non banale la sequenza e la circolarità tra le diverse fasi. Per la programmazione delle strategie, occorre invece individuare ogni volta, in modo flessibile, la loro migliore combinazione, da commisurare alla specificità delle condizioni di contesto, dei vincoli e delle risorse che delimitano il campo delle azioni possibili e fattibili.

Per i piani edilizi e delle opere pubbliche, come del resto per un qualsiasi progetto urbano e territoriale, il processo di progettazione potrà assumere come riferimento l'abituale articolazione in quattro fasi: identificazioni, previsioni, valutazioni, approfondimenti. Ciascuna delle fasi va articolata ulteriormente, considerando rispettivamente le seguenti operazioni: interpretazione del contesto, assunzione delle condizioni di trasformabilità; organizzazione della visione guida, definizione dello schema di assetto strutturale, previsione del master plan; valutazione della sostenibilità e della fattibilità delle azioni previste; sviluppo attuativo e comunicazione dei risultati del piano (vedi Tab. 3).

PROGETTARE DOPO IL TERREMOTO

feasibility of the planned actions; development, implementation and communication of the results of the plan (see Table 3).

Tab. 3 Making the Plan. A Process-type

I. Knowledge/Identification	Defining the structure	Communication
Interpretation of the context Recognition of the identity Understanding the meaning Attribution of value	Existing phisycal and functional patterns Proposed phisycal and functional patterns	Conventional representation Multimedia representation Organization of events
Taking the change conditions Requirements and expectations to meet Constraints Plans and interventions foreseen or in progress Dynamics of change Prospective scenarios: risks, opportunities	**Shaping the master plan** Quality objectives Key local projects Key network projects Joint projects	**Monitoring** Definition of effectiveness indicators Organization of participated learning process Evaluation of results
II. Expectations	**III. Assessments** Development sustainability Process Feasibility (technical, financial, social, administrative) Strategic Environmental Assessment (SEA)	
Creating a future vision Main issues Objectives Future patterns Priority strategies	**IV. Implementation** Final project Implementation norms	

In terms of housing reconstruction plans, urban planning, environmental and public works, rather than following the conventional *interpretation-prediction-evaluation- development* path, it may initially seem appropriate to move from the constraints and conditions of feasibility of interventions to then return to the relevant knowledge framework and the necessary expected transformations. Otherwise, one can start with the recognition of the most pressing questions to evaluate potential actions and thus set the cognitive testing and most suitable design applications. Or finally, you can start the process by acting on the most favorable situations to trigger the reconstrution, and from there set off their propagation, scheduled with the mobilization of other public and private actors, measuring thus the cognitive and design investments up to a *"critical incrementalism"* pursued as a method of intervention.
Whatever the preferred entry point, the methodology must

I.Conoscenze/ Identificazioni	Definizione dello schema di struttura	Monitoraggio
Interpretazione del contesto Individuazione delle qualità identitarie Interpretazione del senso Attribuzione dei valori	Assetti fisici e funzionali esistenti Assetti fisici e funzionali di progetto **Predisposizione del master plan** Obiettivi di qualità Progetti cardine di contesto Progetti cardine di reti Progetti complementari	Costruzione degli indicatori di efficacia Organizzazione del processo di apprendimento partecipato Valutazione dei risultati
Ricostruzione delle condizioni di trasformazione Domande e attese da soddisfare Vincoli Piani e interventi in corso o in previsione Dinamiche di mutamento Scenari prospettici: rischi, opportunità	**III.Valutazioni** Sostenibilità dello sviluppo Fattibilità (tecnica, economico-finanziaria, sociale, amministrativa) Valutazione Ambientale Strategica	
II.Previsioni	**IV.Approfondimenti**	
Costruzione della visione guida Temi rilevanti Obiettivi di riferimento Assetti futuri Strategie prioritarie	**Sviluppo Attuativo** Progetto definitivo Norme di attuazione **Comunicazione** Rappresentazioni convenzionali Rappresentazioni multimediali Organizzazione degli eventi	

Nel caso dei piani di ricostruzione sotto il profilo edilizio, urbanistico, ambientale e delle opere pubbliche, anziché seguire il percorso convenzionale *interpretazione-previsione-valutazione-approfondimento*, potrà apparire opportuno muovere inizialmente dai vincoli e dalle condizioni di fattibilità degli interventi, per risalire poi al quadro conoscitivo pertinente e alle previsioni di trasformazione necessarie. Altrimenti, si potrà iniziare dal riconoscimento delle domande più urgenti da soddisfare, per valutare le possibili azioni e di conseguenza impostare le verifiche conoscitive e le applicazioni progettuali più idonee. O infine, si potrà avviare il processo agendo sulle situazioni più favorevoli per innescare la ricostruzione, e di lì risalire alla loro possibile propagazione pianificata con la mobilitazione di altri attori pubblici e privati, commisurando di conseguenza gli investimenti conoscitivi e progettuali ad un *"incrementalismo critico"* perseguito come metodo d'intervento.

Quale che sia il punto d'ingresso privilegiato, il percorso metodo-

be conceived as a process that alternates moments of descending and ascending consequences according to processes of circularity that continually call into play the different phases, with constant comings and goings.

In this sense, we can say that the rationality of the planning process throughout the various steps of the method, *is not strictly scientific but rather of design nature*. Within this there is an alternation between conceptual moments and others of comparison and verification, based primarily on shared arguments and assessments, the principle of responsibility being reflective of the true underlying data that structures the whole process of choice making. This **approach, inspired by reflective designing**, is the cornerstone of the proposed reconstruction process, which guides the methodologies of planning through the primary contribution of disciplines such as architecture, urban planning and engineering.

6. Opportunities for the future

But which are the innovations most closely related to urban planning, if the intention is to really contribute to the emergence of the new model outlined above? Or, furthermore, that aims to become the reference method for the planning processes of post-earthquake reconstruction?

In our opening we said there is not much to expect from *traditional urbanism*, which is unfortunately still applied by many authoritative interpreters amongst the older generation of urban planners, incorrigible in their beliefs despite the failures of their plans; they have good reason to thunder against the misdeeds of our country, but unfortunately they ignore the more advanced trends of a discipline that no longer deals only with the process of ideological transformation of the territory, but intends to actively guide it. The confused debate on the reconstruction of l'Aquila is an eloquent testimony of the backward-looking positions taken between apodictic statements and controversial ideas that actually help cover the substantial overall loss when faced with a challenge that has few precedents in our history.

We have however raised the idea of *innovative urbanism*, able to respond positively to the emerging challenges of environmental and landscape strategies for a more sustainable city, strategies of digital infrastructure for a more intelligent city and strategies of social inclusion for a more equitable and inclusive city. This is an urbanism capable of understanding the underlying causes of the processes involved and guides them toward primary objects of public interest, such as the quality of the living space of people and local communities, equity in access to resources at stake, the sustainability of transformations, democracy and transparency of decisions.

In this different city planning, the strategies of the plan are called not only to *regulate the production of objects*, but also to contribute to the *management of the flows* on which the urban metabolism depends in total, adjusting the operating codes and trying to resolve the conflict between the different forces of change at work.

Its principles of reference are no longer those inherited from the "solid modernity": a conception object oriented of space and timeless of project, together with an imposing and rigid management of transformations inspired by the self-fulfilling prophecies imposed by forms of urbanism.

Rather, the principles are derived from a creative engagement with eco-system sciences and with the most advanced strategic practices: the *temporality* of the land as a living ecology; *contamination* between the urban and the natural context, expression of the artificial ecological they share; the *trans-scalar* approach to understanding and planning; the *multifunctional programming*, open to the possible trajectories of evolution of auto-poietic systems; the *sustainable changes*, aimed at improving eco-efficiency, economic performance and social cohesion of city; and lastly, the *progressive* nature of

logico va concepito come un processo che alterna momenti di consequenzialità discendente e ascendente, secondo processi di circolarità che rimettono in gioco continuamente le diverse fasi, con continue andate e ritorni. In questo senso, si può affermare che la razionalità che informa i diversi passaggi di metodo e che qualifica il processo di pianificazione, *non ha natura propriamente scientifica, ma piuttosto progettuale*. Si alternano al suo interno momenti di carattere propriamente ideativo-prefigurativo con altri di verifica e confronto intersoggettivo, fondati essenzialmente su argomentazioni dialogiche e valutazioni condivise, essendo il principio di responsabilità riflessiva il vero dato di fondo che struttura l'intero processo di formazione delle scelte. Questo **approccio ispirato alla progettualità riflessiva** rappresenta la chiave di volta del processo di ricostruzione proposto, che orienta le metodologie della pianificazione attraverso il contributo prioritario delle discipline propriamente progettuali come l'architettura, l'urbanistica, l'ingegneria.

Occasioni per il futuro.

Ma quali potrebbero essere le innovazioni che riguardano più da vicino l'urbanistica, se vuole davvero contribuire all'affermazione del nuovo modello sopra delineato? Anzi, di più, se vuole diventare il metodo di riferimento per i processi di pianificazione della ricostruzione post-sismica ?
In apertura abbiamo affermato che non c'è da aspettarsi molto dall'*urbanistica tradizionale*, che trova purtroppo ancora molti autorevoli interpreti tanto in alcuni anziani urbanisti, incorreggibili nelle loro convinzioni nonostante i fallimenti dei loro piani, quanto in giornalisti influenti della carta stampata; tutti questi hanno ben ragione di tuonare contro le malefatte del nostro Paese, ma ignorano purtroppo le tendenze più avanzate di una disciplina che ormai non vuole più misurarsi solo ideologicamente con i processi di trasformazione del territorio, ma che intende contribu-ire attivamente alla loro guida . Il confuso dibattito sulla ricostruzione dell'Aquila è un'eloquente testimonianza dell'arretratezza delle posizioni, tra apodittiche affermazioni di principio e spunti polemici che in realtà servono a coprire il sostanziale smarrimento generale, di fronte ad una sfida che ha pochi precedenti nella nostra storia. Abbiamo per contro evocato l'idea di un'*urbanistica innovativa*, in grado di rispondere positivamente alle sfide emergenti delle strategie ambientali e paesaggistiche per una città più sostenibile, delle strategie di infrastrutturazione digitale per una città più intelligente, delle strategie di inclusione sociale per una città più equa e solidale. Un'urbanistica capace di comprendere le ragioni profonde dei processi in gioco e di orientarli verso preminenti finalità di interesse pubblico, come la qualità degli spazi di vita delle persone e delle comunità locali, l'equità nell'accesso alle risorse in gioco, la sostenibilità delle trasformazioni, la democraticità e la trasparenza delle decisioni. In questa diversa urbanistica, le strategie di piano sono chiamate non soltanto a *regolare la produzione di oggetti,* quanto a contribuire al governo dei flussi da cui dipendono complessivamente i metabolismi urbani, regolandone i codici di funzionamento, e cercando di risolvere le conflittualità tra le diverse forze di cambiamento all'opera. I suoi principi di riferimento non saranno più quelli ereditati dalla "modernità solida": una concezione oggettuale dello spazio e a-temporale del progetto, insieme a un governo rigido e impositivo delle trasformazioni che s'ispira alle profezie autorealizzatrici imposte dall'urbanistica delle forme. Piuttosto, saranno i principi desunti da un confronto creativo con le scienze eco-sistemiche e con le pratiche strategiche più avanzate: la temporalità del territorio come ecologia vivente; la *contaminazione* tra l'urbano e il naturale, espressione entrambi di un'artificialità ecologica che li accomuna; la *trans-scalarità* dell'approccio conoscitivo e progettuale; la *multifunzionalità programmatica,* aperta alle possibili traiettorie di

the changes of context, triggered in view of the role of sustainability networks.

The case of the earthquake, together with the need for strategic management of risks posed by natural disasters, adds further inspiration to the innovation of the supporting research and intervention strategies, because it leads to the central placing of the *relationship between the urgency of the first actions and the necessary organic and long-term effectiveness of the policies of reconstruction*. In particular, what is required of city planning in these circumstances is to ensure compatibility between immediate action and development strategies for the future; at the same time it facilitates a high level of integration between different disciplines and between different scales, sizes and areas of intervention policies. What is also essential is high flexibility of the design, which rejects the rigidity of traditional approaches to planning in favor of solutions more open to proceedings and indetermination, just as in the evolution of natural landscapes when they build up their balances broken by traumatic events.

An **organic combination** of short and long term actions, along with **transdisciplinarity and interscalar and intersectorial integration** of the intervention policies in play, becomes the specific guiding principles of reconstruction planning which must be tested for its ability to effectively contribute to the recovery of the areas devastated by disasters, in Abruzzo and elsewhere. The consequences of the advocated approach are still to be fully tested. Of course, the plans of reconstruction should not in general reproduce the logic of ordinary planning, especially with the classic sequence of the preparatory analysis, design and implementation of actions governed by predetermined rules, defined without consulting the actors and their willingness to act immediately. The urgency of choices leads to practicing a form of *critic incrementalism*, which must know how to balance the immediacy of the action with its ability to trigger positive carryover effects, consistent with the visions of rehabilitation of the living environment but also for a

resumption of economic and social conditions, which alone can justify the initial concentration of public and private investment in the construction industry.

At the same time it leads us to adopt innovative instruments through which to continuously observe the evolution of the transformation processes, evaluating the effectiveness of intervention policies. One should prepare for this purpose a specific structure of accompanying strategies for the plan (a sort of "Process Intelligence"), to evaluate over time how the initially identified issues have been resolved, and also to treat the new critical issues that have arisen in the meantime. This structure, preferably managed by a third party between the client and the actuators, is expected to critically learn from the experiences in progress, and therefore suggest additions or corrections to the strategies that are underperforming compared to the desired objectives. Equally useful could be technically equipping the municipalities, enabling them to assess the quality of projects and interventions, testing

the figure of a "guarantor of quality" that could usefully contribute to improving the quality of architectural and landscape interventions for reconstruction.

All this information comes from the recognition of the reconstruction as a process to be continuously governed, rather than a design to be implemented strictly. However, the fact remains that, in general, every time it is the project to identify the most appropriate solutions for action. Moreover, as already recognized by the World Bank, every reconstruction project is unique, and the reference to best practices, the experiences of others and the most innovative methods can be useful only if attributed to the specific contexts addressed in a single cycle.

These are the conditions to be met to plan the reconstruction after an earthquake. But they are also conditions that can make this experience a real test of possible innovations for contemporary urban planning.

evoluzione dei sistemi autopoietici; la *sostenibilità* delle trasformazioni, finalizzate a migliorare l'eco-efficienza, il rendimento economico e la coesione sociale della città ; infine, la progressività dei mutamenti di contesto, innescati in considerazione del ruolo determinante dalle reti della sostenibilità.

Il caso del terremoto, e con esso la necessità di una gestione strategica dei rischi indotti da calamità naturali, aggiunge ulteriori spunti alla ricerca dell'innovazione delle metodologie di pianificazione e delle strategie d'intervento, perché induce a tematizzare come nodo centrale *il rapporto tra l'urgenza delle prime azioni e la necessaria organicità ed efficacia nel tempo delle politiche della ricostruzione.* In particolare, ciò che si richiede all'urbanistica in queste circostanze, è di garantire la compatibilità tra azioni immediate e strategie di sviluppo per il futuro; al tempo stesso è di facilitare un elevato tasso d'integrazione tra i diversi saperi nonché tra le diverse scale, dimensioni e settori delle politiche d'intervento. Inoltre è indispensabi-

le un'elevata flessibilità delle previsioni progettuali, dovendosi rifiutare la rigidità degli approcci tradizionali di pianificazione a favore di soluzioni più aperte alla processualità e all'indeterminazione, proprio come avviene nell'evoluzione dei paesaggi naturali quando devono ricostituire i loro equilibri spezzati da eventi traumatici.

Concomitanza organica delle azioni a breve e a lungo termine, insieme alla ***transdisciplinarità, integrazione interscalare e intersettoriale*** delle politiche d'intervento in gioco, diventano allora i principi ispiratori specifici di un'**urbanistica della ricostruzione** che va messa alla prova per la sua capacità di contribuire effettivamente alla ripresa dei territori devastati dalle calamità, in Abruzzo come altrove. Le conseguenze dell'approccio propugnato sono ancora da sperimentare compiutamente. Di certo, i piani della ricostruzione non dovrebbero in generale riprodurre le logiche della pianificazione ordinaria, in particolare con la classica sequenza tra le analisi preparatorie, la progettazione degli interventi

e la loro attuazione disciplinata da regole precostituite, definite senza aprire al confronto con gli attori e la loro disponibilità ad agire immediatamente.

L'urgenza delle scelte induce a praticare piuttosto una forma di *incrementalismo critico*, che deve saper contemperare l'immediatezza degli interventi con la loro capacità di innescare positivi effetti di trascinamento, coerenti con le visioni di riqualificazione dell'ambiente insediativo ma anche di ripresa delle condizioni economiche e sociali, le sole che possono legittimare la iniziale concentrazione di investimenti pubblici e privati nel settore edilizio.

Al tempo stesso induce a dotarsi di strumentazioni innovative attraverso cui osservare continuamente l'evoluzione dei processi di trasformazione, valutando l'efficacia delle politiche di intervento. Si dovrebbe a tal fine predisporre una specifica struttura di accompagnamento delle strategie di piano (una sorta di "Intelligenza di Processo"), per valutare nel tempo quanto le criticità individuate inizialmente

siano state risolte, e per trattare anche le nuove criticità che dovessero essere insorte nel frattempo. Questa struttura, preferibilmente gestita da un soggetto terzo tra la committenza e i soggetti attuatori, dovrebbe consentire di apprendere criticamente dalle esperienze in corso, e suggerire di conseguenza le integrazioni o le correzioni delle strategie che presentano risultati insoddisfacenti rispetto agli obiettivi prefigurati.

Altrettanto utile potrebbe essere attrezzare tecnicamente le amministrazioni comunali, per metterle in grado di valutare la qualità dei progetti e degli interventi realizzati, sperimentando sul campo la figura di un *"garante della qualità"* che potrebbe utilmente concorrere a migliorare la qualità architettonica e paesaggistica degli interventi per la ricostruzione.

Tutte queste indicazioni provengono dal riconoscimento della ricostruzione come una processualità da governare continuamente, piuttosto che un disegno da attuare rigidamente. Resta comunque il fatto che, in generale, dovrà

Notes

Under the impetus of the Faculty of Architecture of Pescara and ANCE, was organized a first major conference in L'Aquila on May 5, 2009, a month after the earthquake. The conference was aimed to identify, together with the Region and Professional Orders, the most effective way to set emergency and reconstruction strategies. On the same day, the representatives of the Italian faculties of architecture and engineering met in l'Aquila with the aim of creating a network of universities at the service of management institutions for the earthquake.

One result of these initiatives was the immediate signing of a protocol between regions, municipalities, Faculty of Architecture of Pescara, the L'Aquila Faculty of Engineering and the Faculty of Geology of Chieti, for the establishment of a network of self-funded laboratories (Abruzzo Interlab), applied experimentally to the municipalities of Castelli, Caporciano, Poggio Picenze, Barete, Goriano Sicoli and Rocca di Mezzo. It did not, unfortunately, lead to an international network, which despite having the endorsement of the CUN and expressions of interest from the National Research Council, did not find adequate partners in government institutions and civil protection.

It is less and less possible to give the university system as a whole a liability in terms of the policies for the earthquake. The more traditional model of individual commitment and individual disciplines prevailed, losing the organic nature of a program of responsible involvement of the university with its many resources for research, experimentation, training and service.

On the 1st February 2010 the Government appointed Gianni Chiodi as Deputy Commissioner for Reconstruction, president of the Regional Council of Abruzzo (ref. Order of the President of the Council of Ministers No 3833, Official Gazette of December 24, 2010). Shortly after, he was put in charge of the Technical Structure of the Mission (STM) at the service of the Commissioner, arch. Gaetano Fontana, former head of department of the Ministry of Infrastructure. Fontana is one of the leading figures of public administration, with important precedents in the field of innovative projects, with particular reference to intervention programs for housing and for the urban and regional planning. In the formation of the National Strategic Framework for European Programming 2007-2013, the Ministry of Infrastructure introduced the "regional strategic platforms" and "joint territories" (see volumes: "Italy Europe 2007-2013.

The territory as infrastructure of context", and "Future networks and territories", Department of Infrastructure, Rome, 2007). These areas have been foreshadowed as a laboratory for a new form of institutional partnership, with the aim of bringing together the multiplicity of local development strategies, giving up each institutional actor (the mayor, the president of the region, the minister) to claim its own exclusive ownership in the planning of interventions. For the implementation of the strategy see Urbanpromo 2010, *the Italian territory and the new national planning for logistics and mobility: what governance?* National Commission INU "Infrastructure Policies", Sala del Piccolo Teatro, Venice, October 23, 2010.

The *Declaration of Toledo* was signed on the 22 June 2010 at an informal meeting on urban development of ministers from 27 Member States. It is an operational tool that, in the wake of work on the *ville durable* (sustainable city at economic, social and environmental level) held in Marseille in 2008, raised the instrument of integrated urban regeneration, and recommends that Member States take into account a number of indicators and benchmarks for balanced and sustainable urban development.

essere ogni volta il progetto ad individuare le soluzioni d'intervento più opportune. Del resto, come già riconosciuto dalla World Bank, ogni progetto di ricostruzione è unico, e il riferimento alle best practices, alle esperienze degli altri e alle metodologie più innovative può essere utile soltanto se ricondotto alla specificità dei contesti da affrontare, nella singola congiuntura.
Sono queste le condizioni da rispettare nel pianificare la ricostruzione dopo un terremoto. Ma sono anche le condizioni che possono far diventare queste esperienze un reale banco di prova delle innovazioni possibili per l'urbanistica contemporanea.

Note

1. Abhas K.Jha, con J.Duyne Barenstein, P.Phels, D.Pittet, S.Sena, *Safer Homes, Stronger communities,* World Bank-GFDRR, Washington D.C., 2010
2. Sotto l'impulso della facoltà di architettura di Pescara e dell'ANCE, si è organizzato un primo importante convegno all'Aquila il 5 maggio 2009, un mese dopo il terremoto. Il convegno era mirato ad individuare, insieme con la Regione e gli Ordini professionali, per il

modo più efficace di impostare le strategie dell'emergenza e della ricostruzione. Nello stesso giorno, si sono incontrati all'Aquila i rappresentanti delle facoltà di architettura e ingegneria italiane, con l'obiettivo di dare vita ad una rete interuniversitaria al servizio delle istituzioni di governo per il terremoto.
Uno dei risultati di queste iniziative è stata l'immediata sottoscrizione ad un protocollo tra Regione, Comuni, facoltà di Architettura di Pescara, facoltà di Ingegneria dell'Aquila, facoltà di geologia di Chieti, per la istituzione di una rete autofinanziata di Laboratori (Abruzzo InterLab), applicati sperimentalmente ai comuni di Castelli, Caporciano, Poggio Picenze, Barete, Goriano Sicoli, Rocca di Mezzo. Non ha invece avuto seguito purtroppo la rete nazionale interfacoltà, che pur disponendo dell' avallo del CUN e della manifestazione d'interesse da parte del CNR, non ha trovato interlocutori adeguati nelle istituzioni di governo e nella Protezione civile.
E' così venuta meno la possibilità di far assumere al sistema universitario- nel suo insieme- una propria responsabilità nei confronti delle politiche per il terremoto. Ha prevalso il modello più tradizionale dell'impegno individuale e di singoli settori disciplinari, facendo perdere organicità ad un programma di coinvolgimento responsabile dell'uni-

versità con le sue molteplici risorse per la ricerca, per la sperimentazione, la formazione e il servizio.
3. Dal 1° febbraio 2010 il Governo ha nominato Commissario delegato per la ricostruzione Gianni Chiodi, presidente della Giunta regionale dell'Abruzzo (rif. Ordinanza del Presidente del Consiglio dei Ministri n. 3833, Gazzetta Ufficiale del 24 dicembre 2010). Poco tempo dopo, è stato messo a capo della Struttura Tecnica di Missione (STM) a servizio del Commissario, l'arch. Gaetano Fontana, già capo Dipartimento del Ministero delle Infrastrutture. Fontana è una delle figure di maggior spicco dell'amministrazione pubblica, con importanti precedenti in materia di progettualità innovativa, con particolare riferimento ai programmi di intervento per la casa e per la riqualificazione urbana e territoriale.
4. Nella formazione del Quadro Strategico Nazionale per la programmazione europea 2007-2013 il ministero delle Infrastrutture ha introdotto le "piattaforme strategiche territoriali" e i "territori snodo" (si veda al riguardo i volumi : "Italia Europa 2007-2013. Il territorio come infrastruttura di contesto", e "Reti e territori al futuro", ministero delle Infrastrutture, Roma, 2007). Questi territori sono stati prefigurati come il laboratorio di una nuova forma di partenariato istituzionale, con l'obiettivo di far con-

vergere localmente la molteplicità delle strategie per lo sviluppo, rinunciando ogni attore istituzionale (il sindaco, il presidente della regione, il ministro) a rivendicare una propria titolarità esclusiva nella programmazione degli interventi. Per l'attuazione della strategia si veda Urbanpromo 2010, *Il territorio italiano e la nuova pianificazione nazionale per logistica e mobilità: quale governance?* Commissione nazionale INU "Politiche infrastrutturali", Sala del Piccolo Teatro, Venezia, 23 ottobre 2010
6. *La Dichiarazione di Toledo* è stata siglata il 22 giugno del 2010 in una riunione informale sullo sviluppo urbano dai 27 ministri degli Stati membri. Rappresenta uno strumento operativo che, sulla scia del lavoro sulla *ville durable* (città sostenibile sul piano economico, sociale e ambientale) svolto a Marsiglia nel 2008, rilancia lo strumento della riqualificazione urbana integrata, e raccomanda agli Stati membri di tenere in considerazione una serie di indicatori e parametri per uno sviluppo urbano equilibrato e sostenibile.

http://www.rfsustainablecities.eu/ rubrique.php3?id_rubrique=138

71

APPRENDERE DALL'ESPERIENZA: LA RICOSTRUZIONE DELLO WENCHUAN (CHINA)

Paolo Fusero

Alle 14:28 del 12 maggio 2008 un terremoto di magnitudo 8.0 della scala Richter ha colpito la Regione dello Wenchuan in Cina, provocando la morte accertata di circa 69.226 persone e la scomparsa di altre 17.923; 374.643 i feriti; milioni i senzatetto. Per dare un'idea dell'entità del sisma cinese basti pensare che il terremoto che ha colpito L'Aquila il 6 aprile 2009 è stato di Magnitudo 5.8 della scala Richter, ha causato la morte di 308 persone e ne ha lasciato senzatetto 67.500. Numerose città sono state devastate e un largo un numero di villaggi rurali completamente rasi al suolo. Dalle dimensioni del

fenomeno è facile intuire quanto possa essere difficoltoso il processo di ricostruzione. A distanza di quasi tre anni molte cose sono state fatte, ed altre sono avviate per promuovere la ripresa e la ricostruzione dei territori colpiti. Le azioni dell'emergenza sono state accompagnate da una lungimirante attività di preparazione da parte del governo cinese di un Master Plan dei territori del cratere sismico e di dieci Piani Speciali, con cui affrontare in modo coerente e sistematico la varietà dei problemi in gioco. Nelle note che seguono si da conto dei contenuti di quegli strumenti di pianificazione, in particolare del

Rapporto "Overall Planning for Post-Wenchuan Earthquake Restoration", elaborato dal "National Development and Reform Committee" (NDRC) del Governo centrale cinese, lo strumento che forse più di ogni altro ha saputo tracciare la strada dell'intero processo di ricostruzione.
Il terremoto dello Wenchuan del 2008 ha interessato un'area di circa 500 kmq con più di 400 città per un totale di circa 20 milioni di abitanti. Le Province maggiormente colpite sono state lo Sichuan, il Gansu e lo Shaanxi. L'intensità del sisma e la vastità dell'area interessata fanno intuire l'entità dei danni, che

hanno riguardato non solo il tessuto edilizio (in alcune contee interi villaggi sono stati completamente rasi al suolo), ma anche il patrimonio paesaggistico-ambientale e quello storico-artistico che annovera importanti testimonianze di epoche passate come il Mausoleo del primo Imperatore Qin a Xi'an, l'"esercito di terracotta" (che fortunatamente ha subito danni non irreversibili). La Regione è ricca anche dal punto di vista socio-culturale annoverando diverse minoranze etniche di straordinario valore antropologico che hanno subito danni ingentissimi non solo sulle strutture fisiche dei loro villag-

72

LEARNING FROM EXPERIENCE: THE WENCHUAN RECONSTRUCTION (CHINA)

Paolo Fusero

At 14:28 of May 12, 2008 an earthquake measuring 8.0 on the Richter scale struck the region of Wenchuan in China, killing about 69,226 people and saw the disappearance of the other 17,923; 374,643 injured and millions homeless 1. Many cities were devastated and a large number of rural villages completely destroyed. From the size of this phenomenon it is easy to see how difficult the process of reconstruction can be. After almost three years many things have been done, and others are taken to promote the recovery and reconstruction of affected areas. The emergency measures were accompanied by careful preparatory work by the Chinese government for a *Master Plan* of the territories of the seismic crater and ten Special Plans, which address in a consistent and systematic manner the variety of issues at stake. The following notes are to account for the content of these planning tools, particularly of the "*Overall Planning for Post-Wenchuan Earthquake Restoration*," prepared by the *National Development and Reform Committee* (NDRC) of China's central government, the instrument that, perhaps more than anyone else, has been able to trace the path of the entire reconstruction process.

The Wenchuan earthquake of 2008 affected an area of 500 sq km with more than 400 cities for a total of about 20 million inhabitants. The worst hit were the provinces of Sichuan, Gansu and Shaanxi. The intensity of the earthquake and the vastness of the area concerned imply the amount of damage, which covered not only the buildings (in some counties whole villages were completely razed to the ground), but also the landscape and environmental heritage that includes important historical and artistic evidence of an earlier era such as the Mausoleum of the First Qin Emperor in Xi'an, the 'Terracotta Army "(which fortunately did not suffer irreversible damage). The region is also rich from a socio-cultural point of view and has several ethnic minorities of extraordinarily anthropological value which suffered extensive damage not only to the physical structures of their villages, in many cases completely destroyed, but also to their own social organization. The quake was strong enough to cause a rearrangement in some geomorphologic areas of the territory, with consequences that can be imagined on the transport system and more generally on infrastructure networks as well as on ecosystems and agriculture.

gi, in molti casi completamente distrutti, ma anche sulla loro stessa organizzazione sociale. Il sisma è stato talmente violento da provocare in alcune zone un riassetto geomorfologico del territorio, con conseguenze che si possono immaginare sul sistema dei trasporti e più in generale sulle infrastrutture a rete nonché sugli ecosistemi e sul settore agricolo.

Master Plan per la ricostruzione

Un documento molto importante che orienta le politiche per la ricostruzione in Wenchuan è, come detto, l'"Overall Planning for Post-Wenchuan Earthquake Restoration", una sorta di Master Plan che individua fin dalle note introduttive due condizioni da anteporre a qualsiasi azione da intraprendere sui territori colpiti dal sisma: "il rispetto per le persone e per la natura". Indubbiamente il sisma ha inferto un colpo durissimo alla natura dei luoghi colpiti, modificandone gli assetti territoriali e mettendo a rischio interi ecosistemi. Anche i legami culturali e i rapporti sociali

delle popolazioni colpite hanno subito un trauma, in particolare per quanto concerne i delicati equilibri di alcune minoranze etniche. Sullo sfondo delle due condizioni citate, il processo di ricostruzione tracciato dall'Overall Planning individua alcuni principi guida. Innanzitutto il tentativo di combinare le strategie di valorizzazione del settore agricolo con quelle del settore industriale, puntando sulla qualificazione delle produzioni, sull'organizzazione dei mercati, e aprendosi alle innovazione tecnologiche nel rispetto dei principi di eco-sostenibilità. Un altro obiettivo strategico è quello di individuare una governance multiscalare partecipata tra le istituzioni pubbliche (governo centrale, enti locali) e gli attori locali (imprese, organizzazioni sociali, singoli individui) con responsabilità chiaramente definite e un efficace sistema di monitoraggio sulla attribuzione degli investimenti e sui risultati conseguiti. Data la complessità della società cinese e la scala dei fenomeni, questi obiettivi sono tutt'altro che semplici da raggiungere, ma è già significativo l'accento che nei

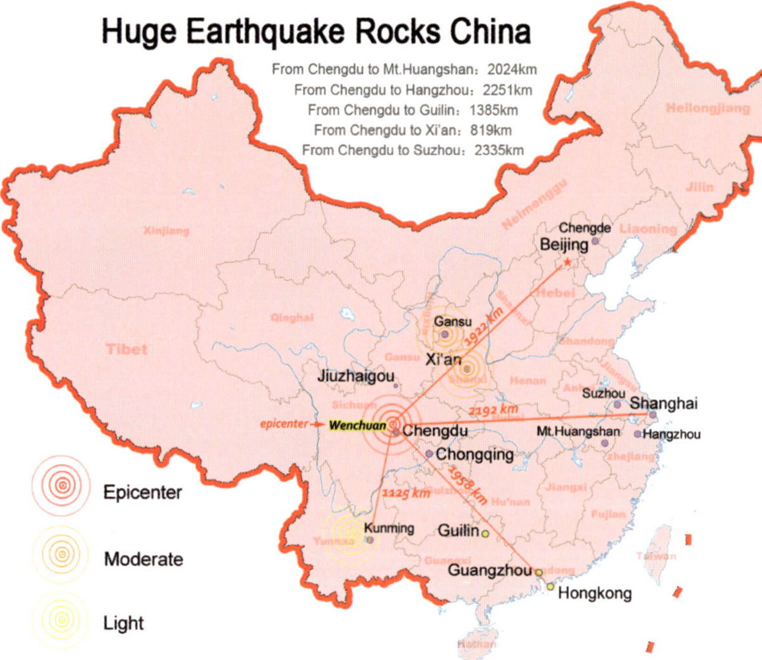

Fig. 1 - La regione dello Wenchuan in Cina colpita dal sisma del maggio 2008

Fig. 1 - Wenchuan region in Chine, hit by an earthquake in May 2008

PROGETTARE DOPO IL TERREMOTO

Fig. 2 - scene drammatiche dei primi momenti del sisma

Fig. 2 - dramatic scenes from the first moments of the earthquake

Master Plan for Reconstruction

A very important document that guides the policy for reconstruction in Wenchuan is, as mentioned, the '*Overall Planning* for Post-Wenchuan Earthquake Restoration," a sort of master plan that identifies two conditions to precede any action taken on the territories affected by the earthquake: "respect for people and nature." Undoubtedly, the earthquake has dealt a blow to the nature of the places affected by changing the land use and putting at risk entire ecosystems. Even the cultural ties and social relations of the affected populations have suffered a trauma, in particular with regard to the delicate balance of some ethnic minorities. Against the background of the two conditions cited above, the process of reconstruction paved by the Overall Planning identifies some guiding principles. First, the attempt to combine the strategies of development of the agricultural sector with those of the industrial sector, focusing on the classification of production, the organization of markets, technological innovation and opening up to the principles of eco-sustainability.

Another strategic objective is to identify a multiscalar participatory governance of public institutions (central government, local authorities) and local actors (businesses, social organizations, individuals) with clearly defined responsibilities and an effective monitoring system on the allocation of investment and achievements. Given the complexity of Chinese society and the scale of the phenomena, these goals are not simple to achieve, but it is significant that the emphasis in the planning documents is placed on these issues. Other guiding principles set out are the most usual in the process of reconstruction: the issue of seismic safety of buildings, especially public ones, such as hospitals and schools; the strictly control of the quality of design and implementation, from financing to the materials used; the theme of saving economic and environmental resources; protection of the historic, architectural and cultural heritage; preservation of the landscape

75

documenti di programmazione viene posto su queste tematiche. Altri principi guida enunciati sono quelli più consueti nei processi di ricostruzione: il tema della sicurezza sismica degli edifici, soprattutto di quelli pubblici come ospedali e scuole; il controllo rigoroso della qualità delle progettazioni e delle realizzazioni, a partire dai finanziamenti fino ai materiali utilizzati; il tema del risparmio delle risorse economiche ed ambientali; la difesa dei patrimoni storici, architettonici e culturali; la salvaguardia del paesaggio e il contenimento dell'uso del suolo, soprattutto quello agricolo. Ecco forse proprio l'accentuazione della difesa dei suoli e delle attività agricole, delle produzioni locali, delle culture minori, rappresenta un aspetto peculiare delle politiche di ricostruzione dello Wenchuan.

In termini temporali i documenti di programmazione indicano in circa tre anni il tempo necessario per portare a termine le principali operazioni di ripristino e di ricostruzione della rete infrastrutturale e delle abitazioni, garantendo l'occupazione della popolazione attiva locale e considerando che almeno un membro per famiglia abbia un lavoro stabile ed un reddito paragonabile a quello che percepiva prima del sisma. L'obiettivo è chiaramente ambizioso, vista la scala delle distruzioni, ma bisogna riconoscere che gli sforzi profusi dalle autorità governative, le comprovate capacità della società cinese a dar vita in tempi rapidi a processi di trasformazione di grandi proporzioni e i risultati raggiunti in questi primi due anni sono certamente di buon auspicio.

Scelte localizzative

In base ad una articolata valutazione delle risorse e delle capacità di carico ambientale dei territori colpiti dal sisma, ed in considerazione delle opportunità di aggregazione delle popolazioni, il territorio è stato diviso in tre categorie: aree adatte per la ricostruzione, *aree sensibili oggetto di una ricostruzione "adeguata"*, e aree di ripristino ecologico.

Fig.3 - La distruzione di interi agglomerati urbani e i danni alle infrastrutture nella Provincia dello Sichuan (Yingxiu)

Fig. 3 - The destruction of entire urban blocks and damage caused to infrastructure in the province of Sichuan (Yingxiu)

and the containment of land use, especially agricultural. Here perhaps there is emphasis on the protection of terrain and farming, local production of smaller cultures, which are a peculiar aspect of the reconstruction polocies of Wenchuan.

In terms of time, planning documents indicate in about three years needed to complete the main tasks of rehabilitation and reconstruction of the infrastructure network and housing, ensuring the employment of local population and considering that at least one member per family has a stable job and an income comparable to that received before the earthquake. The goal is clearly ambitious, given the scale of the destruction, but we must recognize that efforts by government authorities, the proven capabilities of the Chinese company to quickly create a large-scale transformation processes and the results achieved in these first two years are certainly a good omen.

Choice of location

Based on a structured evaluation of resources and the environmental carrying capacity of the territories affected by the earthquake, and in consideration of opportunities for socializing with the people, the territory was divided into three categories: *areas suitable for reconstruction*, sensitive *areas suitable for appropriate reconstruction* and areas of ecological reconstruction.

Areas suitable for reconstruction. These are those areas with relatively consolidated structural and infrastructural resources, with a capacity to absorb an additional planning load and where environmental risks are absent or limited. They are defined as areas that are suitable for the concentration of population and housing densification and the development of industry. They are mainly distributed in the foothills of the Longmen Mountains, in the low hills of the Sichuan Province, in the valleys of the Weihe rivers and in the Jing province of Gansu, on the edge of the Hanzhong Basin and the plains of Guanzhong in the Shaanxi province. The medium-term strategies are focused on these areas to enhance the industrialization and urbanization with the rather consistent creation of new jobs.

Areas suitable for appropriate reconstruction. These are areas with relatively weak structural and infrastructural resources, with little capacity to absorb additional urban loads with the presence of environmental risks, more or less obvious. They are mainly located behind the Central Plateau of the Longmen mountains and canyons in the mountainous area of the Sichuan Province, in the mountainous areas of western Qinling in the Gansu Province and the mountainous area of Qinba in the Shaanxi Province. The characteristics of these areas require special precautions in the reconstruction process, giving priority to environmental protection and exploitation of moderate and tightly controlled environmental resources, so as not to affect the balance between the settled population, the natural ecosystems and production activities.

Ecological Reconstruction areas. These areas are ecologically-sensitive to the environment, with little or no capacity to absorb new loads

Alcune considerazioni conclusive: apprendere dall'esperienza

Aree adatte alla ricostruzione. Sono quei territori con risorse strutturali ed infrastrutturali relativamente consolidate, con capacità di assorbire ulteriore carico urbanistico e con rischi ambientali assenti o limitati. Sono aree che vengono definite come adatte a ricevere concentrazione della popolazione e densificazione edilizia nonché sviluppo del settore industriale. Sono principalmente distribuite nelle fasce pedemontane delle Longmen Mountains, nelle basse colline della Provincia dello Sichuan, nelle valli dei fiumi Weihe e Jinghe nella Provincia del Gansu, sul bordo del bacino dello Hanzhong e nelle pianure dello Guanzhong nella provincia di Shaanxi. Le strategie di medio termine su queste aree sono orientate a potenziare l'industrializzazione e l'urbanizzazione con la creazione piuttosto consistente di nuovi posti lavoro.

Aree sensibili oggetto di ricostruzione "adeguata". Sono quei territori con risorse strutturali ed infrastrut- turali relativamente deboli, con scarse capacità di assorbimento di ulteriore carico urbanistico e con presenza di rischi ambientali più o meno evidenti. Sono principalmente localizzati nell'altipiano dietro le montagne e i canyon dello Longmen nella zona montuosa della Provincia dello Sichuan, nelle aree montane occidentali dello Qinling nella Provincia del Gansu e nella zona montuosa di Qinba nella provincia dello Shaanxi. Le caratteristiche di queste aree impongono particolari cautele nel processo di ricostruzione, attribuendo priorità alla protezione ambientale e allo sfruttamento moderato e rigidamente controllato delle risorse ambientali, in modo da non incidere sugli equilibri tra la popolazione insediata, gli eco-sistemi naturali e le attività produttive.

Aree di ricostruzione ecologica. Sono quei territori delicati sotto il profilo ecologico-ambientale, con scarse o nulle capacità di assorbimento di nuovi carichi insediativi, normalmente caratterizzate da economie deboli. In questi territori non si ritiene opportuno procedere alla ricostruzione sui siti originari delle città distrutte dal sisma, e neppure dar luogo ad altri fenomeni di concentrazione della popolazione. Sono le aree montane dello Longmen e del Kuma Longmen nella Provincia dello Sichuan e del Gansu, le aree del Mianlue nella Provincia dello Shanxi, e varie aree protette alle diverse quote distribuiti in tutto il territorio colpito dal sisma. La vocazione di questi territori è certamente la salvaguardia delle risorse naturali e dei valori culturali attraverso un controllo molto severo delle azioni antropiche e dei pesi insediativi.

Le città devastate dal sisma e situate nei territori classificati come "adatti alla ricostruzione", devono essere ricostruite sui loro siti originali e devono essere potenziate nei loro aspetti fisici ed economici. Anche i villaggi ricadenti in questi territori devono essere ricostruiti sui loro siti con un modello teso alla concentrazione e al potenziamento.

Le città situate nei territori "sensibili" devono essere ricostruite, di norma, sui loro siti originali, ma qualora le attività industriali in esse contenute fossero in aperto contrasto con le esigenze di ordine ambientale denunciando quindi scarsa attitudine al loro sviluppo, tali attività andrebbero riadattate e se del caso ridimensionate o addirittura de localizzate. Il principio vale anche per i villaggi ricadenti in questi territori: qualora le situazioni contestuali lo consentano, senza forzature sugli assetti ambientali, devono essere ricostruiti sui loro siti.

Le città situate nei territori di "ricostruzione ecologica" che hanno subito danni rilevanti dal sisma e sulle quali si imporrebbe una ricostruzione pesante particolarmente gravosa in termini di impatto ambientale e di costi economici, devono essere de localizzate e ricostruite su altri siti. I villaggi che ricadono in questi territori possono essere ricostruiti sui loro siti solo se i processi di ricostruzione non inducano impatti ambientali dannosi; gli interventi di ricostruzione devono comunque essere limitati alla piccola scala. Se questo non è possibile per ragioni ambientali o economiche, anche i villaggi situati in questi territori devono essere de localizzati.

Fig. 4 - città distrut-
te nella Provincia
dello Sichuan

Fig. 4 - Destroyed
cities in the Si-
chuan province

of settlement, usually characterized by weak economies. In such areas it is not considered appropriate to reconstruct the original site of the city destroyed by the earthquake, or give rise to a phenomena of population concentration. They include the mountainous areas of the Longmen and Kuma Longmen in the Sichuan and Gansu Provinces, the areas of Mianlue in the Shanxi Province, and several protected areas at different height levels distributed throughout the territory affected by the earthquake. The vocation of this area is certainly the protection of natural resources and cultural values through a very strict control of human actions and the weights of settlement.

The cities devastated by the earthquake and located in areas classified as "suitable for reconstruction" must be reconstructed on their original sites and must be improved in their physical and economic aspects. Even the villages falling in these areas should be rebuilt on their sites with a model aimed at concentration and expansion. Cities situated in the "sensitive" territories must be rebuilt, usually on their original sites, but if they contained industrial activities in direct conflict with the requirements regarding the environment, denouncing poor attitude to their development, these activities should be readjusted and if appropriate, even resized or re-localized. The same goes for the villages falling in these areas: situations where the context permits, without forcing on environmental assets, should be rebuilt on their sites.

Cities situated in the territories of "ecological reconstruction" that have suffered substantial damage from the quake and which will impose a heavy reconstruction particularly burdensome in terms of environmental impact and economic costs must be localized and reconstructed on other sites. The villages that fall in these areas can be rebuilt on their sites only if the process of reconstruction does not result in adverse environmental impacts although the reconstruction must still be limited to a small scale. If this is not possible for economic or environmental reasons, also the

Nel caso in cui si imponga la necessità di dover ricollocare una città, o anche un villaggio, in un sito diverso dall'originario, la scelta del nuovo sito deve essere effettuata sulla base di accurate analisi scientifiche basate su parametri geologici, geotecnici, urbanistici, economici, etc. La scelta del sito è proposta dal Governo Provinciale e sottoposta all'approvazione del Consiglio Centrale di Stato; le modalità di intervento e gli aspetti architettonici sono invece decisi a livello provinciale.

Laddove si renda necessaria la ricostruzione di un villaggio o addirittura di un'intera città al di fuori dei siti originari per i motivi di sicurezza e impatto ambientale esposti in precedenza, si pone il tema - non semplice - dell'assistenza alla popolazione. In linea di principio questa tema è stato affrontato con la massima cautela e il reinserimento avrebbe dovuto scongiurare fenomeni di deportazione di massa, almeno in teoria. Spesso il fenomeno del reinserimento riguarda la popolazione dei villaggi rurali. In questi casi si è cercato di rispettare il principio dell'autodeterminazione assecondando le volontà individuali e garantendo il mantenimento dei gruppi sociali originari, in particolare delle minoranze etniche; i nuovi siti si sono scelti il più possibile vicino a quelli originari garantendo la scelta personale di potersi trasferire presso parenti o amici anche in altre regioni rispetto a quella di appartenenza.

Housing

Il principio indicato dall'"Overall Planning" per quanto riguarda l'utilizzo dei suoli è la difesa delle terre coltivabili e delle risorse dell'agricoltura, unitamente alla salvaguardia paesaggistica ed ambientale. La scelta delle aree per la ricostruzione è rivolta verso terreni incolti e radure non produttive ai fini agricoli. Sono favorite le espansioni dei terreni edificabili nelle zone già urbanizzate all'interno dei territori giudicati adatti alla ricostruzione, densificando laddove possibile oppure aumentando la superficie delle aree urbanizzate.

Il tema dell'housing è stato affrontato a partire da una analisi delle caratteristiche dei luoghi e dei danni subiti dal patrimonio immobiliare. Dopo le opportune verifiche di agibilità, ed in coerenza con i principi generali della ricostruzione esposti in precedenza (la diversa attitudine dei territori) sono state prese decisioni in merito al recupero degli edifici, predisponendo opportune operazione di consolidamento sismico, oppure alla loro demolizione e ricostruzione, sullo stesso sito o altrove.

Per quanto concerne l'housing nelle zone rurali, è valso il principio che deve essere rispettata la volontà degli agricoltori permettendo loro anche operazioni di autocostruzione assistita, sia tecnicamente che finanziariamente, sempre con

	Area Sq Km	Proportion in the Planned areas (%)	Population (ten thousand people)	Proportion in the Planned areas (%)
Areas suitable for reconstruction	10, 077	7.6	772.8	38.9
Areas suitable for appropriate reconstruction	38, 320	28.9	1, 180.1	59.4
Ecological Reconstruction areas	84, 199	63.5	33.8	1.7

villages in these territories are to be de localized.

In the case of necessary relocation of a city, or even a village, to a site different from the original, the choice of the new site must be made on the basis of accurate scientific analysis based on geological, geotechnical, planning and economic etc parameters. The choice of site is made by the provincial government and submitted to the Central Council of State; the means of intervention and the architectural aspects are decided at provincial level.

Where it becomes necessary to rebuild a village or even an entire city outside the original site, for safety reasons and environmental impacts outlined above, there is the not simple issue of assistance to the population. In principle, this issue has been addressed with great care and rehabilitation would have to avoid the phenomena of mass deportation, at least in theory. Often the problem of reintegration regards the populations of rural villages. In these cases one tried to respect the principle of self determination favoring the individual needs and ensuring the maintenance of original social groups, in particular ethnic minorities; the new sites were chosen as close as possible to the original ensuring a personal choice of moving with relatives or friends in other geographic regions to which they belong.

Housing

The principle stated by the "Overall Planning" for land use is to protect agricultural land and agriculture resources, together with landscape and environmental protection. The choice of areas for reconstruction points toward uncultivated and unproductive terrains for agricultural clearings. They favored the expansion of building land in areas already urbanized within areas judged suitable for reconstruction, compacted where possible or by increasing the surface of urbanized areas.

The issue of housing was addressed after an analysis of the characteristics of places and damage to the property. After appropriate tests of viability, consistent with the general principles of reconstruction outlined above (the different attitude of the territories) were taken decisions on the recovery of buildings, preparing appropriate operations of seismic consolidation, or for their demolition and reconstruction on the same site or elsewhere.

Housing in rural areas has earned the principle which must respect the will of farmers allowing operations of assisted construction, both technically and financially, always with careful monitoring of the effects on the ecosystem and landscape.

With regard to housing in urban areas, specific plans of reconstruction have been developed, both as regards the restoration and consolidation of existing buildings damaged, and the process of construction of new buildings on pre-selected sites. Much attention was paid to the provision of public services, shops, green areas, etc.. in new areas of reconstruction.

The recovery and reconstruction of the city follow optimization criteria of the urban organism, in particular as regards the quality of projects, performance in general and seismic risk prevention of natural disasters, improving the urban environment and quality of the lives of the people. The fundamental objectives are always those stated in the opening pages of the "*Overall Planning*": economic development with respect for people and nature.

Infrastructure

It is clear that to start the reconstruction process it was first necessary to restore the infrastructure system, also severely damaged by the earthquake: roads, water, electricity, gas, sewerage, sewage treatment plants, communication networks, ICT , disposal and recycling of waste, etc.. The following tables do not require any particular comment to highlight the damage that the infrastructure system has suffered from the Wenchuan earthquake in 2008, and the gigantic scale of the projects of reconstruction and augmentation that have been put in place.

Even the distribution of electricity and many production facili-

un attento controllo degli effetti sull'ecosistema e sul paesaggio. Per quanto concerne l'housing in ambito urbano, sono stati predisposti appositi Piani di Ricostruzione, sia per quanto concerne il ripristino e il consolidamento del patrimonio edilizio esistente danneggiato, che il processo di costruzione di nuovi edifici su siti preselezionati. Molta attenzione è stata posta alla dotazione di servizi pubblici, attività commerciali, aree a verde, etc. nelle nuove aree di ricostruzione. Il recupero e la ricostruzione delle città seguono criteri di ottimizzazione dell'organismo urbano, in particolare per quanto concerne la qualità dei progetti, le prestazioni antisismiche e più in generale di prevenzione dei rischi di calamità naturali, il miglioramento dell'ambiente urbano e della qualità di vita degli abitanti. Gli obiettivi di fondo sono sempre quelli enunciati nelle pagine iniziali dell'"Overall Planning": lo sviluppo economico nel rispetto delle persone e della natura.

Infrastrutture

E' chiaro che per far partire il processo di ricostruzione sia stato necessario in primo luogo ripristinare il sistema infrastrutturale, anch'esso gravemente danneggiato dal sisma: strade, reti idriche, elettriche, gasdotti, fognature, impianti di depurazione, reti di comunicazione, ICT, impianti di smaltimento e riciclaggio dei rifiuti, etc. I dati quantitativi resi noti non hanno bisogno di particolari commenti per mettere in evidenza l'entità dei danni che il sistema infrastrutturale dello Wenchuan ha subito dal terremoto del 2008 e le proporzioni gigantesche dei progetti di ricostruzione e di potenziamento che sono stati posti in essere.
Anche la rete di distribuzione dell'energia elettrica e molti impianti di produzione sono stati seriamente danneggiati dal sisma. Si è reso quindi necessario ripristinare e spesso ricostruire ex novo gli impianti di trasmissione e interi tratte della rete di distribuzione. A tale scopo è stato predisposto un piano complessivo di sfruttamento delle

risorse idroelettriche che ha individuato gli impianti da ripristinare e quelli nuovi da realizzare, anche in base alle strategie di sviluppo economico e alla programmazione dello sviluppo delle reti di trasporto. Le dighe in particolare hanno destato molta preoccupazione ed altrettanta attenzione; i loro livelli di sicurezza sono stati riparametrati in ragione del recente sisma, rafforzando quelle strutture che non raggiungevano le nuove soglie di sicurezza o decidendo addirittura di abbandonare quelle ritenute obsolete.
Anche il comparto estrattivo ha subito danni gravi. L'operatività delle miniere di carbone danneggiate è stata programmata con tempi molto rapidi. Una analoga azione di messa in sicurezza e ripristino è stata programmata e in parte attuata sui pozzi di gas naturale, sulle raffinerie di petrolio e sugli impianti di stoccaggio dei combustibili.

Agricoltura

Nei documenti di programmazione, il rilancio delle produzioni agricole e della zootecnia è indicato come una priorità al pari dell'emergenza abitativa. L'obiettivo è quello di potenziare e razionalizzare le produzioni di concerto con lo sviluppo delle infrastrutture nei territori a vocazione agricola. Il governo centrale unitamente a quello provinciale hanno messo in campo un insieme di aiuti (finanziari e tecnici) che accompagnano le imprese agricole nell'intraprendere la strada della gestione industrializzata. Gli investimenti per risollevare l'agricoltura dai danni provocati dal sisma sono interpretati come l'occasione per stimolare la ristrutturazione dell'intero settore agricolo e delle sue filiere, favorendo l'utilizzo di tecnologie innovative, valorizzando le produzioni locali, razionalizzando i sistemi di produzione in funzione dei mercati, e soprattutto mettendo in pratica inediti controlli di qualità sulle produzioni.
Questa attenzione all'agricoltura nel processo di ricostruzione è certamente connessa con le vocazioni dei territori interessati dal sisma e con la necessità di programmare con attenzione una risorsa così

ties were seriously damaged by the quake. It was therefore often necessary to restore and rebuild broadcast facilities and entire sections of the distribution network from scratch. To this end a comprehensive plan for the exploitation of hydropower resources was put in place which identified the plants to recover, and the new ones to build, even on the basis of economic development strategies and development planning of transport networks. The dams in particular have attracted much concern and so much acclaim, and their safety levels have been scaling because of the recent earthquake, strengthening those structures that did not meet the new safety thresholds or even deciding to abandon those considered obsolete.

The mining industry suffered serious damage. The operation of damaged coal mines was programmed very quickly. A similar action for safety measures and restoration was planned and partially implemented on natural gas wells, refineries and oil storage facilities. Even the distribution of drinking water and agriculture suffered very substantial damage and required extensive restoration.

Agriculture

In the planning documents, the revival of agricultural crops and livestock was listed as a priority, as was emergency housing. The objective is to enhance and streamline production together with the development of infrastructure in the territories with an agricultural vocation. The central government together with the provinces fielded a setup of support (financial and technical) that accompanies agricultural enterprises in taking the road of industrialized management. Investment to aid agricultural activities damaged by the earthquake are interpreted as an opportunity to stimulate the restructuring of the agricultural sector and its supply chains, promoting the use of innovative technologies, promoting local production, streamlining production systems depending on the markets, and especially by practicing quality control on products. This attention to agriculture in the

importante come il cibo in una nazione di un miliardo e quattrocentomilioni di abitanti, ma le strategie di razionalizzazione, di sviluppo e di sostegno per il settore, indicano una presa di coscienza matura della società cinese nei confronti di un tema che negli anni a venire occuperà certamente le agende politiche dei governi di tutto il mondo. Anche in questo, quindi, la Cina si vuole proporre come leader nel panorama internazionale.

Patrimonio storico culturale

Il terremoto ha danneggiato siti di interesse storico culturale di incommensurabile valore. Si tratta di intere città, di villaggi e di siti archeologici prevalentemente concentrati nella Provincia dello Sichuan e dello Shaanxi, taluni celeberrimi come la Grande Pagoda dell'Oca Selvaggia, la Torre del tamburo e l'Esercito di terracotta. Le Province interessate, dopo la prima stima dei danni, hanno rapidamente dato vita ad un programma triennale di recupero e restauro dei beni storico culturali che è attualmente in fase di conclusio-

ne. Per quanto concerne il recupero del patrimonio diffuso dell'edilizia storica si può dire che è stato avviato un programma di restauro conservativo attento al riutilizzo di materiali e tecniche di costruzione originali, compatibilmente con le esigenze di rinforzo sismico. Gli eventuali inserimenti di edifici nuovi in contesti storici sono selezionati in modo da valutare la compatibilità con il tessuto storico originario.

Servizi pubblici

La ricostruzione dei servizi pubblici di scala territoriale, in particolare ospedali e scuole, ha occupato le autorità governative fin dai primi giorni dopo il sisma. I danni subiti dal sistema pubblico dei servizi (ospedalieri, scolastici e universitari, sportivi e culturali), sono stati ingenti. Anche nel settore dei servizi pubblici il terremoto è stato interpretato, oltre che come un evento drammatico di grandissime proporzioni, anche come un'occasione per riorganizzare completamente il sistema, tenendo anche conto degli stravolgimenti sugli assetti

Fig. 6 - Le zone rurali e montane dello Longmen e del Kuma Longmen dove interi villaggi sono stati rasi al suolo dal sisma

Fig. 6 - In the rural and mountain zones of Longmen and Kuma Longmen where entire villages were wiped to the ground by the earthquake

reconstruction process is certainly related to the vocations of the territories affected by the earthquake and the need to carefully plan a resource as important as the food in a nation of one billion, four hundred million people, but strategies of rationalization, development and support for the sector show a mature awareness of Chinese society toward a subject that in the years ahead will certainly be political agendas of governments around the world. Again, therefore, China is to be proposed as a leader in the international scene.

Historical and cultural heritage

The earthquake damaged cultural sites of historical interest and of enormous value. These include entire towns, villages and archaeological sites mainly concentrated in the provinces of Sichuan and Shaanxi, some very famous as the Great Wild Goose Pagoda, the Drum Tower and the Terracotta Army. The provinces concerned, after the first estimate of the damage, quickly established a three-year program of recovery and restoration of

historical and cultural heritage that is currently being finalized. Regarding the recovery of the historical heritage it can be said that a program of careful restoration to re-use of original materials and construction techniques, consistent with the requirements of seismic retrofit has begun. Any placement of new buildings in historic settings are selected so as to assess their compatibility with the original historic texture. Below is a list of major historical and artistic sites affected by the earthquake.

Public services

The reconstruction of public services at a regional scale, particularly hospitals and schools, has been carried out by government authorities since the early days after the earthquake. The damage sustained by the public service system (hospitals, schools and universities, sporting and cultural structures), as shown by the tables below, was significant. Also in the utilities sector the earthquake was felt both as a dramatic event of enormous proportions as an opportunity to com-

pletely reorganize the system, while taking account of the tumultuous events on land use and population distribution to be determined by putting in place programs to reconstruct the city on sites other than those originally intended.

Industrial sector

The reconstruction of the industrial sector in the provinces affected by the earthquake is both a problem of massive proportions and a unique opportunity for a complete overhaul of the sector in view of its competitive development. A first decision that has emerged is whether to retrieve the existing damaged structures or map activities with the highest impact in different sites, economically and environmentally suitable. The threefold division of the territories affected by the earthquake on the basis of capacity to urbanize settlements and to support additional loads, led to identify sensitive areas where, for environmental reasons or saturation of absorption capacity, it is not appropriate to maintain the existing industrial activities before

the earthquake, at least those with higher environmental impact or those that require higher costs for their development site.
The underlying objective of this strategy is to raise the competitiveness of industry in regions affected by the earthquake, rationalizing the geographical distribution, encouraging the use of technological innovations, exploiting the benefits of improved concentration of industries in the appropriate district industry. To this end, the planning documents indicate that policies of saving, first saving ground, are the determinants in choosing the new areas of industrial concentration, land that should not be diverted to agriculture and should not pose major environmental and landscape values . Preferably land near urban centers that already exists to limit the impacts and costs of development. The concept of saving, then, was also applied to energy consumption, use of water resources, materials used for new development, which could largely be derived from appropriate recycling of waste materials from

territoriali e sulla distribuzione della popolazione che saranno determinati dalla messe in opera dei programmi di ricostruzione delle città anche su siti diversi da quelli originali.

Comparto industriale

Anche la ricostruzione del comparto industriale nelle Province colpite dal sisma rappresenta al tempo stesso un problema di proporzioni imponenti e un'occasione straordinaria per la completa riorganizzazione del settore ai fini del suo sviluppo competitivo. Una prima scelta che si è imposta è se recuperare le strutture esistenti danneggiate ovvero localizzare le attività a più alto impatto in siti diversi, più idonei sotto il profilo economico ed ambientale. La triplice ripartizione dei territori colpiti dal sisma in base alle attitudini ad essere urbanizzati e a sostenere carichi insediativi aggiuntivi, ha portato ad identificare zone più sensibili dove, per ragione ambientali o di saturazione delle capacità di assorbimento, non è opportuno confermare le attività

industriali esistenti prima del sisma, quantomeno quelle a più forte impatto ambientale o quelle che in prospettiva necessitano di maggiori costi per un loro sviluppo in sito. L'obiettivo di fondo di questa strategia è quella di innalzare la competitività del settore industriale nelle regioni colpite dal sisma, razionalizzando la distribuzione geografica, incentivando l'utilizzo delle innovazioni tecnologiche, sfruttando i vantaggi che derivano da una migliore concentrazione delle industrie in opportuni distretti industriali. A tal fine i documenti di programmazione indicano come determinanti le politiche di risparmio, in primo luogo risparmio di suolo, nello scegliere i nuovi terreni di concentrazione industriale, terreni che non devono essere sottratti all'agricoltura e che non devono presentare particolari valori paesaggistici ed ambientale. Preferibilmente terreni in prossimità di nuclei urbani già esistenti in modo da limitare gli impatti e i costi per l'urbanizzazione. Il concetto di risparmio, poi, è stato applicato anche al consumo di energia, all'utilizzo della risorsa

idrica, ai materiali utilizzati per le nuove costruzioni, che potrebbero in gran parte derivare da opportuni ricicli di materiali di scarto da altre lavorazioni o dalle macerie stesse provocate dal sisma.
Le politiche industriali per la ricostruzione mettono l'accento sul rigore che deve essere posto nell'impedire l'abbassamento dello standard qualitativo dei prodotti e dei cicli produttivi, anche ricorrendo al forzoso impedimento alla prosecuzione dell'attività di quelle aziende che non si adeguano ai nuovi parametri qualitativi.
Nella ricostruzione delle imprese la priorità è data a quei progetti che nel rispetto degli standard qualitativi prefissati, portano un maggiore impiego di forza lavoro. In una prima fase gli sforzi si sono concentrati nel rimettere in funzione rapidamente le imprese chiave a livello nazionale che operano nei territori del cratere sismico: Dongfang Electric Co. Ltd, China National Erzhong Group Co., Pangang Group Sichuan Changcheng Special Steel Co. Ltd., Changhong Electric Co. Ltd., Jiuzhou Electric Group Co.,

Ltd., Sichuan Hongda Co. Ltd., Aba Aluminum Factory, Changba Lead and Zinc Mine, Chengzhou Mine and Metallurgy Group Co., etc.
Il supporto per il settore industriale privato, per la piccola e media impresa si misura soprattutto nell'aiuto logistico ed economico dato alle imprese che hanno espresso intenzione di trasferirsi e di rinnovarsi, facilitando anche l'impiego di capitale aggiuntivi provenienti da investitori nazionali e internazionali.
Ai fini di razionalizzare la distribuzione geografica e di ottimizzare le risorse, le autorità statali e provinciali stanno guidando operazioni di concentrazioni di imprese con la logica dei "cluster industriali". Un cluster industriale è un insieme di imprese interconnesse e geograficamente concentrate che cooperano, e allo stesso tempo, competono per ottenere dei vantaggi. Nei cluster è fondamentale la prossimità e la convivenza per mettere in comune la specializzazione delle conoscenze e delle competenze, la differenziazione delle funzioni e le possibilità che derivano dal trasferimento di forza lavoro. Questo

Fig. 07 - La ricostruzione nelle zone montane

Fig. 7 - reconstruction in mountainous areas

other processes or from the rubble caused by the earthquake.
Industrial policies for the reconstruction emphasize the rigor that must be placed in preventing the lowering of the quality standard of products and production cycles, even turning to a forceful impediment of the continuation of those companies that do not conform to new standards of quality.
In the reconstruction of enterprises, the priority is given to projects that meet quality standards, and bring a greater use of labor. In a first phase, efforts were concentrated in quickly re-starting national key enterprises operating in the territories of the seismic crater: Dongfang Electric Co. Ltd, China National Erzhong Group Co., Pangang Group Sichuan Changcheng Special Steel Co. Ltd ., Changhong Electric Co. Ltd., Jiuzhou Electric Group Co., Ltd., Sichuan Hongda Co. Ltd., Aba Aluminum Factory, Changba Lead and Zinc Mine, Chengzhou Mine and Metallurgy Group Co., etc..
Support for the private industrial sector, for small and medium enterprises is measured primarily in helping logistical and economic data for companies that have expressed plans to move and innovate, including facilitating the use of additional capital from domestic and international investors .
For the purpose of streamlining the geographical distribution and to optimize resources, state and provincial authorities are leading concentrations of enterprises with the logic of "industrial clusters". An industrial cluster is a set of interconnected and geographically concentrated companies that cooperate, and at the same time, compete to gain advantage. In clusters proximity and coexistence are critical in order to share the knowledge and skills of specialization, differentiation of functions and possibilities arising from the transfer of the workforce. This allows the small business to remain so, however, being part of a larger and more organized system. The operation of the cluster can be done, with the necessary contribution of public institutions and universities, through the relocation of some existing industrial areas, in the

permette alla piccola impresa di rimanere tale facendo parte però di un sistema più grande e più organizzato. L'operazione dei cluster può avvenire, con il necessario contributo delle istituzioni pubbliche e delle università, attraverso la rilocalizzazione di alcune aree industriali esistenti, in un ottica di concentrazione e di razionalizzazione sinergica dei diversi settori industriali.

Turismo e commercio

I progetti di rilancio del settore turistico sono rivolti in primo luogo al rafforzamento delle aree a vocazione turistica con la predisposizione di itinerari turistici integrati comprendenti anche le zone rurali ed i villaggi delle etnie minori. Per rilanciare il turismo nelle zone colpite dal sisma dovranno essere innanzitutto recuperate e potenziate le strutture ricettive e prima ancora le infrastrutture di trasporto, nonché i sistemi di sicurezza e di assistenza al turista. Dovrà poi essere rafforzata la promozione dell'offerta sui mercati locali e internazionali, ga-

rantendo la qualità delle proposte anche in termini di sicurezza individuale, per ripristinare la fiducia dei turisti nazionali e stranieri.
Le reti commerciali saranno ricostruite e potenziate ponendo un'attenzione particolare - quantomeno nella prima fase - al mercato dei materiali per l'edilizia, che deve riuscire a sostenere senza soluzioni di continuità l'imponente processo di ricostruzione. Bisogna potenziare i centri di distribuzione dei beni di consumo non durevoli, come quelli provenienti dal settore agricolo, ripristinando le catene del freddo e i sistemi di stoccaggio delle merci. L'utilizzo delle nuove tecnologie è imprescindibile, sia per l'organizzazione logistica dei processi che per la realizzazione di attrezzature di avanguardia. I dati resi noti mettono in evidenza le dimensioni delle operazioni di ricostruzione del settore commerciale previste nell' "Overall Planning": nelle città la riorganizzazione delle reti di distribuzione, come i grandi magazzini, i supermercati, i negozi specializzati, i mercati di vendita diretta delle merci agricole ("farmer markets").

Fig 8 - Danni provocati dal sisma sui versanti dei monti e sulla rete infrastrutturale nella cittadina di Beichuan

Fig. 8 - damage caused by the earthquake on the mountain slopes and on the infrastructure in Beichuan

perspective of a synergistic merger and rationalization of different industrial sectors.

Tourism and trade

The projects that revitalize the tourism sector are primarily aimed at strengthening the tourism-oriented areas with the provision of integrated tourist routes also including rural areas and villages of ethnic minorities. To revive tourism in quake-affected areas the facilities, the transport infrastructure, systems security and assistance to tourists should first be restored and upgraded. It should then be reinforced on the promotion of the local and international markets, ensuring the quality of the proposals in terms of individual security, to restore the confidence of domestic and foreign tourists.

The commercial networks will be rebuilt and strengthened with a particular emphasis - at least in the first phase - on the market for building materials, which must be able to seamlessly support the massive rebuilding process. We must strengthen the centers of distribution of non-durable consumer goods, like those from the agricultural sector, restoring the chains and systems for merchandise storage. The use of new technologies is essential, both for the organization of logistic processes to create cutting-edge equipment. The following table highlights the scale of operations to rebuild the commercial sector provided in the *"Overall Planning"*: in the reorganization of city distribution networks, such as department stores, supermarkets, specialty shops and markets for direct sale of agricultural goods ("farmer markets"). In rural areas the development of cooperatives and markets selling locally produced items.

Fiscal and financial politics

To be effective, any process of reconstruction must be accompanied by appropriate fiscal policies and financial support. In the case of the Wenchuan earthquake, China's central government allocated a special fund and implemented a series of measures to reduce the administrative apparatus central to the relocation of the areas of expenditure in the affected areas. This is also in an attempt to facilitate the monitoring and transparency in the use of extra funds from abroad. As known, the Chinese government has in general a strongly centralized administrative attitude that usually tends to limit the autonomy of local governments.

The process of reconstruction of Wenchuan, therefore, represents an interesting test case for this attempt to decentralize administrative responsibilities and management of funds, along the lines of the leading companies in mature economies. Many measures taken have had the target of reducing the tax burden on businesses affected by the earthquake, the wider range of tax deductions and the attempt to moderate the speculative market of machinery active in the reconstruction process. The tax burden has been eased even from individuals who have been damaged by the quake. Many exemptions from taxes were provided, particularly for those who express their intention to rebuild their homes in rural areas. Access to credit was facilitated by implementing preferential policies and lending the emphasis on building activities linked to the reconstruction and farms in rural areas. A rough, but plausible, calculation estimates that the total cost of the reconstruction process of the earthquake in Wenchuan may be indicated in approximately 1,000 billion RMB yuan (100 billion euro). The necessary funds are found through different channels: funds from the central government, national and international donations, bank loans, private equity, venture capital, etc.. Similar amounts are needed to manage innovation in the financial system to improve the management capacity of provincial governments focusing on ensuring the security and control of disbursements and at the same time making procedures easier. Important is the organization of a proper and comprehensive information system to enable all interested parties to have the financial information needed to quickly put in motion the private sector in the reconstruction process. Government authorities are encouraging the creation of

Nelle aree rurali l'organizzazione di cooperative di vendita e i mercati di produzione locale.

Politica fiscale e finanziaria

Per essere efficace qualsiasi processo di ricostruzione deve essere accompagnato da adeguate politiche fiscali e finanziarie capaci di sostenerlo. Nel caso del terremoto dello Wenchuan il governo centrale cinese ha stanziato un fondo speciale e messo in campo una serie di provvedimenti tesi a ridurre le competenze amministrative dell'apparato centrale a favore della delocalizzazione dei centri di spesa nei territori colpiti. Ciò anche nel tentativo di facilitare il controllo e la trasparenza nell'impiego dei fondi straordinari provenienti dall'estero. Come è noto il governo cinese ha in generale un atteggiamento amministrativo fortemente centralista che di solito tende a limitare gli spazi di autonomia delle amministrazioni locali. Il processo di ricostruzione del Wenchuan, quindi, rappresenta un banco di prova interessante anche per questo tentativo di decentralizzare le responsabilità amministrative e di gestione dei fondi, sul modello delle principali società ad economia matura. Molti provvedimenti presi hanno avuto come obiettivo la riduzione della pressione fiscale sulle imprese coinvolte dal sisma, l'ampliamento della gamma delle detrazioni di imposta e il tentativo di calmierare il mercato speculativo dei macchinari atti al processo di ricostruzione. La pressione fiscale è stata allentata anche ai singoli individui che hanno subito danni dal sisma. Sono state previste molte esenzioni dalle tasse, in particolare a favore di coloro che esprimono l'intenzione di ricostruire la loro casa nei territori rurali. L'accesso al credito è stato facilitato, attuando criteri preferenziali di prestito rivolti soprattutto alle attività edili connesse alla ricostruzione e alle aziende agricole nelle zone rurali.

Un calcolo approssimativo, ma verosimile, stima che il costo totale del processo di ricostruzione del terremoto in Wenchuan possa essere indicato approssimativamente in 1.000 miliardi di yuan RMB (più di 100 miliardi di euro). I fondi necessari potranno essere reperiti attraverso diversi canali: fondi provenienti dal governo centrale, donazioni nazionali e internazionali, prestiti bancari, capitali privati, capitali di impresa, etc. Per gestire simili importi sono necessarie innovazioni nel sistema finanziario che migliorino la capacità di gestione dei governi provinciali, garantendo soprattutto la sicurezza e controllo delle erogazioni e nel contempo rendendo più agevoli le procedure. Importante è l'organizzazione di un sistema informativo adeguato e capillare per permettere a tutti gli interessati di avere le informazioni di carattere finanziario necessarie a mettere rapidamente in moto i privati nel processo di ricostruzione. Le autorità governative stanno incoraggiando la creazione di strutture finanziarie che operino sul territorio, e che offrano assistenza specifica alle piccole e medie imprese soprattutto quelle con particolare propensione all'innovazione tecnologica. Specifiche strutture di coordinamento si stanno occupando della gestione delle donazioni e del loro impiego, compresi i fondi pubblici statali.

Per quanto riguarda l'assegnazione dei fondi l'elenco delle priorità è chiaramente lungo ed è interessante notare come ad ogni fonte di finanziamento viene assegnato un insieme selezionato di possibili fruitori. I capitali di origine finanziaria sono prioritariamente utilizzati per l'housing, l'assistenza alle popolazioni, le strutture pubbliche, i servizi all'agricoltura e le infrastrutture in ambito rurale, il ripristino ecologico, gli interventi di carattere ambientale. I fondi provenienti dall'estero sono prioritariamente utilizzati per i servizi pubblici, e per le attrezzature di interesse pubblico di scala territoriale, nonché per far fronte ai costi di progettazione, di consulenza e di verifica dei risultati. I fondi derivanti dal credito sono utilizzati prioritariamente nella ricostruzione delle abitazioni sia urbane che rurali, per l'industrializzazione dell'agricoltura, per i trasporti e le comunicazioni, per le risorse energetiche, l'industria culturale, etc.. I fondi derivanti dal mercato finanziario sono utilizzati prioritaria-

PROGETTARE DOPO IL TERREMOTO

financial structures that operate in the area, and providing specific assistance to small and medium-sized enterprises especially those with a particular propensity for technological innovation. Specific coordination structures deal with the management of donations and their use, including state public funds.

As regards the allocation of the funds there is clearly a long list of priorities and it is interesting to note that each funding source is assigned a selected set of possible users. The source of financial capital is primarily used for housing, assistance to local communities, public facilities, services, agriculture and infrastructure in rural areas, ecology restoration and environmental interventions. Funds from abroad are primarily used for public services, and equipment of public interest at a regional scale, as well as to meet the costs of design, consulting and performance monitoring. Funds arising from credit are used primarily in the reconstruction of homes both urban and rural, for the industrialization of agriculture, transport and communications, energy resources, the cultural industry, etc. .. Funds arising from the financial market shall be used primarily for transport and communications, and restoration projects of energy networks. The loans from abroad are used mainly for public buildings, infrastructure and environmental improvement, and ecological restoration.

Some conclusive considerations: learning from experience

After this analysis, although brief, the Chinese model of reconstruction it is natural to compare it with the process put in place in Abruzzo, being of course well aware of the different proportions of the two disasters. It is clear, in fact, that the Chinese earthquake intensity was much higher than the one in Abruzzo, and caused much more damage, effecting human lives

Fig 9 - I territori agricoli dello Gansu Fig. 9 - the agricultural territories of Gansu

mente per il settore dei trasporti e delle comunicazioni, e per i progetti di ripristino delle reti energetiche. I prestiti provenienti dall'estero si utilizzano soprattutto per le strutture pubbliche, per le infrastrutture e per il miglioramento dell'ambiente ed il ripristino ecologico.

Alcune considerazioni conclusive: apprendere dall'esperienza

Dopo questa analisi, pur sintetica, del modello di ricostruzione cinese viene spontaneo fare un parallelismo con il processo posto in essere in Abruzzo, essendo naturalmente consapevoli delle ben diverse proporzioni delle due calamità. E' chiaro, infatti, che il terremoto cinese è stato di intensità di gran lunga superiore di quello abruzzese, ha provocato danni molto maggiori, causando effetti, anche in termini di vite umane, drammaticamente più rilevanti. Di conseguenza il volume complessivo dei due processi di ricostruzione risulta difficilmente confrontabile. Proviamo però ad estrarre dai documenti di programmazione cinesi, e dalle azioni

Fig. 10 - L'esercito di terracotta a Xi'an

Fig. 10 - The Terracotta Army in Xi'an

PROGETTARE DOPO IL TERREMOTO

more dramatically. Consequently, the total volume of the two processes of reconstruction is difficult to compare. But we try to extract from the Chinese planning documents, and actions that followed them, some considerations of method by comparing them with similar issues on the model of Abruzzo. In doing so we immediately premise that for obvious reasons of direct and in-depth knowledge of the case of Abruzzo, we will be inclined to be more critical of China than in the case where we have extensive knowledge of literature, but little direct evidence (for example, possible distortions of the good application principles set out in planning documents).

Having said that, we would like to start with the opening words of the *"Overall Planning for Post-Wenchuan Earthquake Restoration"* where it says that *"respect for people and nature"* is to be given in any action taken on areas hit by the quake. In Abruzzo the Civil Protection and with it the whole operational machine of first aid, starting with the Fire service and Police, has shown extraordinary sensitivity in the approach to the affected populations from the earliest moments after the dramatic shock of the April 6 . Later, a divide between the people (organized in committees) and the central authorities began to occur, a detachment that marked its most intense moments in some protests that took place at the government buildings in Rome. The reason for the protest regarded the difficulties in initiating the process of rebuilding the old town of L'Aquila and the lack of adequate fiscal policy to accompany the revitalization of local economies. In the planning documents the Chinese tax policies and financial post-earthquake occupy a prominent place, and the attempt to decentralize administrative responsibilities and management of funds does not go unnoticed in a centralization society like that of China. Having in mind, of course, the nature of the social state of China, we can only appreciate the many measures taken to reduce the tax burden on businesses and citizens, and promote access to credit even with "unusual" innovations on the financial system of provincial governments. The emphasis that the Chinese state places on the agricultural sector, which is referred to as the strategic equal of the recovery of industrial production, is justified by the nature of the Chinese economy and the importance that agriculture plays in a nation so large, but it brings to attention the local production and control of product quality in a way that surprises us and that we would have liked to have seen also in the planning documents of Abruzzo. The reconstruction of the industry's commitment to the Chinese government has been impressive, both in terms of funds and the focus on the quality of the productions. The cluster organization facilitates the achievement of these goals, especially if accompanied by an intensive use of new technologies and digital networks. A similar model, accompanied by appropriate fiscal policies, could prove useful also in the plain of L'Aquila, especially if directed toward innovative sectors, able to stand out for the sustainability of production, which may be found in the Abruzzo region and its landscape and environmental quality, a particularly appreciated added value.

The housing crisis model adopted by the Civil Defence in Abruzzo in the first phase (C.A.S.E. and M.A.P. plans) has certainly proven its efficiency in terms of management procedures and speed of construction, allowing to dismantle all the camp sites before winter which housed the people who had lost their homes due to the earthquake. The negative effects, however, arose: the difficulty of local contexts to deal with new interventions, the tension in the historical center, the expulsion of local businesses, etc.. In China, the process of building new housing for refugees of the earthquake took on "titanic" proportions, foreseeing the transfer and reconstruction of entire cities. The difficulties of Abruzzo in starting the process of rebuilding houses (historical and otherwise) damaged by the earthquake are compounded by the peculiarities of the historical heritage that has relevant common values. The heart

che ne sono conseguite, alcune considerazioni di metodo confrontandole con analoghe tematiche del modello abruzzese. Nel farlo premettiamo subito che per ovvie ragioni di conoscenza diretta ed approfondita del caso abruzzese, saremo portati ad essere maggiormente critici nei suoi confronti rispetto al caso cinese, dove abbiamo ampie conoscenze bibliografiche, ma scarse testimonianze dirette (ad esempio sulle eventuali distorsioni applicative dei buoni principi enunciati nei documenti di programmazione). Detto ciò ci piace iniziare con l'incipit dell' "Overall Planning for Post-Wenchuan Earthquake Restoration" laddove si dice che il "rispetto per le persone e per la natura" è da anteporre a qualsiasi azione da intraprendere sui territori colpiti dal sisma. In Abruzzo la Protezione Civile e con lei tutta la macchina operativa di primo soccorso, a cominciare dai Vigili del Fuoco e dalle Forze dell'Ordine, hanno mostrato sensibilità straordinarie nell'approcciarsi alle popolazioni colpite fin dai primi drammatici momenti dopo

la scossa del 6 aprile. Successivamente si è cominciato a delineare un distacco tra la popolazione (organizzata in comitati) e le autorità centrali, distacco che ha segnato i suoi momenti più intensi in alcune manifestazioni di protesta tenutesi anche presso i palazzi governativi romani. Le ragioni della protesta sono riconducibili alle difficoltà di avvio del processo di ricostruzione del centro storico de L'Aquila e alla mancanza di un'adeguata politica fiscale di accompagnamento del processo di rivitalizzazione delle economie locali. Nei documenti di programmazione cinesi le politiche fiscali e finanziarie post terremoto occupano un posto di rilievo, e non passa inosservato, in una società centralistica quale quella cinese, il tentativo di decentralizzare le responsabilità amministrative e la gestione dei fondi. Avendo ben presente, ovviamente, la natura dello stato sociale cinese, non si possono che apprezzare i molti provvedimenti presi per ridurre la pressione fiscale sulle imprese e i cittadini e favorire l'accesso al credito anche con innovazioni

"inconsuete" sul sistema finanziario dei governi provinciali.
L'accento che lo Stato cinese da al settore agricolo, che viene indicato come strategico al pari della ripresa della produzione industriale, è giustificato dalla natura dell'economia cinese e dall'importanza che riveste l'agricoltura in una nazione così numerosa, ma fa emergere un'attenzione verso le produzioni locali e verso il controllo di qualità dei prodotti che in un certo qual modo ci sorprende e che ci sarebbe piaciuto aver riscontrato anche nei documenti di programmazione abruzzesi.
Per la ricostruzione del comparto industriale l'impegno del governo cinese è stato imponente, sia in termini di fondi stanziati che di attenzione verso il livello qualitativo delle produzioni. L'organizzazione in cluster dovrebbe favorire il raggiungimento di questi obiettivi, soprattutto se accompagnata da un utilizzo intensivo di nuove tecnologie e reti digitali. Un modello analogo, accompagnato da adeguate politiche fiscali, potrebbe dimostrarsi utile anche nella Piana

de L'Aquila, soprattutto se indirizzato verso settori innovativi, capaci di distinguersi per la sostenibilità delle produzioni, che potrebbero trovare nel territorio abruzzese e nelle sue qualità paesaggistiche ed ambientali, un valore aggiunto particolarmente apprezzabile.
Per quanto concerne l'emergenza abitativa il modello abruzzese adottato dalla Protezione civile nella prima fase (Piano C.A.S.E. e M.A.P.) ha certamente dimostrato la sua efficienza in termini di gestione delle procedure e rapidità dei cantieri, consentendo di smantellare prima dell'inverno tutti i campi tenda dove alloggiavano le persone che avevano perduto la casa a causa del terremoto. Gli effetti negativi sono venuti a valle: la difficoltà di metabolizzazione dei nuovi interventi da parte dei contesti territoriali nei quali sono stati inseriti, la caduta delle tensioni sul centro storico, l'espulsione delle attività imprenditoriali locali, etc. In Cina il processo di costruzione di nuove abitazioni per i profughi del terremoto assume proporzioni addirittura "titaniche" prevedendo

PROGETTARE DOPO IL TERREMOTO

Fig. 11 - Il panda gigante che vive nella riserva del Wolong duramente colpita dal sisma

Fig. 11 – the giant panda that lives id the Wolong reserve, hit by the earthquake

of L'Aquila was the old town, where people lived, worked, met and had an identity.

The reconstruction involves technical, economic and social problems much more complex than new earthquake-proof construction, which was built in 19 areas in the suburbs. In China the problem from this point of view is smaller. Archaeological sites protected by UNESCO and of global interest were affected, but not densely inhabited city centers like those we usually see in Italy. Most of the destroyed Chinese cities had been built in recent decades and had no particular architectural value. I do not know whether it is right to go even further and say that in the terrible situation in which a person who has lost their home due to a natural disaster, having to abandon a neighborhood, built twenty to thirty years ago which did not particularly respond to town planning and architecture, to go and live in a new city, involves a lesser sacrifice compared to having to leave a thousand-year old town where the identity of the stones is based on the generations

il trasferimento e la ricostruzione di intere città. Le difficoltà abruzzesi di rimettere in moto il processo di ricostruzione vero e proprio delle abitazioni (storiche e non) danneggiate dal sisma, sono aggravate dalla peculiarità del patrimonio storico che presenta valori diffusi molto rilevanti. Il cuore pulsante de L'Aquila era il suo centro storico, dove le persone vivevano, lavoravano, si riunivano, si identificavano. La sua ricostruzione comporta problematiche tecniche, economiche, sociali, molto più complesse delle nuove costruzioni antisismiche che sono state realizzate nelle 19 aree in periferia. In Cina il problema, da questo punto di vista è minore. Sono stati colpiti siti archeologici di interesse mondiale protetti dall'Unesco, ma non centri storici densamente abitati come quelli che siamo abituati a vedere in Italia. Gran parte delle città cinesi distrutte sono state costruite negli ultimi decenni e non presentavano valori architettonici di particolare rilievo. Non so se sia giusto spingersi ancora oltre e dire che, nella situazione terribile in cui si trova una persona che ha perduto la propria abitazione a causa di una calamità naturale, il dover abbandonare un quartiere di venti-trent'anni fa costruito senza particolari pretese sotto il profilo urbanistico ed architettonico per andare a vivere in una città nuova, comporta un sacrificio minore rispetto al dover lasciare un centro storico millenario dove l'identità delle pietre che lo costituiscono si fonde con quella delle genti che da generazioni lo vivono. Fatto sta, che almeno dalle fonti bibliografiche consultate, vuoi per il motivo appena esposto, vuoi per la natura stessa della società cinese e dei suoi governi sempre poco disposti ad accettare voci dissidenti rispetto al proprio operato, le proteste cinesi relative alle "deportazioni" che hanno dovuto subire a causa delle prescrizioni contenute nei documenti di programmazione, sono state modeste o quantomeno non sono riuscite ad avere eco presso le fonti di informazione internazionale. La foto del sindaco de L'aquila spintonato dagli agenti in tenuta antisommossa durante le manifestazione di luglio 2010 a Roma è stata pubblicata sul NY Times.

In conclusione: quanto si può apprendere dal modello di ricostruzione cinese per essere trasposto al caso abruzzese? In genere i processi per diventare modelli hanno necessità di tempo di sedimentazione. Tra i due terremoti è trascorso appena un anno. Ma se una cosa possiamo indicare, che è stata sicuramente compresa dal governo cinese, mentre non sembra ancora certo che lo sia da quello italiano, è che la "guerra" contro il terremoto non la si vince con il superamento dell'emergenza abitativa (traguardo comunque straordinario), ma con il rispetto dei valori identitari dei luoghi e delle persone, con la cultura della prevenzione, con la valorizzazione dei patrimoni ambientali e paesaggistici, con la ricerca e l'innovazione tecnologica, e con la consapevolezza che dalle ceneri di eventi drammatici di questa portata, possano nascere occasioni di sviluppo irripetibili.

of people who live there. The fact is that, at least from the bibliographic sources consulted, for the reason just explained, or due to the nature of Chinese society and its governments increasing unwillingness to accept dissenting voices with respect to its actions, the protests regarding the "deportation" they underwent due to the requirements of the planning documents have either been modest or have failed to be heard at the sources of international news. The photo of the mayor of L'Aquila shoved by officers in riot gear during the event in Rome in July 2010 was published in the NY Times.

In conclusion: what can be learned from the Chinese model of reconstruction to be applied to the case of Abruzzo? In general, in order for processes to become models it takes time. Only one year separates the two earthquakes. But if one thing is clear, that was certainly understood by the Chinese government, while it still seems uncertain that it was by the Italian one, it is that the "war" against the earthquake is not won just by get-ting past the emergency housing phase (target however great), but with respect for the values that identify the places and people, the culture of prevention, with the enhancement of the environment and landscape, with research and technological innovation, and with the knowledge that from the ashes of dramatic events of this magnitude can arise unique development opportunities.

IMMAGINI / PICTURES

98 PROGETTARE DOPO IL TERREMOTO

PROGETTARE DOPO IL TERREMOTO

67
AFFITTASI
65

PROGETTARE DOPO IL TERREMOTO

zona
traffico limit
C2

ESPLORAZIONI
EXPLORATIONS

ABRUZZO INTERLAB

Alberto Clementi, Paolo Fusero

Vengono di seguito presentati i risultati dei Laboratori Abruzzo InterLab, un insieme di indagini ed esplorazioni progettuali sviluppate sul territorio di sei comuni, selezionati all'interno dell'area del cratere sismico. Come anticipato nella presentazione, Abruzzo InterLab è stato lo strumento attraverso cui la facoltà di Architettura di Pescara, insieme ad Ingegneria dell'Aquila e Geologia di Chieti, è stata chiamata dalla Regione a collaborare con i comuni pilota per sperimentare nuove modalità di azione a favore dei territori colpiti dal sisma: Barete, Caporciano, Castelli, Goriano Sico-li, Poggio Picenze, Rocca di Mezzo. Si tratta di Comuni che sono stati colpiti in misura diversa dal sisma, ma che apparivano rappresentativi dei diversi settori territoriali in cui è stata articolata l'attività della Protezione Civile, i C.O.M. Centri Operativi Misti.

Obiettivo dell'Accordo Quadro tra i diversi soggetti istituzionali è stato di dare vita ad un sistema coeso su base regionale (Sistema Abruzzo) mirato alla produzione di attività conoscitive, formative e sperimentali, finalizzate alla predisposizione di programmi integrati per la ricostruzione e lo sviluppo soste-nibile del territorio (*). Attraverso queste attività si intendeva favorire il ritorno alle normali condizioni di vita delle popolazioni colpite dagli eventi sismici del 6 aprile 2009 e, al tempo stesso, contribuire allo sviluppo del territorio interessato dalla ricostruzione, al fine di scongiurare il rischio dello spopolamento e, più in generale, dell'abbandono degli insediamenti residenziali e produttivi presenti.

Il Sistema Abruzzo è incardinato sul contributo che le Amministrazioni comunali coinvolte dal sisma, possono ricevere dall'Università, intesa come soggetto collettivo, espressione dell'interesse pubblico, disposta a mettere a disposizione le proprie dotazioni di risorse strumentali e di conoscenza, e le proprie attività formative, scientifiche e di servizio. In questo senso l'Università abruzzese nel suo insieme si candidava come supporto alle scelte e alle funzioni di governo dei Comuni, valorizzandone il ruolo di protagonisti della ricostruzione sociale ed economica del territorio locale.

Le ricerche avrebbero dovuto indicare metodi e strategie più efficaci per la ricostruzione, traguardandole in una prospettiva più complessiva: assumere cioè il caso-Abruzzo come laboratorio nazionale mirato al miglioramento dei profili di sicurezza del territorio italiano, ancora del tutto insoddisfacente e tuttora in attesa di adeguate strategie di sistema che vanno oltre il necessario perfezionamento della gestione delle normative antisismiche.

L'intesa prevedeva che l'Università rappresentasse un attivatore di contesto, mirato ad offrire opportunità di crescita per i Comuni, nel settore edilizio e produttivo, nonché

ABRUZZO INTERLAB

Alberto Clementi, Paolo Fusero

Following are the results from the Abruzzo Interlab Laboratories, a series of investigations and project explorations developed on the territory of six municipalities selected within the crater of the earthquake. As mentioned in the presentation, Abruzzo Interlab was the instrument through which the Faculty of Architecture of Pescara, together with the Faculty of Engineering of Aquila and the Faculty of Geology of Chieti, was called by the region to cooperate with the pilot municipalities in experimenting new ways of action in favor of territories affected by the earthquake: Barete, Caporciano, Castelli, Goriano Sicoli, Poggio Picenze, Rocca di Mezzo. These municipalities have been affected to various degrees by the earthquake, yet they seemed to be representative of the different territorial areas in which the Civil Protection, the C.O.M Mixed Operative Centres, was active.

The objective of the Framework Agreement between the various institutions was to create a cohesive system on a regional basis (Abruzzo System) for the production of informative activities, training and experimentation, aimed at the organization of integrated programs for reconstruction and sustainable development of the territory (*).These activities intended to encourage a return to normal living conditions of the populations affected by the earthquake of the 6 April 2009 and at the same time, contribute to the development of the areas where reconstruction was taking place, in order to avoid the risk of depopulation and more generally, the abandonment of residential and productive settlements.

The Abruzzo System is centered on the contribution that the administrations hit by the earthquake can receive from the university, taken as a collective issue and expression of public will, which can offer its instrumental resources and knowledge and their educational and scientific activities and services. In this sense, the University of Abruzzo runned as a whole to support the candidate choices and government functions of Commons, enhancing their role of protagonists of the social and economic reconstruction of the local area.

The intent of the research was to indicate the most effective methods and strategies for reconstruction, aiming for them to be part of a more complex perspective: taking, therefore, the Abruzzo case as a national laboratory aimed at improving the safety profiles of the Italian territory, still far from satisfactory and awaiting adequate system strategies that go beyond the necessary improvement of the management of anti-seismic regulations.

The agreement foresaw that the University would represent a context activator, aimed at providing growth opportunities for the municipalities, in the construction

occasioni di lavoro esecutivo per i professionisti del settore. Attraverso adeguate iniziative di formazione, ricerca e sperimentazione si intendeva contribuire alla rivitalizzazione dei territori del sisma, promuovendo interventi di qualità, da realizzare anche per mezzo di "cantieri-scuola" pilota.

Con queste finalità è stata istituito il Laboratorio interdisciplinare a rete per il terremoto, Abruzzo InterLab, articolato in singole unità locali presso i Comuni, e in un'unità centrale di coordinamento presso le facoltà aderenti.

Le principali attività del Laboratorio previste nell'Accordo erano così sintetizzabili:

elaborazione di studi di fattibilità per la redazione di programmi integrati per la ricostruzione e lo sviluppo sostenibile del territorio, con la individuazione condivisa delle principali modalità e linee di intervento sia per il superamento dell'emergenza, sia per lo sviluppo integrato del territorio interessato dalla ricostruzione. In base agli studi preliminari, i Comuni avrebbero potuto prendere in modo più consapevole le decisioni di loro competenza, approfondendo successivamente la redazione delle relative progettazioni con il concorso dei professionisti del settore; elaborazione di studi relativi alla microzonazione sismica; attività di supporto alle amministrazioni locali per la verifica di congruenza e qualità nelle diverse articolazioni e fasi del processo: programmazione, progettazione, realizzazione degli interventi; attività di formazione: elaborazione di materiali e cicli di attività didattica per assicurare una maggiore diffusione presso le diverse categorie interessate - professionisti, imprenditori, maestranze - delle diverse strumentazioni teoriche e applicative da impiegare per una migliore qualità complessiva degli interventi.

Per ogni laboratorio locale si sono dunque organizzati team integrati di specialisti delle diverse discipline (ingegneri, architetti, urbanisti, restauratori, tecnologi, rilevatori, geologi, economisti), coinvolgendo i docenti interessati insieme a dottorandi, studenti, cultori delle materie delle tre facoltà abruzzesi.

Ogni gruppo era comunque aperto alla collaborazione con altre facoltà italiane, secondo accordi puntuali, stabiliti sulla base delle singole disponibilità di sede.

L'esperienza di Abruzzo InterLab, pur indirizzata da documenti di impostazione metodologica unitaria e da cronoprogrammi condivisi, si è sviluppata con modalità e risultati notevolmente differenti in relazione ai diversi contesti locali.

Gli elaborati riportati di seguito, a cura dei coordinatori delle diverse unità-laboratorio, riflettono la varietà degli studi e degli approfondimenti conseguiti, e talvolta anche la marcata eterogeneità degli approcci che fanno capo alle diverse competenze disciplinari che hanno avuto la responsabilità di coordinare i lavori dei laboratori.

Il Laboratorio di Poggio Picenze ha focalizzato la sua attenzione sulla messa in sicurezza degli edifici e sulla definizione di linee guida per il recupero e la conservazione del patrimonio residenziale e produttivo, formulando anche ipotesi di carattere progettuale per la fase post emergenziale.

Il Laboratorio di Barete si è occupato in particolare dello studio del patrimonio edilizio storico attraverso campagne di indagini sul campo atte a restituire forme e tecniche degli elementi storico testimoniali, intesi come capisaldi che definiscono l'identità del centro e dell'intero territorio di competenza.

Il Laboratorio di Goriano Sicoli ha dapprima condotto indagini sui dissesti causati dal sisma formulando un primo giudizio sulle possibilità di recupero. Successivamente ha esplorato alcune suggestioni progettuali intorno al tema della rigenerazione urbana: il turismo ambientale, la vocazione religiosa, lo scenario rurale.

Il laboratorio di Caporciano ha posto l'accento sull'approccio sistemico al progetto e sulle tematiche della sostenibilità degli interventi atti a recuperare e riqualificare il patrimonio storico muovendo dalla conoscenza delle sue specificità costruttive.

Il Laboratorio di Castelli ha operato su diversi livelli dando luogo ad una lettura complessa ed articola-

PROGETTARE DOPO IL TERREMOTO

and manufacturing sectors, as well as in executive job opportunities for professionals. Through appropriate training, research and experimentation the intention was to contribute to the revitalization of the territories of the earthquake, promoting quality interventions to be implemented also by means of "laboratory" pilots.

With these objectives, the Interdisciplinary Network Laboratory, Abruzzo Interlab, was established especially for the earthquake and divided into individual units for the local municipalities and a central coordinating unit located in the adhering faculties.

The main activities the laboratory foreseen by the agreement were summarized as follows:

- Preparation of feasibility studies aimed to carry out of integrated programs for reconstruction and sustainable development of the areas, with the shared identification of key ways and lines of action both for the overcoming of emergencies and for the integrated development of the areas under reconstruction. According to preliminary studies, the municipalities could have made more conscious decisions, and later developed the drafting of its designs with the help of professionals;

- Carry out of studies on seismic micro-zoning

- Support for local authorities in verifying the consistency and quality in several areas and phases of the process: planning, design, implementation of interventions

- Training activities: material and education to ensure greater dissemination among the various categories involved - professionals, entrepreneurs, skilled workers - and various theoretical and practical tools to be used for a better overall quality of the interventions.

Therefore, for each local laboratory integrated teams of specialists of different disciplines (engineers, architects, restorers, technologists, surveyors, geologists, economists) were organized, involving teachers with PhD students, students and experts from the three faculties in Abruzzo . Each group was nevertheless open to collaboration with other Italian faculties, according to specific agreements established on the basis of the availability of each unit.

The experience of Abruzzo Interlab, guided by common methodological documents and shared timelines, developed in various manners and produced significantly different results depending on the different local contexts. The projects listed below, organized by the coordinators of the various laboratory units, reflect the variety of studies and insights achieved, and sometimes even the strong heterogeneity of the approaches which refer to different disciplinary skills that were responsible for coordinating the work of the laboratories.

The Laboratory of Poggio Picenze focused its attention on safety measures in buildings and on the definition of guidelines for the restoration and preservation of residential and productive buildings, even formulating post emergency design hypotheses.

The Laboratory of Barete dealt in particular with the study of historical buildings through investigations designed to reintroduce the forms and techniques of historical evidence, seen as the cornerstones that define the identity of the center and of the entire territory.

The Laboratory of Goriano Sicoli first investigated the fractures caused by the quake formulating an initial judgment on the possibilities of recovery. Later it explored some design proposals regarding the theme of urban regeneration: the eco-tourism, religious vocation, the rural scenario.

The Laboratory of Caporciano emphasized the systemic approach to the project and issues regarding the sustainability of interventions aimed at restoring and redeveloping the historic buildings basing them on the knowledge of their constructive particularities.

The Laboratory of Castelli worked on different levels giving rise to a complex and articulated interpretation of the local identity, using a three-dimensional model designed to incorporate a summary of the

ta dell'identità locale, servendosi anche di un modello tridimensionale pensato per trasporre sinteticamente le analisi compiute su una piattaforma interattiva on-line. Da segnalare anche le iniziative culturali organizzate dal Laboratorio nell'ambito del Festival Estivo 2009. Il Laboratorio di Rocca di Mezzo ha documentato lo stato del patrimonio danneggiato formulando prime ipotesi di reti di percorsi e nodi spaziali per la messa in sicurezza dei contesti urbani. Ha inoltre costruito un'ipotesi strategica entro cui formulare la riorganizzazione delle risorse dell'intera Piana delle Rocche.

Rileggendo a posteriori i risultati dei diversi Laboratori si desume che l'intenzione iniziale di individuare attività comuni e metodologie di intervento trasversali, è stata, almeno in parte sacrificata, a favore di un'articolazione più complessa delle tematiche e degli studi condotti, che sono derivati dalle esigenze specifiche espresse delle singole realtà locali. Un panorama meno omogeneo di quanto prospettato, forse, ma sicuramente più interessante, quello che deriva dai Laboratori che hanno avuto un minimo comun denominatore nella prefigurazione di scenari successivi alla fase di emergenza e nella definizione di strategie di sviluppo sostenibile nel rispetto delle identità locali e dei valori storico paesaggistici che contraddistinguono i territori del cratere aquilano.

* Hanno siglato l'accordo nel 22 maggio 2009: per la Regione, il Presidente della Giunta Regionale, Giovanni Chiodi e Paolo Gatti, assessore alle Politiche Attive del Lavoro, Formazione ed Istruzione, Politiche sociali; per le tre Facoltà di Architettura, Ingegneria e Geologia rispettivamente i presidi Alberto Clementi, Ugo Foscolo, Leandro D'Alessandro; per i Comuni i sindaci Leonardo Gattuso (Barete), Ivo Cassiani (Caporciano), Concezio Di Flavio (Castelli), Sandro Ciacchi (Goriano Sicoli), Nicola Menna (Poggio Picenze), Emilio Nusca (Rocca di Mezzo).

analysis carried out and put on an interactive on-line platform. Also noteworthy are the cultural events organized by the Laboratory as part of Summer Festival 2009.
The Laboratory of Rocca di Mezzo documented the state of the damaged heritage and delivered initial hypotheses of spatial networks of paths and nodes aiming at the safety of urban contexts. It also constructed a hypothesis which formulates the strategic reorganization of the resources of the entire Rocche plateau.
Rereading the results of the various laboratories it is evident that the original intention of identifying common activities and methods of transversal intervention was, at least in part, sacrificed in favor of a more complex articulation of the issues and studies, which derived from the expressed needs of the individual local realities. It is perhaps a less uniform panorama than the one foreseen, but what was produced by the laboratories is certainly more interesting, thanks to their common denominator in envisioning scenarios for the post-emergency phase and defining sustainable development strategies that respect the local identities and the historic landscape values that distinguish the land of the Aquila crater.

*The agreement was signed on May 22, 2009 by: for the Region, the President of the Regional Council, Giovanni Chiodi and Paolo Gatti, the Councillor for Active Labour, Training and Education Policies, Social Policies; for the three Faculties of Architecture, Engineering and Geology respectively the Deans Alberto Clementi, Ugo Foscolo, Leandro D'Alessandro; for the Municipal, Mayors Leonardo Gattuso (Barete), Ivo Cassiani (Caporciano) Concezio Di Flavio (Castelli), Sandro Ciacchi (Goriano Sicoli), Nichola Menna (Poggio Picenze), Emilio Nusca (Rocca di Mezzo)

BARETE*

Claudio Varagnoli

Posto nella valle dell'Alto Aterno, Barete è un comune a nord dell'Aquila, lungo la strada statale Picente, antico collegamento pedemontano con Amatrice. Chiuso fra il massiccio del Gran Sasso e i Monti della Laga, l'Alto Aterno, per il suo marcato carattere cantonale, è rimasto escluso dallo sviluppo turistico delle altre aree contermini; è caratterizzato da insediamenti sparsi di dimensione molto ridotta, raccolti in comuni incentrati su altrettante frazioni-capoluogo, fra i quali Pizzoli, Cagnano Amiterno, Capitignano, Campotosto, Montereale e appunto Barete, tutti compresi nella Comunità Montana Amiternina. Elementi di riconoscibilità, in un'area di confine che

risente molto degli influssi della vicina Sabina - ora Lazio, ma a lungo divisa tra l'Umbria e lo stesso Abruzzo - e delle Marche, sono la presenza dell'alto corso dell'Aterno, che ha la sua sorgente in una frazione del Comune di Montereale, e il bacino che ospita il lago artificiale di Campotosto, posto a più di 1300 m s.l.m. L'orografia quindi è impervia e condiziona fortemente le attività agro-pastorali e lo sviluppo degli insediamenti. Altro elemento di identità è dato dalla presenza dell'importante centro, prima sabino poi romano, di *Amiternum*, localizzato nel sito originario del colle di San Vittorino, ma in realtà articolata sul territorio in una configurazione che sembra

anticipare le modalità dell'insediamento postclassico.

La stretta dipendenza dalle condizioni orografiche e la mancanza di un vero centro di riferimento, rende necessario concepire la ricostruzione post-sisma 2009, e le relative indagini che ne costituiscono la premessa, come un'azione innanzitutto di salvaguardia dei caratteri storici e identitari dei diversi nuclei che compongono il sistema insediativo di Barete di per sé caratterizzati da un'edilizia "debole", ma strettamente legata all'organizzazione e allo sfruttamento agricolo del territorio. Si ritiene, infatti, che l'attuazione di un processo di ricostruzione dei centri terremotati debba necessariamente partire dalla difesa e dalla valorizzazione del patrimonio storico esistente, insieme alla tutela della qualità del paesaggio[1].

Un progetto che guardi al futuro di questo territorio è quindi attuabile solo radicandosi nella storia dei luoghi, delle architetture e dei paesaggi. La ricostruzione deve saldarsi a criteri conservativi, inquadrati in un'ottica di riduzione

del rischio sismico complessivo dell'intero sistema edilizio. Si tratterà quindi tentare di individuare gli elementi dotati di valore storico e testimoniale, intesi come capisaldi che definiscono l'identità del centro e dell'intero territorio, così come i valori ambientali e paesaggistici che sono da ritenersi prioritari in qualsiasi intervento di pianificazione.

Il territorio comunale di Barete occupa una fascia stretta e lunga, grosso modo rettangolare con direzione approssimativamente da nord-est a sud-ovest attraversata dall'alto corso dell'Aterno. Il Comune occupa pertanto i due versanti della valle e presenta un'altimetria molto variata. Il versante settentrionale, che appartiene alla catena del Gran Sasso, è dominato dal monte San Lorenzo, che supera i 1400 m slm, oltre il quale si apre l'altipiano di Aielli, chiuso dal Colle Grande. Il monte San Lorenzo, a sua volta, è delimitato da due ripidi valloni, quello di Grotta Scura, che ospita le due chiese della Madonna del Monte e della Madonna della Valle, e quello di Valle

114

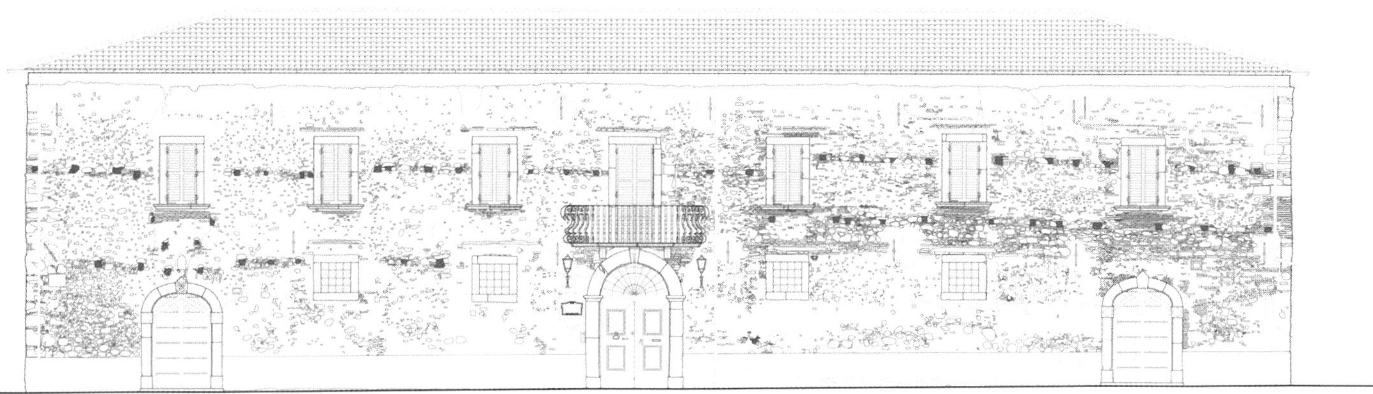

Donica. Oltrepassato l'Aterno, che scorre ad una quota di 700 metri, il versante meridionale presenta un profilo meno accidentato e raggiunge la quota 1000 metri slm. Tutto il territorio è ricco di sorgenti, soprattutto nel versante settentrionale.

Dal punto di vista amministrativo, il comune è costituito da Barete capoluogo - a sua volta formato dai nuclei storici di Piedi il Vicolo, San Vito e Senzano - insieme a sette frazioni: Tarignano, Marim-pietri, Sant'Eusanio nel versante settentrionale; Colli, Basanello, San Sabino, Teora in quello meridionale. Tutti i centri si distribuiscono su quote altimetriche che vanno dai 700 agli 800 metri slm: mentre quelli settentrionali si attestano lungo la Picente o a breve distanza da essa, gli altri si aggregano in un'area raggiunta da due strade provenienti rispettivamente da Barete capoluogo e da Pizzoli.

L'attuale consistenza edilizia è quanto resta di una lunga vicenda che ha origini probabilmente in un vicus aggregato ad Amiternum. Elemento di cogiunzione tra il mondo antico e l'organizzazione medievale è l'importante pieve di S. Paolo di Barete, fondata probabilmente poco dopo l'età costantiniana, ma ora in una configurazione risalente al X-XI secolo: la sua stratificazione edilizia, chiarita da recenti scavi, testimonia di una continuità di vita centrale per lo sviluppo di tutta la comunità[2].

Le prime notizie di *Lavaretum* risal-

Varagnoli - Fig.1, Barete, palazzo Cimoroni, rilievo del prospetto, originale in scala 1:50 (Laboratorio di restauro architettonico A, 2009-10, C. Assogna, L. Laganà).

gono tuttavia al X secolo: per la sua posizione, il centro ebbe una spiccata vocazione strategica, anche grazie al fortilizio eretto, probabilmente entro il XII secolo, sul monte Pagarone[3]. E' noto che Barete, o Lavarete, partecipò in prima linea alla fondazione dell'Aquila nel XIII secolo: tuttavia, la distruzione del castello sul Pagarone ad opera degli Aquilani, il coinvolgimento nelle lotte tra questi e Amatrice, nonché i rovinosi terremoti del 1349 e del 1461 dovettero spopolare il centro, che risulta abbandonato al 1508. Una ripresa, si ebbe con l'assunzione del feudo da parte dei Branconio, nel secondo Cinquecento, ma l'assetto urbano poté assestarsi solo dopo il terremoto del 1703, che fu particolarmente violento nell'Alto Aterno. Il buon livello della produzione agricola e della pastorizia facilitarono l'ascesa di alcune famiglie, capaci di dotarsi di residenze rappresentative nel corso del XVIII e del XIX secolo. L'economia locale ebbe nell'emigrazione temporanea a Roma di maestranze impiegate come muratori e operai edili un'importante fonte di cresci-

ta, almeno per tutto l'Ottocento[4]. Secondo l'ultimo censimento, gli abitanti sono 633, di cui effettivamente residenti tutto l'anno circa 250. Si evidenzia così anche per Barete la questione dello spopolamento dei comuni minori dell'area aquilana, di cui va tenuto conto nel definire gli obiettivi prioritari della ricostruzione.
Durante la ricerca, sono stati presi in considerazione gli strumenti di pianificazione vigenti, in primo luogo il PRG del 1978 e la successiva variante del 1999. Momento essenziale è stata la raccolta e l'analisi delle schede di danno di tutti gli edifici del Comune, successivamente elaborata su base cartografica. Da tali atti, rivisti e confrontati con le risultanze del particellato catastale, sono stati perimetrati ambiti omogenei per tipologie di danno e caratterizzazione storica e tipologica, ricadenti sostanzialmente nelle zone "A" del PRG del 1978. Gli otto nuclei urbani vanno quindi considerati come altrettanti piccoli centri storici, testimoni delle vicende del popolamento e del rapporto con il territorio. A questa

prima valutazione, ha fatto seguito il rilievo degli edifici di interesse storico. Fra le emergenze, rientrano le chiese di S. Paolo, di cui si è detto, S. Vito, S. Mauro e S. Sabino. Ad eccezione di S. Vito, si tratta di edifici ecclesiastici extraurbani e rurali, segnati in molti casi dall'uso di materiale di spoglio di età romana e da fasi costruttive complesse. E' questo il caso di S. Paolo, ma anche della chiesa medievale di San Mauro, come è evidente dalla tessitura muraria denudata a seguito di recenti interventi. S. Vito presenta una storia edilizia complessa e ancora non chiarita. Ad una fase apparentemente medievale, dichiarata del portale sostenuto da colonnine in rilievo ancora esistente, segue una profonda trasformazione dell'impianto originario, datata da alcuni al tardo Cinquecento, ma probabilmente a seguito del terremoto del 1703. Forse a seguito del sisma del 1951, la navata è oggi coperta da un solaio piano, impostato poco sopra l'ordine architettonico, a quanto sembra tagliando l'originaria terminazione, probabilmente per abbassare ed irrigidire l'edificio.

Per quanto riguarda l'edilizia civile, si segnalano alcuni case-torre a Piedi il Vicolo, insieme a case a rustico, destinate alle attività agricole e all'allevamento[5]. Di spicco i numerosi casi di edilizia palaziata, in genere risalente alla metà del XVIII secolo, come palazzo Cionni, palazzo Cimoroni, palazzo Santucci a Barete capoluogo e palazzo Cervelli a Tarignano, probabilmente originario della fine del XVI secolo. Si tratta di residenze di piccola aristocrazia locale, nate dalla rifusione di cellule preesistenti: alcune volte, come nel caso di palazzo Cionni, attorno ad una corte che serve i vari corpi edilizi; in altri casi, come in palazzo Cimoroni, l'imitazione dell'edilizia aquilana è leggibile nel chiaro impianto geometrico e nella cura della decorazione interna. L'altezza è generalmente contenuta entro due-tre livelli, con volumetrie improntate ad una severità formale che evita, nella maggior parte dei casi, decorazioni e ordini architettonici, per ammettere invece ambienti destinati alla produzione e alla conservazione di derrate. Va infine ricordato che nel

PROGETTARE DOPO IL TERREMOTO

territorio comunale sono registrati solo due edifici vincolati: palazzo Cervelli, già citato, e il mulino Riolitto, lungo l'Aterno, ancora attivo ed esemplare per la conservazione dei macchinari e per l'integrazione con il paesaggio.

Le indagini sul campo hanno messo in luce forme e tecniche che ripetono con poche varianti i modelli consolidati della tradizione locale. Gli edifici residenziali hanno impianto planimetrico mono o bicellulare, generalmente con due piani fuori terra e uno o più assi di aperture. I caratteri edilizi sembrano d'altra parte denunciare, la destinazione a ricoveri per animali o a deposito di prodotti agricoli. Si segnalano, ad esempio, le sequenze di fienili caratterizzati da ampie stalle o ricoveri a piano terra e vasti ambienti al secondo livello aperti da grandi vani rettangolari in facciata con una carrucola in asse; o la presenza di logge sporgenti in legno, usate per proseguire le attività produttive al coperto, detti "gafii" e diffusi anche nell'area teramana, particolarmente esposti, dato il materiale impiegato, a fenomeni di alterazione e sostituzione. Importanti nell'organizzazione del territorio, soprattutto sull'altopiano di Aielli, sono i muri di pietra a secco, le "mandre", usate per delimitare le proprietà a quote più basse o per perimetrare il ricovero degli animali. Ma muri di pietra legati da malta abbondante connotano la morfologia urbana di tutti i centri: sono state pertanto analizzate le tipologie murarie - che probabilmente reimpiegano anche materiale di spoglio - per fornire ulteriore motivi per la loro tutela.

Per quanto riguarda l'edilizia storica, le apparecchiature murarie più frequentemente riscontrate sono quelle in pietra appena sbozzata o in pietrame e laterizi, con posa in opera solitamente irregolare e tessitura della cortina molto variabile: i paramenti realizzati con questo apparecchio presentano spesso l'inserimento di zeppe o di tegole. Le volte, presenti soprattutto al primo livello dei fabbricati, presentano geometrie elementari (botte a sesto ribassato). Sono molto diffuse le volte in concrezione, talvolta irrigidite da archi estradossati in

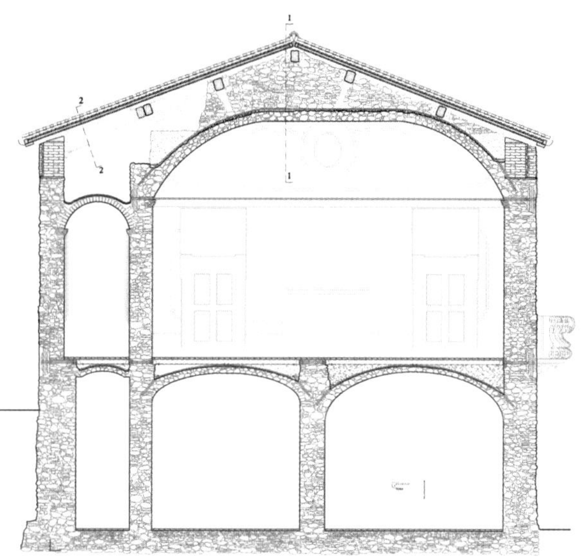

Varagnoli - Fig. 2, palazzo Cimoroni, progetto di restauro, sezione trasversale, originale in scala 1:50 (Laboratorio di restauro architettonico A, 2009-10, C. Assogna, L. Laganà).

laterizio; come in tutta la regione, sono presenti volte in foglio, a padiglione o a schifo, soprattutto negli interventi di restauro e trasformazione.

Nel complesso, il terremoto del 6 aprile 2009 ha provocato danni diffusi nel tessuto edilizio dei centri del versante settentrionale, con effetti molto minori nel versante opposto. I presidi antisismici tradizionali realizzati a seguito dei sismi pregressi hanno sicuramente contribuito a contenere i danni, ma la localizzazione dell'epicentro nei giorni successivi al 6 aprile 2009 nel territorio di Barete ha indotto sul patrimonio edilizio locale gravi sollecitazioni, che ne hanno comunque compromesso la stabilità, in alcuni casi portando gli edifici al collasso, in altri imponendone la demolizione, in altri ancora rendendo indispensabili gli interventi di consolidamento.

Per quanto riguarda gli edifici monumentali, la chiesa di San Vito presenta un quadro fessurativo poco rilevante. Notevoli, invece i danni subiti dalla pieve di San Paolo: in corrispondenza dell'ab-side si sono rilevati le lesioni più evidenti, probabilmente provocate dal distacco tra la parete di fondo e il nuovo piano di calpestio. Non si segnalano tuttavia crolli lungo le capriate della navata principale né lungo le pareti laterali; anche il campanile non presenta quadri fessurativi rilevanti.

Tra i palazzi di interesse storico-monumentale, si segnala palazzo Cimoroni, ubicato nella zona orientale del borgo capoluogo, sul quale è stato possibile effettuare una campagna di rilievi accurati, per verificare il quadro dei dissesti, preoccupanti soprattutto nella facciata principale, sottoposta a moto di rotazione. Il palazzo, parzialmente puntellato, presenta numerosi danni lungo le compagini murarie e in corrispondenza delle volte del piano nobile, rilevanti per le decorazioni. Altri edifici, come palazzo Cionni e palazzo Santucci, presentano un quadro diagnostico piuttosto complesso: nel primo caso, si è provveduto ad un tempestivo puntellamento ed è stato possibile effettuare dei sopralluoghi speditivi; nel secondo caso si sono avute maggiori difficoltà di accesso, dovute anche all'eccessivo frazionamento dell'immobile.

Diffusi invece i danni all'edilizia povera e ai fienili, molti dei quali realizzati con murature a ciottoli grossolanamente legati da malta incoerente. Le numerose lesioni riscontrate insistono tuttavia su edifici spesso abbandonati da tempo o addirittura ridotti a rudere. Un piccolo gruppo di fienili in rovina è stato demolito alcuni mesi dopo la scossa sismica per questioni di sicurezza pubblica. Questa prassi sembra destinata ad affermarsi anche in altri casi meno evidenti, fino a pregiudicare la stessa esistenza di alcuni brani urbani.

La stretta integrazione con il territorio e il valore del contesto paesaggistico non consentono, in un territorio come quello di Barete, la nascita di nuove espansioni, in un contesto di decrescita demografica e di abbandono. Fortunatamente, la realizzazione di Moduli Abitativi Provvisori si è limitata, grazie alle tempestive scelte dell'Amministrazione pubblica, a un circoscritto insediamento in un'area centrale prossima alla sede comunale.

Appare più produttiva, invece una strategia che saldi le esigenze della ricostruzione ad una pratica volta al recupero e alla riqualificazione del patrimonio esistente, attraverso interventi di riparazione, consolidamento e rinforzo strutturale. Si tratta in sostanza di seguire le strategie già poste in atto dopo il terremoto del 1703, in cui fu consolidato e "continuato" il patrimonio esistente, secondo modalità di accorpamento e unificazione[6]. In quel contesto furono usate in particolare catene lignee, secondo la tradizione, con capochiave metallici, ancora riconoscibili perché spesso ancorati a blocchetti di pietra squadrata, insieme a speroni e scarpate. Può essere utile ricordare che dopo il sisma della Marsica del 1915, molte delle catene metalliche usate nel consolidamento furono fabbricate proprio a Barete. E ancora dopo il terremoto del 1951, che colpì particolarmente l'Alto Aterno, la strategia seguita non fu quella di demolire o delocalizzare i centri abitati, ma continuare nella minuta opera di rinforzo attraverso catene

PROGETTARE DOPO IL TERREMOTO

riconoscibili dalla sezione circolare e dai capochiave a bullone. Come nell'intero contesto del "cratere" colpito dal sisma, anche nell'Alto Aterno, e in particolare a Barete, è inutile e dannoso, per la conservazione dell'armatura urbana esistente, costruire nuove centralità accanto a centri già abbandonati che non hanno possibilità di sviluppo demografico, ma che invece possono vivere nella loro realtà circoscritta in un contesto di intercomunalità, in cui puntare piuttosto sulla mobilità, soprattutto pubblica.

Le soluzioni studiate dal gruppo di lavoro, da perfezionare nella prosecuzione della ricerca, puntano quindi sul recupero di tipologie e sistemi costruttivi tradizionali, più che sulla ricerca di nuovi modelli insediativi. Appare quindi necessario raffinare le capacità di leggere le peculiarità delle tecniche tradizionali e delineare un abaco di interventi, che contempli il consolidamento e il restauro delle strutture danneggiate dal sisma, ma anche la revisione degli interventi incongrui causati dall'abusivismo ante

2009, con aggiunte di cordolature, solai e tetti in cemento armato che incrementano il rischio sismico oltre ad alterare la continuità storica dei luoghi. Una strategia di ampio respiro, quindi, da affidare più che al carattere prescrittivo di un piano, all'intelligenza e alla sensibilità di un ufficio comunale con funzionari appositamente preparati e orientati, capaci di aderire alle molteplici esigenze del costruito.

*** Gruppo di lavoro.**
Il lavoro che qui si presenta nasce dalla stretta collaborazione con l'Amministrazione Comunale di Barete, guidata dal Sindaco Leonardo Gattuso, che qui si ringrazia, insieme all'Assessore Filippo Di Giacomo, per avere agevolato le ricerche con grande disponibilità. La consulenza offerta al Comune si è svolta attraverso due tesi di laurea, di prossima discussione, di Rossana de Cinque e Lucia Della Croce, ed è stata finalizzata alle perimetrazioni delle aree destinate alla ricostruzione secondo le direttive della Struttura Tecnica di Missione. Alla prima fase, si è affiancata l'analisi e il rilievo di molti degli edifici storici del Comune, svolta grazie agli studenti del

Laboratorio di Restauro Architettonico "A" tenuto da chi scrive. Le ricerche che qui si espongono sono state coordinate da Clara Verazzo, con la partecipazione di Lucia Serafini, Fabio Armillotta, Marta Brancaleoni, Cristina Santacroce.

Note

1 Cfr. G. FONTANA (contributi testuali), *Ricostruzione e progetto* in "Noi Abruzzo. Periodico a cura del Commissario delegato per la Ricostruzione", I, n. 1, 23 marzo 2010, p. 17: "La mobilitazione del patrimonio del passato è uno strumento centrale al servizio di questa (...) strategia identitaria. La continuità patrimoniale assume un valore anche simbolico, con il quale la politica ribadisce che il progetto urbano, nella sua visione, è sempre lo strumento per federare le diversità che coesistono nel territorio, le diversità delle sue storie e dei gruppi sociali che lo vivono".
2 F. REDI, Domitilla, *Vittorino ed Equizio: aspetti e problemi della cristianizzazione in territorio aquilano dagli scavi di S.Paolo di Barete e di S.Basilio in L'Aquila*, in G. CANTINO WATAGHIN, V. FIOCCHI NICOLAI , G. VOLPE (a cura di), *Aspetti della cristianizzazione degli agglomerati secondari*, atti del IX Congresso Nazionale di Archeologia Cristiana (Agrigento 2004), Palermo 2007, pp. 895-914.
3 V. il fondamentale CLEMENTI A., *Appunti per una storia del Castello di Barete nell'Amiternino*, in "Bullettino della deputazione abruzzese di storia patria", XCIII-XCIV, 2003-2004, pp. 77-146.
4 BATTISTA V., *Barete le parole e la terra nell'Alto Aterno*, Montesilvano 2001.
5 Su tali tipologie, v. M. ORTOLANI, *La casa rurale negli Abruzzi*, Firenze 1961; G. BARBATO, A. DEL BUFALO, *L'Abruzzo e i Centri Storici della Provincia dell'Aquila*, L'Aquila 1978; V. PLACIDI, *Strutture urbane e tipologie architettoniche: i centri minori dell'Alta e Media valle dell'Aterno*, L'Aquila 1986.
6 C. VARAGNOLI, *Tecniche costruttive tradizionali e terremoto. Riflessioni per la ricostruzione in Abruzzo*, in "Ricerche di storia dell'arte", 99, 2009, pp. 64-75.

CAPORCIANO *

M. Cristina Forlani

1. I temi della ricostruzione emergenti dalle specificità e criticità del contesto

Il gruppo, coordinato da rappresentanti del settore tecnologico-tecnico dell'architettura (M.Cristina Forlani ICAR/12; Pierluigi De Berardinis ICAR/10), ha posto l'accento sull'approccio sistemico al progetto e sulle tematiche della sostenibilità degli interventi, modalità che già da sole presuppongono quella forte interdisciplinarità richiesta come base della formazione dei Laboratori Interlab.

La specificità del Comune di Caporciano, per il quale non sono stati registrati danni catastrofici rispetto al sisma, e della sua collocazione baricentrica nel territorio dell'Altopiano di Navelli, hanno indotto riflessioni che, necessariamente, si spingono oltre le questioni più strettamente connesse al terremoto, ma che da esso individuano gli spunti per superare l'intera crisi. Fig. 1

Fig. 1 Il territorio dell'altopiano di Navelli e il comune di Caporciano

PROGETTARE DOPO IL TERREMOTO

Il programma generale approvato nel protocollo è stato quindi rielaborato rispetto alle specificità del gruppo e del luogo. Si è lavorato per la messa a punto di obiettivi chiari, sulla base delle richieste dell'amministrazione, e sono state di seguito organizzate azioni-progetto esemplificative e valutabili nei risultati.

Una preliminare analisi conoscitiva del comune di Caporciano evidenzia in maniera inequivocabile uno spopolamento continuo, risalente all'inizio del secolo scorso e non arrestato nemmeno dal turismo che, negli ultimi anni, ha fatto registrare un aumento del reddito; in realtà, il modello culturale e socio-economico contemporaneo difficilmente può rintracciare modalità "strutturali" in grado di invertire la tendenza che spinge a concentrarsi nelle grandi conurbazioni.

Inoltre la situazione risulta difficile da arginare in quanto i sostegni economici dei fondi strutturali non trovano adeguati riscontri nelle dimensioni messe in campo; la necessità di operare una modificazione del sistema amministrativo appare una *conditio sine qua non* per qualunque operazione effettivamente in grado di produrre esiti strutturali, e non semplici palliativi in grado solo di ritardare il processo.

I temi emergenti per la ricostruzione cominciano a delinearsi, dunque, in un contesto ampio e pluridisciplinare, per i quali si dovranno mettere in campo tutte le competenze possibili alfine di individuare quali azioni potranno essere in grado di invertire la rotta del declino del comune di Caporciano (esemplificazione tipica dei territori montani rintracciabile in molte situazioni analoghe).

Il riferimento ad una scala vasta, ovvero alla pianificazione del territorio nell'ottica della sostenibilità, è la premessa per l'individuazione di interventi finalizzati a nuove ipotesi di sviluppo e all'inserimento dei progetti in ambiti di finanziamento innovativi (dalla fusione di più Comuni all'interno di un territorio omogeneo, Altopiano o Comunità Montana). Tab. 1/Fig. 2

2. Gli obiettivi del Laboratorio e la base conoscitiva

Gli obiettivi specifici del Laboratorio si configurano, dunque, intorno ad alcuni temi prioritari finalizzati allo sviluppo sostenibile del territorio in questione. In particolare, la proposta di base si fonda sulla possibilità di intervenire per recuperare e riqualificare muovendo dalla conoscenza delle specificità costruttive.

L'**apparecchiatura costruttiva** presente nel borgo rispecchia il sapere costruttivo locale, rivelando peculiarità già riscontrate nei piccoli centri storici minori limitrofi. La sintesi di tali caratteri si può osservare nell'abaco in Fig. 3. In sostanza si può affermare che per quanto riguarda le chiusure verticali portanti esse sono costituite principalmente da conci in pietra calcarea non squadrati, lasciati a vista o intonacati oppure murature dello stesso tipo caratterizzate dalla presenza di pochi elementi in laterizio o veri e propri ricorsi continui (soprattutto nelle costruzioni dei primi del novecento).

Per quanto riguarda le chiusure orizzontali esse sono principalmente di tipo voltato portante per gli orizzontamenti di base, in legno per le chiusure di copertura, alternate tra le due precedenti tipologie per quelle intermedie. Sono stati rilevati inoltre gli elementi tecnici di facciata, quali i caratteri che definiscono il coronamento, i decori ed i cantonali. Infine, sono stati notati alcuni dispositivi sismici quali archi di controspinta e sistemi di antiribaltamento a volta. Fig. 3

Lo **stato di conservazione** del borgo di Caporciano non risulta essere buono nel complesso, in quanto vi sono molte zone caratterizzate da condizioni di degrado diffuso, anche di tipo strutturale. Questi immobili degradati convivono al fianco di edifici ben conservati che nella maggior parte dei casi necessitano di soli interventi di manutenzione ordinaria. Questa condizione si è verificata probabilmente grazie al fatto che negli anni molti immobili sono stati abitati o comunque frequentati durante la stagione estiva da turisti e/o da coloro che risultano proprietari di case per vacanze

e non si sono verificati fenomeni di abbandono "di massa".

Quanto affermato esprime la sua validità per la zona di Capo le Case ma non risulta corretto per quella di Piedi la Terra. Tale brano di tessuto ha infatti gravi problemi dal punto di vista strutturale, con molti immobili ridotti in condizione di rudere, privi degli orizzontamenti ma anche molto spesso delle strutture verticali e ricoperti oramai dalla sola vegetazione. L'aggravante è che questa condizione di completo abbandono interessa un'ampia porzione di tessuto e quindi dovreb-

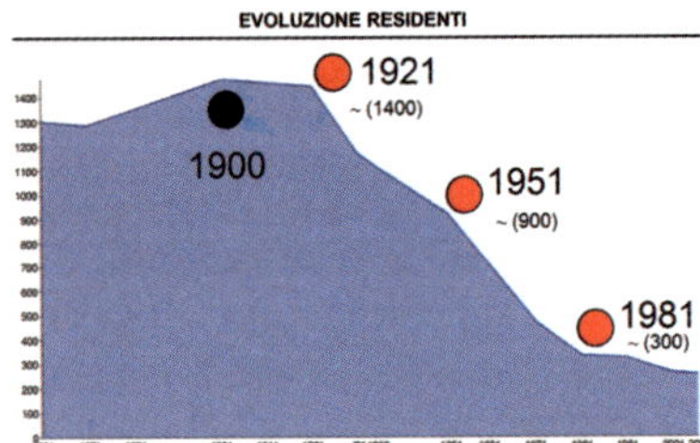

Fig. 2 Andamento demografico del comune di Caporciano dal 1900

be essere recuperata all'interno di un vero e proprio piano di recupero urbano. La situazione inoltre è stata peggiorata dal terremoto che il 06.04.2009 ha colpito la Provincia di L'Aquila causando il crollo di alcuni paramenti già fortemente compromessi. Fig. 4

L'elaborazione delle fasi progettuali non prescinde dall'**inquadramento bioclimatico** della zona in esame, che prevede un'attenta e dettagliata analisi delle caratteristiche microclimatiche locali nonché la loro catalogazione. Fig. 5/6

Il reperimento dei dati suddetti non è immediato: esso è effettuato attraverso enti locali che si occupano di monitoraggio meteorologico e che possono fornire risultati certi e scientifici. Il riferimento ad una stazione metereologica limitrofa, per quanto possibile, alla zona di interesse costituisce un ulteriore requisito al fine di ottenere risposte adeguate e il più possibile realistiche, dal momento che le analisi in campo bioclimatico tendono a fornire indicazioni di tipo qualitativo piuttosto che quantitativo.

Sulla base delle conoscenze pro-

dotte sono state avviate le prime riflessioni per promuovere un effettivo recupero fondato sulla ripopolazione del territorio in questione. TAB. 2

Per il patrimonio classificato nel **gruppo A**[1] potrà essere sviluppata un regolamento per la manutenzione ordinaria, tenendo conto della manualistica esistente da cui selezionare tipologie di intervento compatibili con quelle costruttive del patrimonio in esame (agli interventi previsti si potranno sempre abbinare ulteriori riqualificazioni per il miglioramento dell'efficienza energetica).

La riqualificazione del patrimonio classificato nel **gruppo B-C**[2], unitamente agli interventi di consolidamento, si potrà arricchire -nell'ottica di uno sviluppo sostenibile- di azioni per il miglioramento della performance energetica e ambientale.

Il patrimonio classificato nel **gruppo E-F**[3] dovrà essere oggetto o di un consolidamento più completo del precedente pacchetto, oppure di demolizione. Nel primo caso si consigliano i suggerimenti RELUIS (si

vedano le bozze del manuale prodotto ad agosto); nel secondo caso va predisposta una guida sia per la demolizione sia per il recupero delle macerie. Tali suggerimenti sono proposti anche con l'obiettivo di innescare possibili attività produttive connesse al riciclo dei materiali (non solo le macerie ma anche gli scarti di produzione agricola, quali la paglia) e alla gestione di risorse locali rigenerabili -quali il legno- (il problema potrà essere affrontato realmente solo per un territorio più ampio considerando, ad esempio, l'intero altopiano).

3. Le ipotesi e i progetti di qualificazione energetico ambientale per il patrimonio costruito

L'influenza del clima locale sulla progettazione e realizzazione dell'architettura è un concetto ben noto e ricorrente anche nei borghi storici. A Caporciano si ritrovano infatti molteplici espedienti applicati ai manufatti edilizi volti a minimizzare i consumi energetici e ad ottimizzare lo sfruttamento della bioclimatica locale, al fine di migliorare, per

PROGETTARE DOPO IL TERREMOTO

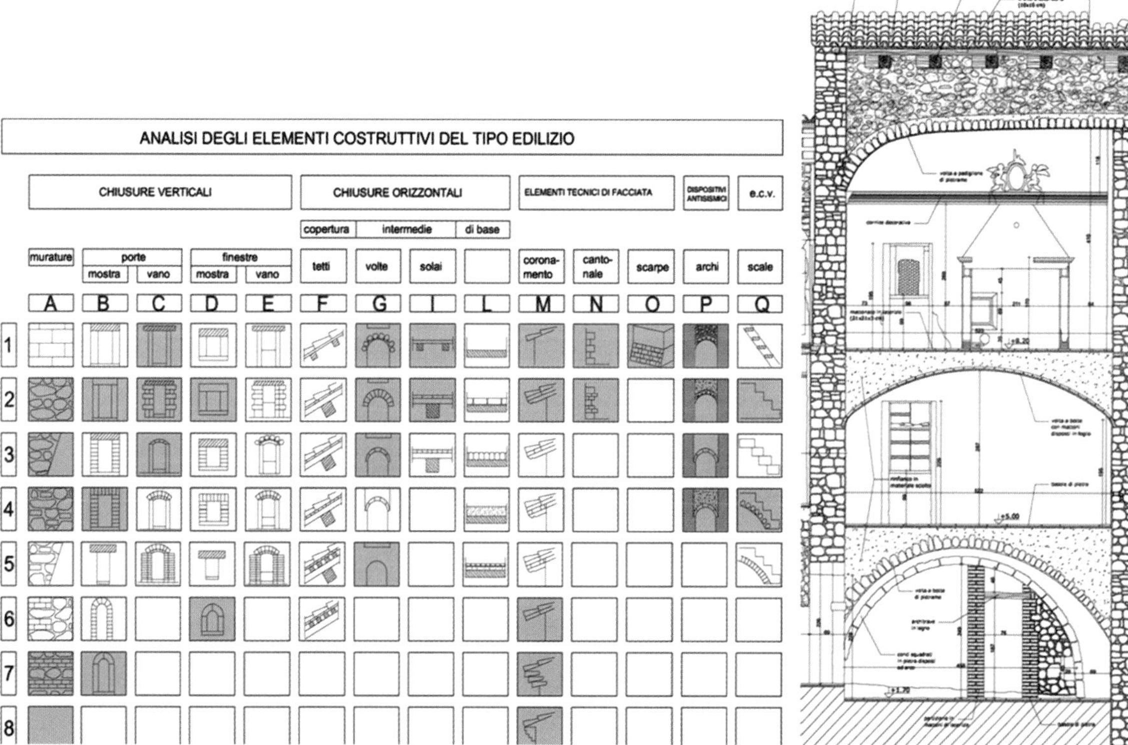

Fig. 3 Abaco degli elementi costruttivi - Stralcio di sezione

quanto possibile, le condizioni di comfort abitativo interno.
Nell'immagine (Fig. 5) vengono schematizzate le **relazioni tra il clima e l'ambiente costruito** ed in particolare si annoverano i seguenti accorgimenti:

- Assenza di aggetti al fine di ottenere il massimo livello di illuminazione naturale entrante;
- Aperture minime sui fronti al fine di diminuire le dispersioni termiche attraverso vetrature storiche e dunque non efficienti;
- Sfruttamento dell'inerzia termica del terreno attraverso la realizzazione di locali seminterrati e/o cunicoli finalizzati al mantenimento della temperatura interna sui livelli di comfort alla diminuzione degli sbalzi termici;
- Realizzazione di sottotetti "isolanti";
- Sopraelevazione dei piani abitabili, al fine di separare le zone maggiormente vissute dal ristagno di umidità;
- Tessuto compatto, al fine di minimizzare le superfici disperdenti.

Anche il sistema delle corti, delle piazze e delle vie di comunicazione interne risulta progettato secondo criteri di minimizzazione dei consumi energetici. In particolare si rileva che, quando possibile, gli ingressi delle abitazioni sono posti all'interno delle corti in modo che si possa sostare in un ambiente *interesterno* protetto dalle variazioni microclimatiche esterne; la stessa soluzione viene anche applicata alla realizzazione di "zone filtro" ugualmente adibite ad accesso alle abitazioni private e progettate con la finalità di isolare l'abitazione vera e propria dall'ambiente esterno, nonché di ottenere una zona di passaggio non esposta. Fig. 6

Le analisi sopra riportate sono necessarie per individuare le finalità del progetto, attraverso l'elaborazione dei **livelli di adeguamento dell'esistente e la messa a nudo delle criticità del sistema.** La prima fase, dunque, successiva alle analisi, concerne l'individuazione delle modalità di adeguamento del comfort abitativo attraverso la valutazione integrata di *n* sottosistemi; in questa sede se ne

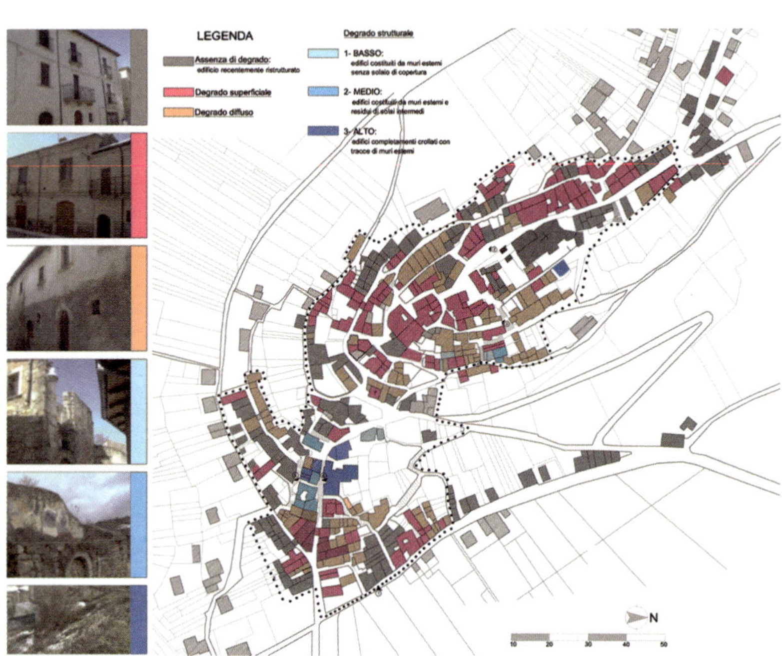

Fig. 4 Analisi del degrado del borgo di Caporciano

Classe "A" (classificazione protezione civile)	Classe "B/C" (classificazione protezione civile)	Classe "E/F" (classificazione protezione civile)
• N° 139 abitazioni • N° 67 occupate • N°64 occupate saltuariamente (n°10 al 30% - n°54 al 60%) • N°8 non occupate (n°2 abbandonate)	• N° 66 abitazioni (32B+34C) • N° 20 occupate (7 B+13 C) • N° 39 occupate saltuariamente (n° 8 al 30%-n° 31 al 60%) • N° 7 non occupate	• N° 81 abitazioni (67E+14F) • N° 21 (17E+4F) occupate • N° 37 occupate saltuariamente (n° 6 al 30%-n° 32 al 60%) • N° 23 non occupate (n°7 abbandonate)
riqualificazione energetica e dell'aspetto	*consolidamento e riqualificazione energetica e dell'aspetto*	*demolizione selettiva e rinnovo edilizio sostenibile*

valuteranno quattro ritenuti tra i più importanti nonché oggetto di specifiche cogenze normative, ossia quelli inerenti il benessere igrotermico, acustico, ottico-luminoso, sismico. Ciascun livello di analisi precedentemente descritto fa emergere diverse situazioni più o meno critiche in cui il borgo o parti di esso ricadono: l'analisi biofisica e bioclimatica conduce ad eviden-ziare le zone permanentemente in ombra o sottoposte a venti freddi, e dunque le porzioni di edifici a rischio di condensa o di gelività, così come restituisce informazioni sull'eccessivo abbagliamento o soleggiamento estivo per le aree scarsamente ombreggiate; dà inoltre importanti indicazioni sulle superfici captanti radiazione solare ed eventualmente trasformabili in attive. Le valutazioni sui livelli di adeguamento igrotermico, acustico, ottico-luminoso e sismico forniscono d'altro canto un quadro chiaro circa il rapporto tra l'edificio e i parametri richiesti dalla normativa in vigore, portando alla luce criticità puntuali intrinseche o modificabili di corpi edificati o spazi aperti. Ne deriva una **mappatura** in cui le **criticità** derivanti da tutte le analisi vengono sovrapposte e messe a sistema, evidenziando i punti deboli del borgo, che costituiranno il know how su cui fondare le basi dell'intervento di recupero. E' auspicabile differenziare la mappa delle criticità in regime estivo e regime invernale al fine di risolvere, nelle fasi successive, problemi di differente consistenza che gravano sul borgo.

Attraverso la suddetta **mappatura delle criticità**, in **matrice** con la **carta dei valori**, viene elaborata la **"carta della trasformabilità"** in cui sono definiti gli ambiti di intervento, individuate le variabili su cui si fonderà il progetto ed esposto il ventaglio delle strategie da intraprendere. E' importante ribadire come la carta della trasformabilità dia gran peso ai valori emersi nelle

TAB. 2 Analisi della consistenza edilizia post-sisma e strategie di intervento

1 al pacchetto connotato come "A" corrispondono gli edifici "agibili"
2 al pacchetto connotato come "B, C" corrispondono gli edifici "temporaneamente inagibili (tutto o in parte) ma agibili con provvedimenti di pronto intervento" e gli edifici "Parzialmente inagibili", che noi abbiamo considerato insieme
3 al pacchetto connotato come "E,F" corrispondono gli edifici "inagibili e inagibili per rischio esterno"

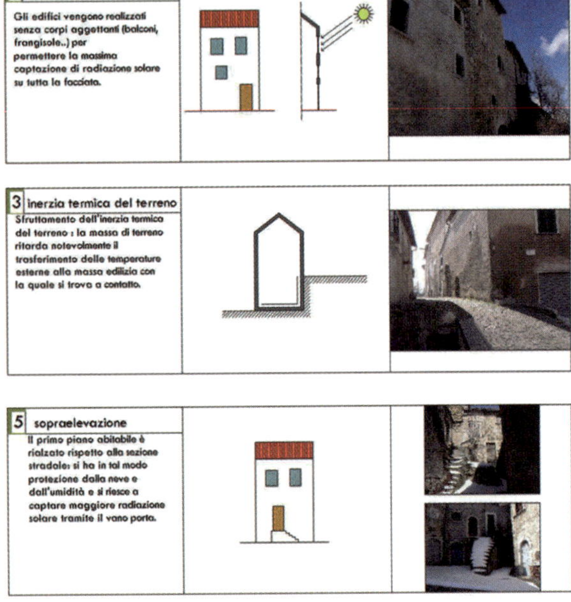

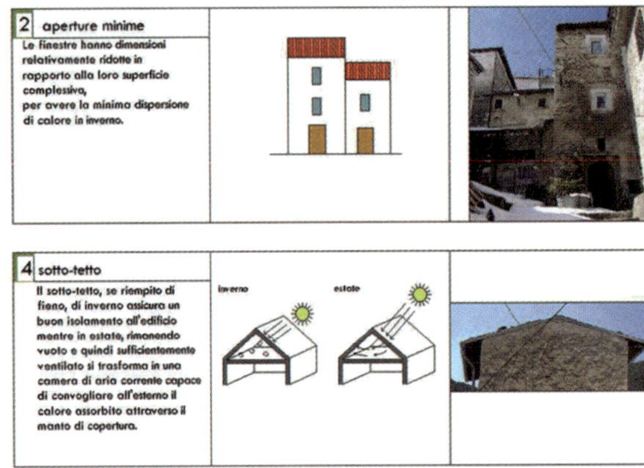

Fig. 5 Le relazioni tra
il clima e l'ambiente:
il livello edilizio

prime fasi di analisi, a salvaguardia di un patrimonio storico esistente unico e non riproducibile.

Dalle carte precedentemente descritte emergeranno dunque le strategie di intervento, correlate alle soluzioni tecniche conformi, ciascuna atta a garantire gli obiettivi prefissati. A ciò dovrà riferirsi il progettista, che sceglierà la soluzione a parer suo più opportuna in funzione non solo della risoluzione delle criticità e della garanzia di tutto quanto sopra esposto, ma anche delle valutazioni tecnico - economiche e dei costi/benefici del possibile intervento.

Il progetto di riqualificazione sostenibile si riferisce non solo al volume edificato storico ma anche agli spazi aperti, di risulta e di aggregazione del centro minore, interessati anch'essi dalla variabilità microclimatica locale e da differenti livelli di confort.

Le sperimentazioni progettuali elaborate sul borgo di Caporciano riguardano il controllo e lo sfruttamento della radiazione solare in termini di illuminamento naturale indoor e conversione dell'energia

radiante in elettrica e soluzioni di riqualificazione degli spazi aperti. Fig. 7/8

Nell'ambito della riqualificazione energetica è stata elaborata anche una ipotesi riguardante, nello specifico, un edificio pubblico (la sede del municipio) per il quale è stato configurato un metaprogetto dimostrativo. Fig. 9/10

4. Le strategie per l'edilizia sostenibile e lo sviluppo del territorio

La principale strategia per rilanciare l'economia prevede l'**introduzione di simbiosi industriali**, nel territorio di Caporciano e della Comunità Montana Campo Imperatore-Piana di Navelli, di cui fa parte. L'approccio è quello dell'**ecologia industriale**, un metodo che sta emergendo con forza come strategico per lo sviluppo sostenibile e che riguarda l'agire sistemico, integrato e globale tra tutte le componenti del sistema industriale e le loro relazioni con la biosfera.

L'ecologia industriale è un concetto di gestione delle risorse che imita

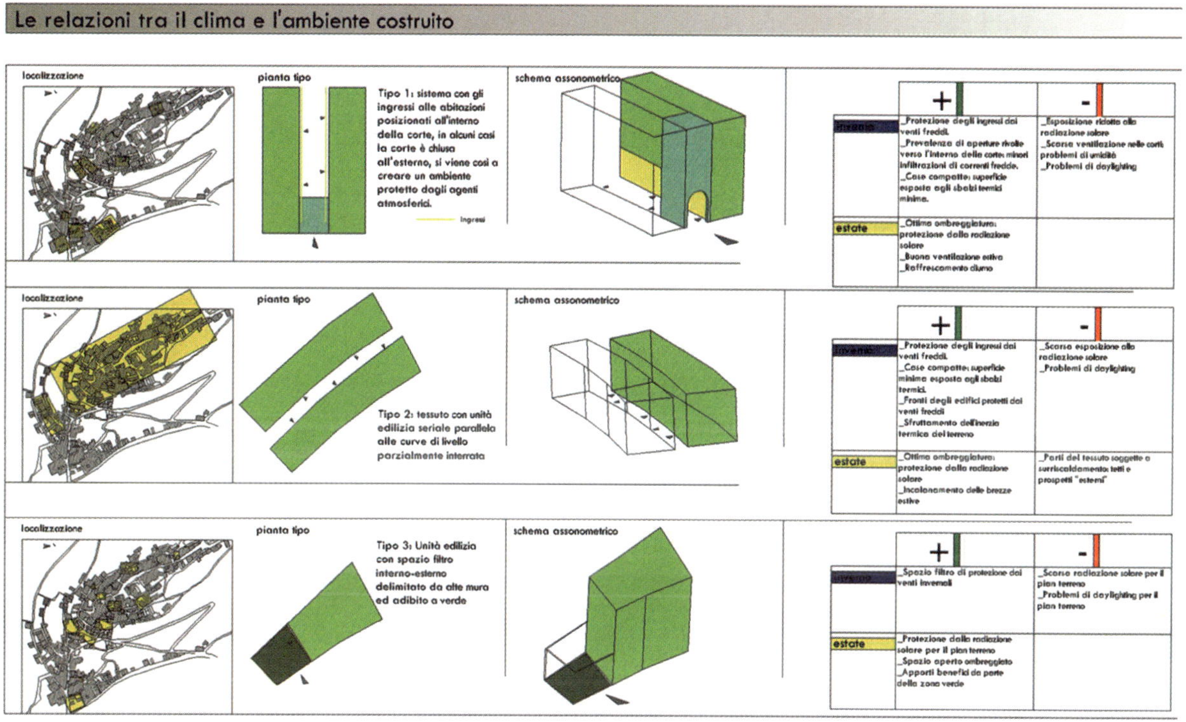

Le relazioni tra il clima e l'ambiente costruito

Tipo 1: sistema con gli ingressi alle abitazioni posizionati all'interno della corte, in alcuni casi la corte è chiusa all'esterno, si viene così a creare un ambiente protetto dagli agenti atmosferici.

— Ingressi

	+	−
inverno	_Protezione degli ingressi dai venti freddi. _Prevalenza di aperture rivolte verso l'interno della corte: minori infiltrazioni di correnti fredde. _Case compatte: superficie esposta agli sbalzi termici minima.	_Esposizione ridotta alla radiazione solare. _Scarsa ventilazione nelle corti: problemi di umidità. _Problemi di daylighting.
estate	_Ottima ombreggiatura: protezione dalla radiazione solare. _Buona ventilazione estiva. _Raffrescamento diurno.	

Tipo 2: tessuto con unità edilizia seriale parallela alle curve di livello parzialmente interrata

	+	−
inverno	_Protezione degli ingressi dai venti freddi. _Case compatte: superficie minima esposta agli sbalzi termici. _Fronti degli edifici protetti dai venti freddi. _Sfruttamento dell'inerzia termica del terreno.	_Scarsa esposizione alla radiazione solare. _Problemi di daylighting.
estate	_Ottima ombreggiatura: protezione dalla radiazione solare. _Incanalamento delle brezze estive.	_Parti del tessuto soggette a surriscaldamento: tetti e prospetti "esterni".

Tipo 3: Unità edilizia con spazio filtro interno-esterno delimitato da alte mura ed adibito a verde

	+	−
inverno	_Spazio filtro di protezione dai venti invernali.	_Scarsa radiazione solare per il pian terreno. _Problemi di daylighting per il pian terreno.
estate	_Protezione dalla radiazione solare per il pian terreno. _Spazio aperto ombreggiato. _Apporti benefici da parte della zona verde.	

Fig. 6 Le relazioni tra il clima e l'ambiente: il livello urbano

l'ecosistema naturale. In natura, i materiali sono riciclati tra i diversi organismi e l'energia viene incorporata nella materia della catena alimentare, avendo come unico input esterno al sistema l'energia solare, che opera attraverso la fotosintesi. Un ecosistema industriale è un network di attività diverse in cui gli attori utilizzano come riferimento il modello naturale di riciclaggio e di cooperazione dei materiali e dell'energia: gli scarti di un'attività sono riutilizzati come materia prima per un'alta attività per ridurre al minimo il materiale vergine impiegato e minimizzare i rifiuti, cercando di diminuire l'input e l'output di energia del sistema nel suo complesso.

Il passaggio è da un'economia di tipo lineare che consuma risorse prendendo materie prime dall'ambiente rilasciando rifiuti, a un'economia di tipo circolare, che rimette in circolo le sostanze che possono essere riutilizzate.

Il benessere generato da un'attività economica non può prescindere dalla riduzione degli impatti generati sull'ambiente e deve promuovere eco innovazioni di prodotto e allo stesso tempo introdurre tecnologie ambientali nei cicli di produzione. L'ecologia industriale studia le interazioni tra sistema industriale e sistema ecologico, attraverso la chiusura dei cicli (come bilanciamento di entrate e uscite con lo scambio e il reimpiego dei materiali di scarto nelle filiere produttive) e attraverso la simbiosi.

L'ipotesi di creare le condizioni per un'industria di prodotti per l'edilizia sostenibile è supportata dall'alta richiesta di prodotti edilizi che c'è oggi nel territorio a causa della ricostruzione post sisma, e dal basso impatto che avrebbero i cicli dei materiali messi in campo. Si tratta di utilizzare macchinari e risorse in parte già presenti, innovando la produzione e intervenendo sul ciclo di vita, mantenendo il sistema industriale low-tech che caratterizza il territorio.

La comunità montana è caratterizzata, a livello economico, dalle attività di coltivazione dei cereali nella zona della Piana di Navelli e dall'attività di allevamento delle pecore sul versante meridionale del Gran Sasso.

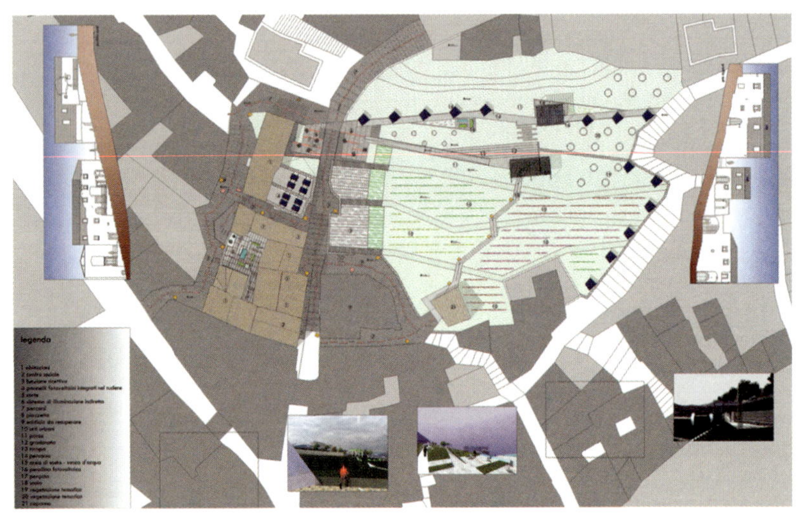

Fig. 7 Planimetria di progetto

Fig. 8 a/b Soluzioni tecnologiche di conversione dell'energia solare: pensiline fotovoltaiche

Il ciclo industriale ipotizzato per la zona è quello in figura, che è l'evoluzione del modello lineare attuale, caratterizzato da numerosi scarti di lavorazione e da un utilizzo dell'energia e dell'acqua poco efficiente. Si tratta di introdurre lavorazioni low-tech in quelle che sono le principali economie del territorio: l'allevamento e l'agricoltura. Fig. 11

Lo scarto della lana dalla tosatura di pecora può essere utilizzato come materia prima nella produzione di pannelli isolanti in lana, lo scarto del rifiuto zootecnico può invece diventare biogas per la produzione energetica, come ormai avviene sempre più spesso anche nel nord Italia.

La paglia che rimane dopo aver raccolto i cereali con la mietitrebbia, in balle quadrate, è stoccata per diventare materiale da costruzione: viene intelaiata con pannelli di legno e utilizzata come tamponatura, ma anche come muratura portante nella ricostruzione.

La risorsa legno, inutilizzata e causa di diseconomie ma presente in grandi quantità nei boschi limitrofi,

dovrà essere messa a gestione per produrre varie componenti per l'edilizia, in particolare in quelli che vengono definiti legni ingegnerizzati: legno lamellare per i telai dei pannelli in paglia e pannelli multistrato in legno massiccio. Il suo residuo sarà utilizzato come biomassa, creando un ciclo di valorizzazione del territorio e nuovi posti di lavoro improntati alla **green economy**. La gestione sostenibile del legno, inoltre permetterà di poter utilizzare il legno non solo per produrre calore ma elettricità mediante la cogenerazione, permettendo un uso a cascata dell'energia che ne evita gli sprechi aumentando l'efficienza.

L'introduzione di questi cluster territoriali potrà avvenire attraverso un attento studio di fattibilità qualitativa e quantitativa, e attraverso l'individuazione dei soggetti interessati nella catena produttiva.

Nel sistema di creazione di sinergie industriali anche i residui prodotti dai singoli comuni relativi ad acque grigie e rifiuti potranno essere messi a sistema, creando una *best practice* che potrebbe essere un volano per la regione e dare beneficio all'intera

comunità attraverso la riduzione dei rifiuti, la creazione di nuovi posti di lavoro, una migliore qualità della vita, e un futuro per un territorio montano interessato anche dal fenomeno dello spopolamento.

In tale sistema di cluster territoriale, sono ipotizzabili anche quelle attività che possono essere previste intorno al problema dello smaltimento delle macerie nell'ambito della produzione edilizia ecosostenibile.

All'indomani del sisma, si è cercato di delineare un'ipotesi di **gestione operativa delle macerie** che fosse finalizzata principalmente alla massima valorizzazione, in termini di **riciclo e riuso**, dei materiali componenti i detriti ed in particolar modo della frazione litoide che ne rappresenta la maggior componente. In particolare si è partiti dall'esperienza del terremoto umbro del 1997 e dalle linee guida della provincia di L'Aquila riguardanti gli "Adempimenti relativi alla raccolta e trasporto dei rifiuti derivanti dal crollo degli edifici pubblici e privati nonché quelli provenienti dalle attività di demolizione degli

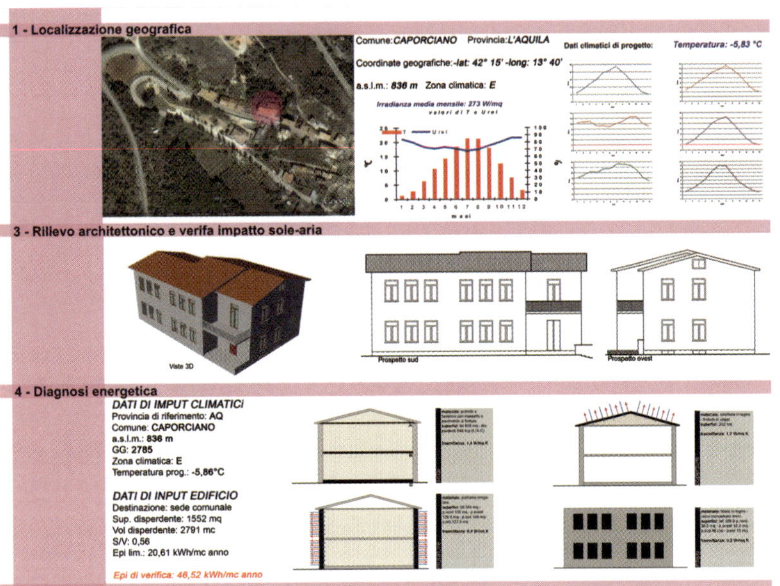

Fig. 9 Analisi e diagnosi energetica

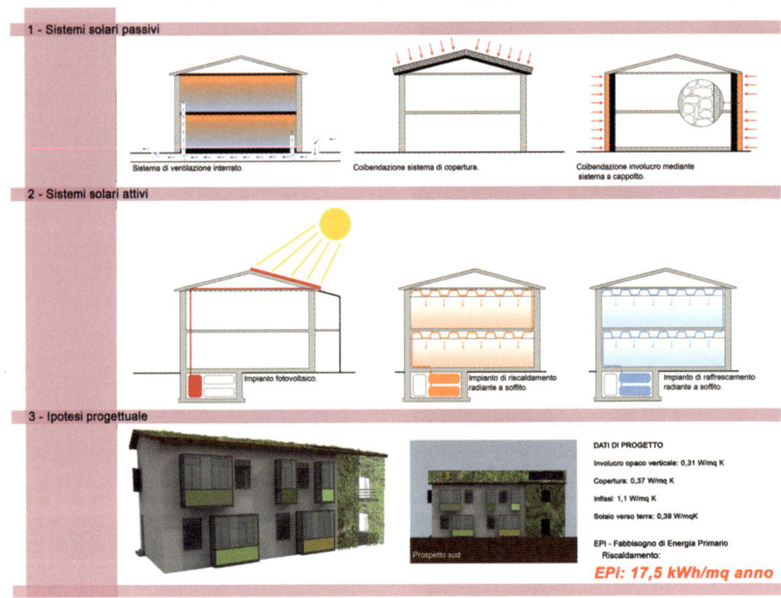

Fig. 10 Ipotesi di intervento: indicazioni progettuali

PROGETTARE DOPO IL TERREMOTO

edifici danneggiati dal sisma del 6 aprile 2009".

Gli *obiettivi operativi* della proposta di gestione sono stati orientati a dare risposte eco-compatibili al problema dello smaltimento delle macerie attraverso il contenimento e qualificazione dell'azione demolitoria; la cernita e il recupero degli elementi di pregio edilizio e di quelli riusabili presenti nelle macerie e negli edifici danneggiati dal sisma; la promozione del recupero e reimpiego degli inerti contenuti nelle macerie all'interno del settore valorizzandoli come **materie prime seconde** attraverso trattamenti di qualità con elevati standard di riciclaggio; la riduzione della produzione derivante da risorse rinnovabili a seguito dell'incentivazione all'utilizzo di materiali derivanti da attività di demolizione e costruzione; la garanzia del corretto smaltimento dei rifiuti e dei materiali residuali.

I *criteri operativi* sono stati orientati ad individuare un processo che, nel rispetto degli obiettivi, assicurasse la maggior valorizzazione delle macerie.

Sinteticamente la proposta di gestione può essere così riassunta:
1) Individuazione di aree operative per la gestione razionale ed economicamente più vantaggiosa dell'attività di demolizione, selezione, cernita e recupero delle macerie (per i piccoli comuni ad esempio: centro storico e zone limitrofe di moderna edificazione);
2) Analisi del patrimonio edilizio danneggiato da demolire, scelta della tecnica di demolizione appropriata, demolizione, selezione a piè d'opera (fase macro) delle macerie in cumuli dovute ai crolli e alle demolizioni:
selezione e suddivisione in frazioni merceologiche omogenee
cernita e recupero di elementi di pregio (affiancamento agli addetti alla rimozione di esperti che individuino e sottraggano al ciclo dei rifiuti i reperti di valore)
cernita e recupero di elementi riutilizzabili (pietre, coppi, travi di legno, ecc.)
3) I rifiuti pericolosi e quelli non pericolosi e non recuperabili in uscita dalla fase macro sono inviati presso impianti autorizzati di smaltimento finale secondo norme mentre le macerie preselezionate sono trasportate presso un apposito sito di deposito temporaneo, a servizio di tutti i comuni interessati dal sisma e strategicamente collocato, di grandezza pari a circa 5-7 ha.
4) Il sito è concepito come piattaforma tecnologica di cernita, selezione, trattamento e recupero di inerti attraverso l'installazione, su una porzione di area di circa 1 ha, di un impianto fisso di trattamento inerti ad elevato contenuto tecnologico e la suddivisione in aree funzionali opportunamente dimensionate ed attrezzate per lo stoccaggio dei materiali in entrata, dei materiali selezionati da avviare a smaltimento/recupero, dei materiali prodotti dall'impianto e pronti per l'uso.

L'impianto è in grado di effettuare la "ripulitura" delle macerie mediante la separazione delle frazioni ferrose e di quelle leggere (carta, plastica, legno, ecc...) a loro volta inviabili a recupero valorizzandone la frazione lapidea attraverso la produzione di materiali di diverse granulometrie, ognuna certificata e marchiata CE, in grado di soddisfare un ampio spettro di usi;
Nel sito, da realizzarsi con le modalità di cui all'art. 183, comma 1, lettera m) del D.Lgs.152/06 e s.m.i., dovranno essere distinte almeno le seguenti zone:
zone per il conferimento, deposito e cernita dei rifiuti in ingresso derivanti dal crollo degli edifici pubblici e privati nonché quelli provenienti dalle attività di demolizione degli edifici danneggiati dal sisma;
zone per lo stoccaggio dei rifiuti, individuati con gli specifici codici CER, provenienti dalle operazioni di cernita dei rifiuti di cui al precedente punto destinate ad operazioni di recupero/smaltimento attrezzata con cassoni scarrabili/contenitori di idonee caratteristiche tecniche;
zona di deposito dei rifiuti contenenti sostanze potenzialmente pericolose e dei rifiuti liquidi, anche non pericolosi, provenienti dalle operazioni di cernita dei rifiuti, protetta mediante idonea copertura fissa o mobile che consenta di tenere i rifiuti al riparo dagli agenti atmosferici e attrezzata con appositi contenitori;

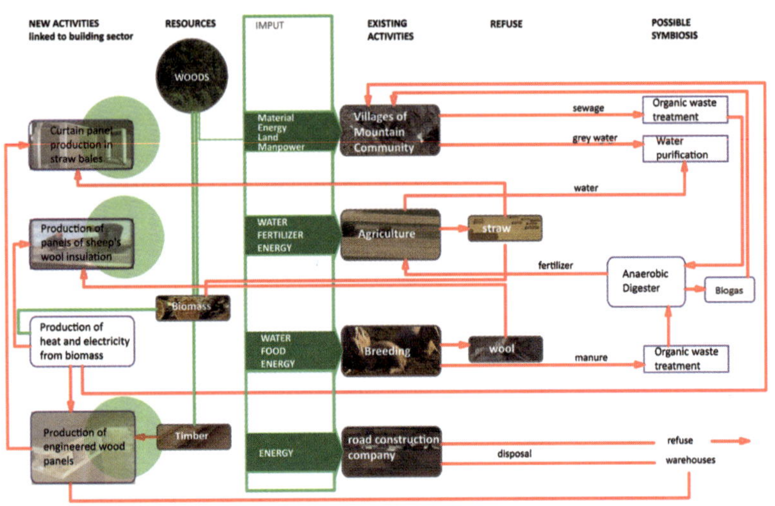

Fig. 11 Sistema di ecologia industriale nell'ambito del territorio di Navelli

zone per il deposito degli eventuali beni recuperati provenienti dalle operazioni di cernita dei rifiuti.

5) Presso il sito di deposito temporaneo sarà organizzata una ulteriore fase di selezione e cernita (fase micro) all'interno delle frazioni merceologiche provenienti dalla macroselezione con relativo conferimento all'impianto di trattamento delle macerie preselezionate ed invio dei rifiuti pericolosi e non pericolosi e non recuperabili presso impianti autorizzati di smaltimento finale secondo norme e dei rifiuti recuperabili, diversi dai C&D, ai rispettivi canali di riciclaggio.

6) I materiali inerti recuperati dalle macerie dovranno essere reimpiegati, obbligatoriamente almeno per un quantitativo pari al 50% del totale, per opere civili pubbliche e/o private compatibili e legate alla ricostruzione. Gli strumenti attraverso i quali favorire il reimpiego comprendono misure di defiscalizzazione e incentivazione dell'utilizzo di aggregato riciclato in edilizia, con direttive o leggi specifiche e, al contempo, misure per rendere sempre meno conveniente il materiale di cava; capitolati prestazionali; Inserimento delle voci di lavorazione e prodotti riciclati nei prezzari regionali; D.M. n. 203/2003 (es. invito ai comuni ad inserire nei R.E.C. l'obbligo di utilizzare almeno il 30% di materiali riciclati per nuovi edifici); Green Public Procurement.

5. innovazione, progetto e produzione

In riferimento ai casi di demolizione e ricostruzione, anche nell'ottica di attivazione di una filiera eco-industriale, è stato organizzato un progetto dimostrativo inerente una ri-costruzione eco-sostenibile. si tratta della ex scuola di Bominaco, un edificio utilizzato per scopi collettivi ed ora anche fulcro del nuovo insediamento per gli sfollati. La proposta di demolizione fa seguito ad alcune valutazioni sull'opportunità di effettuare lavori di consolidamento, adeguamento e riqualificazione di un edificio di scarso valore figurativo e costruttivo. Il "progetto" riguarda la proposta per la costituzione di un nuovo **cantiere di "demolizione selettiva"**

e una **produzione sostenibile di componenti,** per la ricostruzione in chiave di sostenibilità e sviluppo locale (sono state cioè "progettate" le filiere produttive per un sistema in PAGLIA-LEGNO e un sistema in GABBIONI DI PIETRE).
Si presenta un progetto dimostrativo che prevede la combinazione dei materiali individuati e la volontà di creare uno spazio flessibile in linea con i principi della bioclimatica: l'edificio si trasforma a seconda delle esigenze funzionali e climatiche in modo da ottimizzare il riscaldamento ed il raffrescamento passivo. L'edificio si compone di due blocchi distinti: un blocco di servizio a nord realizzato con la tecnica dei gabbioni metallici riempiti di elementi lapidei recuperati dai crolli del 6 aprile ed un blocco di locali pubblici a sud realizzato in pannelli di paglia alternati a pannelli di policarbonato.
Nel **periodo invernale** gli ambienti realizzati con la tecnica dei pannelli in balle di paglia sono alternati con serre bio-climatiche (struttura in alluminio e chiusura in policarbonato) esposte a sud.

Nel **periodo estivo** le serre, realizzate su binari, vengono fatte scorrere all'interno dei moduli in balle di paglia (che conservano le funzioni invernali) e creano cortili all'aperto. Nello stesso tempo l'apertura di porzioni del blocco di servizio a nord crea un costante raffrescamento passivo grazie alla ventilazione naturale.
Se nel processo metodologico proposto ci si è orientati, per la scelta dei materiali, verso quelli che presentano caratteristiche di reversibilità in senso biologico (cioè che, una volta smontati, rientrano nel ciclo naturale senza il bisogno di lavorazioni dispendiose), per la scelta dei sistemi costruttivi, ai fini della realizzazione di una costruzione sostenibile, assume un'importanza rilevante la reversibilità intesa come possibilità di disassemblare l'edificio. Un edificio montato a secco e disassemblabile può essere smontato una volta cessata la propria funzione ed i vari componenti possono essere riutilizzati, riciclati o, addirittura, dissolti nell'ambiente.
Per quanto riguarda l'unità tecnologica "chiusura verticale", si mette

a punto un sistema costruttivo che vede riutilizzate le macerie, provenienti dagli edifici crollati, posate in opera mediante la tecnica dei gabbioni metallici. Trattandosi di un trasferimento tecnologico (dall'ingegneria ambientale), l'elemento gabbione non potrebbe essere usato tal quale come chiusura verticale, poiché verrebbero a mancare requisiti prestazionali imprescindibili nel sistema edilizio. Al fine di soddisfare tali esigenze l'elemento necessita, quindi, di una serie di trasformazioni ed adattamenti che verranno proposti e valutati nel progetto dimostrativo.
In questa prima fase si sono individuati, a livello qualitativo, i requisiti mancanti (sulla base delle indicazioni fornite dalla norma UNI 82 90) per avere una visione completa delle carenze prestazionali dell'elemento gabbione. In base ai risultati ottenuti si sono fornite delle indicazioni meta-progettuali sotto forma di schema utili a sintetizzare gli strati funzionali mancanti qualora si volesse adattare questo tipo di elemento costruttivo a "chiusura verticale". Fig. 12

(*) Gruppo di lavoro:
coordinamento:
M. Cristina Forlani (facoltà di Architettura di Pescara)
P. De Berardinis (facoltà di Ingegneria de L'Aquila)
Competenze storiche:
Carlos A. Cacciavillani
Competenze tecnologico-energetiche:
Michele Lepore
Competenze urbanistiche:
Roberto Mascarucci
Competenze tecnologico-costruttive:
Donatella Radogna
Competenze strutturali:
Alberto Viscovich

Collaboratori
Facoltà di architettura di Pescara
Fabrizio Chella, Danilo Di Mascio, Raffaella Giannotti, Daniela Giuliani, Maria Mascarucci, Luciana Mastrolonardo, Claudio Mazzanti, Patrizia Milano, Mariarosa Rosa
Facoltà di Ingegneria de L'Aquila
M. Rotilio, A. Taballione

CASTELLI*

Livio Sacchi

Specificità del contesto e criticità

Castelli è un comune posto sul versante teramano del Gran Sasso. Inserito tra i Borghi più belli d'Italia, ha un'economia principalmente votata al turismo e alla produzione di ceramica artistica qui attiva fin dai primi del Cinquecento, come testimoniato dalla famosa chiesa di San Donato fortunatamente rimasta illesa a seguito del sisma del 6 aprile 2009. Al contrario, hanno riportato gravi danni il convento di San Francesco, sede dell'importante Museo delle Ceramiche, la chiesa parrocchiale, in cui sono crollate due volte della navata centrale, e l'adiacente municipio. Per quanto riguarda il patrimonio abitativo, la maggior parte delle abitazioni del centro storico, nonostante non abbia subito crolli, ha però riportato danni di vario tipo, più o meno gravi: ribaltamento semplice e composto delle pareti, ribaltamento dei cantonali, flessione verticale e orizzontale delle pareti. Le prime opere d'intervento immediatamente successive al sisma sono consistite nell'allontanamento dei residenti, ospitati inizialmente in un campo d'accoglienza costituito da tende, e nel puntellamento degli edifici danneggiati. Il sisma ha, inoltre, messo in evidenza le fragilità geomorfologiche che caratterizzano il suolo di Castelli: adiacente all'importante opera del muraglione che sostiene il belvedere caratterizzando l'aspetto dell'intero paese, si è verificato, infatti, un grave smottamento franoso. Dalle prima analisi, è parso subito evidente e necessario improntare un articolato progetto di recupero in grado di mettere in sicurezza l'esistente, successivamente di ricostruire gli episodi architettonici danneggiati e, soprattutto, di prevedere un programma di sviluppo economico in vista della valorizzazione delle peculiarità storico-artistiche del luogo.

Lettura e interpretazione dell'esistente

A partire dal luglio 2009, il gruppo di lavoro ha iniziato a operare sul campo a diversi livelli e a diverse scale d'intervento. Alla scala urbanistica (a cura di Matteo di Venosa) si è provveduto all'identificazione dei contesti (socio-economico, ambientale, territoriale, fisico-giuridico e post-sisma), alla ricostruzione delle azioni in programma attraverso lo studio e sovrapposizione dei vari piani e progetti prioritari (PTCP Provincia di Teramo, Studio di Fattibilità, Recupero e Valorizzazione dei Borghi, Piano Struttura delle Strade provinciali, Piano del Parco del Gran Sasso - Monti della Laga, Piano paesistico) fino ad arrivare alla redazione di una Mappa delle agibilità. Cambiando scala, è stato avviato un progetto di rilevamento integrato (a cura di Caterina Palestini) che parte dalla lettura analitica e dalla rappresentazione degli aspetti caratterizzanti del con-

testo ambientale e paesaggistico fino ad arrivare alla scala urbana e architettonica con un rilevamento finalizzato alla elaborazione di una base planimetrica e delle relative cortine edilizie significative (scale 1:500 - 1:200) e alla restituzione degli elementi architettonici caratterizzanti - portali, finestre, elementi decorativi - alle scale opportune. Parallelamente è stato approntato un modello tridimensionale su base DTM (a cura di Alessandro Luigini e Massimiliano Mazzetta), pensato per trasporre sinteticamente le analisi compiute per gestire le informazioni e navigare i contenuti tridimensionali su una piattaforma interattiva on line. Nell'ambito del restauro, è da sottolineare il seminario di studio (a cura di Stefano D'Avino) che si è tenuto dal 17 al 27 novembre e al quale hanno partecipato studenti provenienti dall'ateneo abruzzese "G. d'Annunzio", dall'Università di Roma "La Sapienza", dall'Università rumena di Cluj Napoca e dall'Università Fluminense di Rio de Janeiro. Lo studio condotto ha privilegiato i dati relativi alle emergenze monumentali e i caratteri storico-ambientali del borgo, attraverso l'analisi delle connessioni che legano l'architettura diffusa alle emergenze storico-architettoniche, in una dimensione d'insieme.

Progetti di sviluppo e ricostruzione

Partendo dalle potenzialità paesaggistiche, storico-architettoniche e culturali del contesto, il gruppo ha iniziato una serie di esplorazioni progettuali finalizzate non solo al recupero del patrimonio architettonico ma alla rivitalizzazione economica e culturale del contesto territoriale in cui il paese si inserisce. Appare importante, per esempio, la redazione di un Piano di tutela dell'Immagine dei tre centri del Comune di Castelli (a cura di Marcella Morlacchi) finalizzato alla salvaguardia, alla conservazione e al recupero, ove occorra, dell'immagine del centro storico, al fine di mantenere sia quegli elementi urbanistico-architettonici che costituiscono il patrimonio del nucleo originario, concorrendo alla definizione del centro cittadino, sia quei caratteri ambientali del territorio pedemontano e collinare. Altri progetti (a cura di Maurizio Unali e Giovanni Caffio) riguardano l'uso delle tecnologie digitali e telematiche come vettori di rinnovamento e sviluppo. In questo caso, la rappresentazione e valorizzazione dei beni avviene attraverso una interfaccia, fruibile in rete e supportata da un data base che raccoglie informazioni riguardanti i principali beni culturali di Castelli. A oggi, il caso di studio prescelto per la sperimentazione di questa interfaccia è la Chiesa di S. Donato. In un altro, il progetto di trasformazione in "borgo telematico" avviene attraverso l'inserimento, discreto e trasparente, delle più moderne tecnologie informatiche e di telecomunicazione all'interno delle strutture architettoniche e urbane originarie. Per finire, particolarmente interessante è l'iniziativa (coordinata da Pierluigi Sacco e Massimiliano Scuderi) dal titolo "Produrre sviluppo attraverso la cultura: una nuova strategia per la ricostruzione" che cerca di ripensare il territorio e rilanciarlo in un'ottica di sviluppo sostenibile, derivante dall'applicazione di nuove strategie e di politiche culturali innovative. Le diverse ricerche in corso d'opera sono, inoltre, rese visibili e condivise pubblicamente attraverso un sito web. Quest'ultimo (a cura di Giovanni Caffio) intende fornire a tutti i partecipanti al gruppo di lavoro uno spazio di incontro, creare un database condiviso, promuovere le attività del gruppo in relazione agli altri gruppi di Interlab e, infine, valorizzare le potenzialità turistiche, paesaggistiche, artistiche e storiche di Castelli.

www.rappresentazione.it/castelli/

01 Progetto di rilevamento integrato: dalle architetture del borgo al contesto ambientale.

a cura di Caterina Palestini con Carla Ramunno e Alessandro Basso

Il progetto di rilevamento è stato strutturato in un sistema operativo, organizzato con metodologie integrate, per analizzare i diversi aspetti definiti secondo le priorità stabilite dal laboratorio di ricerca. Il programma di lavoro, avviato nel giugno 2009, ha previsto l'organizzazione delle diverse fasi di rilevamento del borgo, dalla scala urbana a quella architettonica e paesaggistica. Nella prima fase "emergenziale" l'indagine ha focalizzato l'attenzione sugli edifici maggiormente colpiti dal movimento tellurico rilevati per conoscere, attraverso una prima, rapida rappresentazione tematica dello stato di fatto, le conseguenze indotte dal terremoto. Per alcune emergenze architettoniche come il Museo delle ceramiche con l'annessa Chiesa di Santa Maria degli Angeli, la Chiesa di San Giovanni Battista e altri episodi dell'edilizia minore, resi inagibili dal sisma, è stato previsto uno specifico programma di rilevamento e monitoraggio da effettuare attraverso apparecchiature fotogrammetriche. La fase successiva ha preso in considerazione la struttura urbanistica del borgo e le sue architetture, analizzandole per comprenderne l'evoluzione storica, le connotazioni tipologiche, morfologiche e costruttive. I manufatti edilizi localizzati nel centro storico, sono stati esaminati nei diversi rapporti di scala, dall'insieme al dettaglio, al fine di rendere l'immagine urbana e quella dei singoli elementi architettonici; questi ultimi, riuniti in un abaco, potranno fornire indicazioni utili per la predisposizione di un manuale di recupero. L'attenzione si è poi rivolta alla disamina del contesto ambientale e paesaggistico che definisce i tratti distintivi del luogo, delineati con differenti tecniche di rappresentazione ed esaminati sia con l'ausilio di modelli digitali, sia attraverso comparazioni storiche e confronti diretti, nella convinzione che l'ambiente naturale non possa essere disgiunto

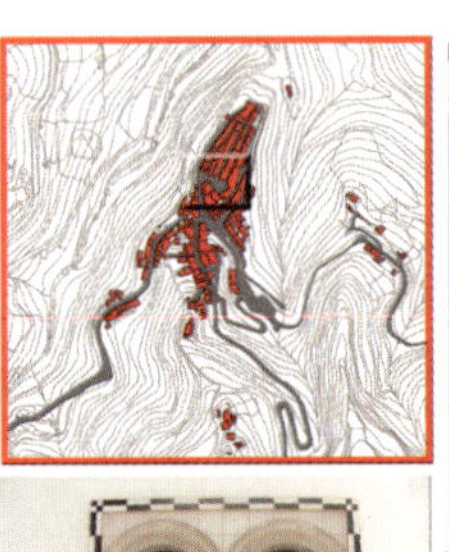

dal costruito, costituendone parte integrante attraverso i solchi dei calanchi da cui si estraeva l'argilla, negli estesi panorami e nelle alte montagne che ne marcano i fondali paesaggistici.

TAV. 1 Analisi percettive del borgo di Castelli nel contesto ambientale.

02 Piano di tutela dell'immagine del centro storico - Piano del colore e dell'arredo urbano

a cura di Marcella Morlacchi con Berta Miranda Taraschi, Marilena Caruso, Maria Morlacchi, Raffaele Lemme, Wakako Nakamura e Massimiliano Salimei.

Il Piano di Tutela dell'Immagine è finalizzato alla salvaguardia, alla conservazione e al recupero dell'immagine del centro storico della città di Castelli, al fine di mantenere sia quegli elementi urbanistico-architettonici che costituiscono il patrimonio del nucleo storico originario, sia quei caratteri ambientali del territorio pedemontano e collinare verso il Monte Camicia. Il Piano si realizza attraverso il Piano del Colore e il Piano dell'Arredo Urbano, tra loro strettamente correlati, e per entrambi il lavoro si è articolato in tre fasi: reperimento dati, elaborazione degli stessi, progetto. Tra i tanti parametri presi in considerazione per realizzare un corretto Piano del Colore di un centro storico risulta di particolare importanza quello relativo alla "geografia del colore", e ciò è ancor più vero nel caso di Castelli. Lo studio della geografia del colore infatti, che si applica alla conoscenza del variegato cromatismo dei materiali locali, dalla pietra naturale o artificiale dello specifico luogo, impiegati direttamente o simulati cromaticamente, deve essere sempre rivolto anche alle caratteristiche geografico-territoriali della zona su cui sorge il centro storico oggetto di studio, estendendosi all'analisi del clima, del soleggiamento, dell'orientamento e dei colori dominanti della natura circostante il costruito. In quest'ultimo, infatti, il colore degli intonaci varia notevolmente: il tono rosso mattone, per esempio, tende a virare sul colore aranciato quando il fondale su cui si appoggia il costruito è quello dell'estesissima gamma del verde delle colline.

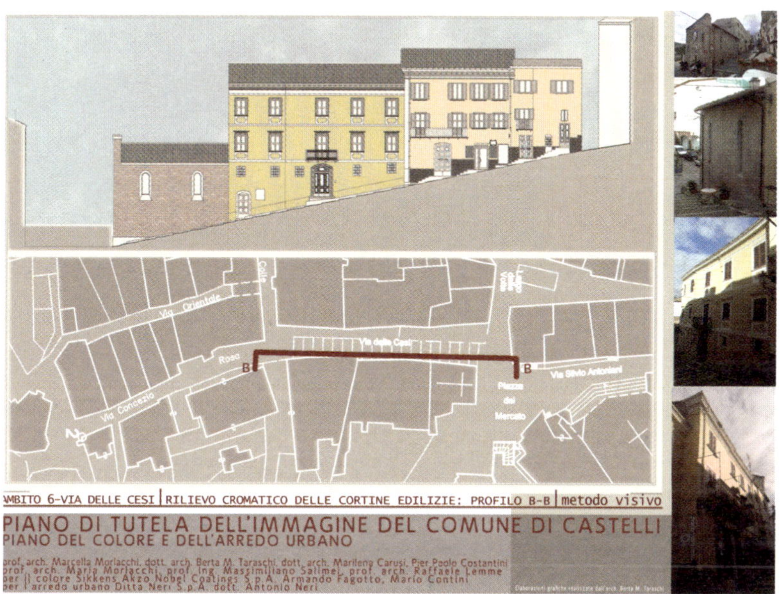

01_ Rilievo cromatico delle cortine edilizie: ambito 6, Via delle Cesi, profilo B-B, metodo visivo.

137

03 Uno sguardo ai caratteri del luogo

a cura di Pasquale Tunzi

È indiscutibile che la conoscenza di un luogo avviene direttamente, frequentandolo e percorrendolo, ma può essere acquisita anche in modo indiretto attraverso la sua rappresentazione, consultando, ad esempio, le mappe topografiche in cui, a varie scale e con specifici requisiti, è contenuta una serie di informazioni utili e certamente diverse da quelle che è possibile attingere sul campo. Le mappe, seppur in modo sintetico, convenzionale e iconico, consentono di rintracciare, nella serie di elementi caratterizzanti un dato luogo, le relazioni spaziali, e sovente di intuirne anche le qualità. Il primo documento iconografico nel quale troviamo raffigurato, seppur simbolicamente il nostro centro, occupa, insieme ad altre rappresentazioni geografiche, la sala della Galleria delle Carte in Vaticano. La veduta a volo d'uccello dell'"Aprutium" dipinta da Egnazio Danti nell'anno 1580, mostra un rigoglioso territorio verdeggiante, particolarmente montuoso nella nostra area, solcato da corsi d'acqua e ricco di centri abitati di modeste dimensioni. Su un monticello verde, a nord-est dell'Aquila, un piccolo nucleo edificato ne occupa la sommità, individuato dalla scritta "La Castella". Certamente in questa raffigurazione le distanze tra i centri urbani sono alterate e questi hanno, nella maggior parte, nomi differenti dagli attuali. Ma la vicinanza col monte Corno (a ovest), la presenza dei due corsi d'acqua che si congiungono in un unico ramo, e l'allineamento con la città di Penne (a est) ne identificano inequivocabilmente il sito.

01_Rappresentazione geografica dell'"Aprutium" dipinta da Egnazio Danti nell'anno 1580, sala della Galleria delle Carte in Vaticano.

PROGETTARE DOPO IL TERREMOTO

04 Il restauro in area sismica. Il caso del Museo della Ceramica di Castelli: dal workshop al progetto.

A cura di Stefano D'Avino

Scarse sono le notizie relative al convento francescano di Castelli; i soli riferimenti bibliografici rinvenuti rimandano a un modello tardo, non più controriformista, ma già protobarocco. A suffragare tale ipotesi è principalmente l'impianto della chiesa, intitolata a S. Maria di Costantinopoli, in cui sono presenti evidenti rimandi a una grammatica tendente a emanciparsi dai modi severi della prima architettura osservante. Il convento presenta un impianto distributivo regolare, raccolto intorno a un chiostro riccamente affrescato. La struttura è stata oggetto di un importante restauro nel 1926-27; ulteriori opere sono state condotte più di recente (1980) con lo scopo di adattare gli spazi a scuola d'arte e museo: interventi che hanno significati-vamente modificato l'equilibrio strutturale originario. Dopo l'evento sismico dell'aprile 2009 è stato condotto un workshop, cui hanno partecipato studenti provenienti da diversi atenei italiani ed esteri, finalizzato a individuare le carat-teristiche strutturali del manufatto, la sua configurazione geometrica e il quadro lesivo determinatosi. Le risultanze analitiche condotte han-no evidenziato importanti soluzioni di continuità nelle connessioni tra gli elementi resistenti verticali e tra pareti e orizzontamenti e il parziale scorrimento delle travi dei solai al piano superiore. Assai sensibile il disassamento registrato nelle pareti murarie di sud-est con la conse-guente attivazione di un'azione di ribaltamento dei piani verticali longitudinali; pure evidenti i feno-meni di schiacciamento che hanno interessato gli spigoli dei cantonali della facciata del complesso su questo lato, particolarmente nella porzione inferiore.

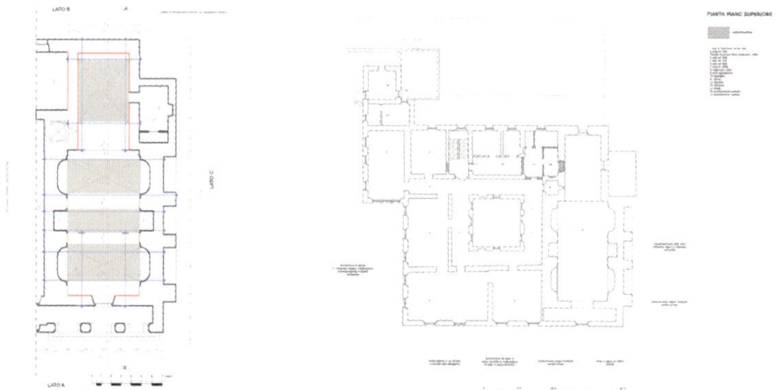

05 Criteri di intervento per il recupero del patrimonio storico e architettonico esistente

a cura di Matteo di Venosa con Roberta Di Ceglie, Claudia Fornaro, Natascia Potalivo

Sulla scorta della interpretazione critica del contesto di studio e di una valutazione delle principali condizioni di intervento, il gruppo di lavoro ha definito e condiviso con il laboratorio interdisciplinare alcuni criteri e linee guida per il recupero del patrimonio storico e architettonico (centro storico e borghi sparsi nel territorio circostante). Tali criteri fanno riferimento ad alcune parole-chiave che, come un manifesto di indirizzo, potranno supportare l'Amministrazione comunale nella fase di valutazione degli interventi ricadenti nel proprio ambito di competenza: letture, contesto, integrità, integrazione, strategie, salvaguardia, interventi, sicurezza e compatibilità ambientale, bio-compatibilità e uso dei materiali, innovazione e sostenibilità energetica, involucro e manutenibilità. I criteri, inoltre, potranno orientare la qualità dei progetti di recupero del patrimonio edilizio esistente in coerenza con le normative nazionali e regionali in materia. La loro lista va considerata necessariamente provvisoria e aperta. Adottando un procedimento riflessivo e induttivo, sarà possibile integrarla o modificarla raccogliendo contributi specialistici (strutture, geologia, sostenibilità energetica, impianti) e/o suggerimenti che emergeranno dalla sperimentazione operativa.

Fig. 1. Interpretazione della struttura territoriale di Castelli.

06 La rappresentazione tridimensionale del territorio

a cura di Alessandro Luigini e Massimiliano Mazzetta con Luigi Valentino Losciale, Alessia Maiolatesi e Giampietro Di Pietro.

L'approccio "digitale" con il complesso territorio del comune di Castelli parte dall'archiviazione di informazioni di tipo "analogico" acquisite con il rilievo sul territorio di alcuni elementi campione, a scala urbana e architettonica, per arrivare alla creazione del database tridimensionale. L'elemento architettonico (o territoriale) così misurato permette di "scalare" la notevole quantità di informazioni contenute all'interno della piattaforma tridimensionale di Google Earth, ad esempio, ottenendo un supporto efficace e plasmabile a seconda delle necessità dell'utente. In particolare, nella fase metaprogettuale, la possibilità di poter utilizzare in tempo reale questa piattaforma orografica tridimensionale georeferenziata, consente al gruppo di lavoro di confrontare le varie scelte progettuali, a soluzione dei problemi riscontrati nelle fasi di rilievo, e di renderle subito fruibili.

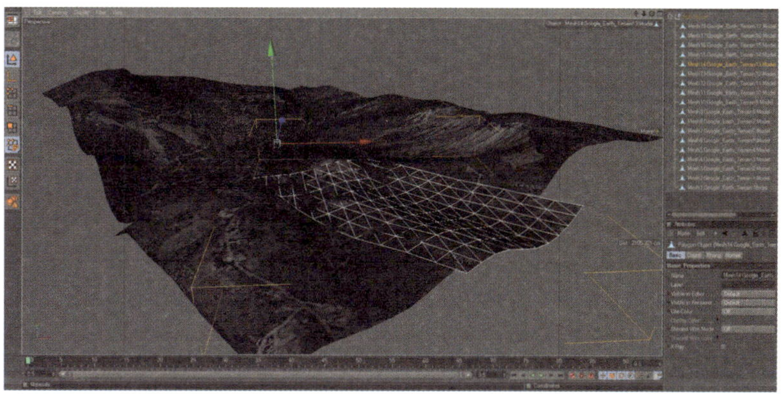

Immagini della costruzione del modello tridimensionale su base DTM con gli edifici del centro storico e i diversi nuclei abitativi del territorio comunale e sua visualizzazione sulla piattaforma multimediale Google Earth per la gestione delle informazioni e navigazione dei contenuti tridimensionali.

07 Il borgo telematico

a cura di Maurizio Unali e Giovanni Caffio

La ricerca vuole contribuire al recupero di Castelli attraverso un progetto eco-sostenibile di adeguamento telematico in grado di garantire un miglioramento della vita della comunità anche grazie all'utilizzo delle più moderne tecnologie informatiche e di telecomunicazione, il tutto nel rispetto della struttura architettonica e urbana originaria. Il programma di ricerca si è sviluppato secondo un percorso distinto in più fasi integrate: il rilievo dell'esistente; l'analisi delle principali esperienze italiane ed estere di recupero telematico e domotico di centri storici (di particolare importanza lo studio del progetto di Colletta di Castelbianco, opera di Giancarlo De Carlo); elaborazione di progetti campione (un'antenna wireless integrata in un parco, una serie di installazioni interattive all'interno del centro storico, un'ipotesi di implementazione domotica su una residenza tipo ecc.). In questo quadro di particolare interesse risulta anche la valorizzazione degli aspetti informativi legati alla natura e alle attività culturali ed economiche del territorio comunale messi in relazione al sistema globale delle reti anche in considerazione del progetto di una piattaforma web dedicata e di installazioni site specific ideate per innescare interazioni di intelligenza connettiva, ma anche ludica e informativa, tra abitanti e visitatori di Castelli.

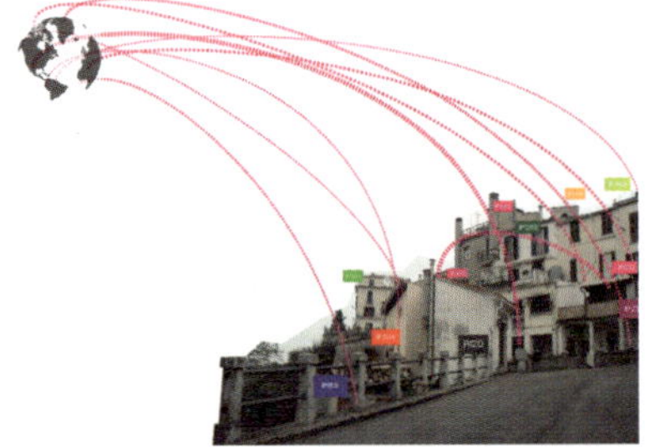

Tav. 1: il borgo telematico.

08 Produrre sviluppo attraverso la cultura.

a cura di Massimiliano Scuderi

Il progetto è finalizzato alla realizzazione di una strategia in cui il patrimonio identitario e culturale costituisca l'agente propulsivo in grado di innescare processi virtuosi trasversali. Già nell'agosto 2009 in occasione del II Festival della Storia dell'arte di Castelli, è stato organizzato un primo incontro, proponendo diversi casi studio internazionali riguardanti il rapporto cultura/territorio, ovvero come produrre sviluppo attraverso la conoscenza, mediante interventi d'arte pubblica, low-budget, in cui l'esiguità delle risorse sia compensata dalla capacità di coinvolgere le comunità locali. L'incontro, curato da Pierluigi Sacco e Massimiliano Scuderi, è nato dalla necessità di ripensare il territorio, dopo il tragico evento del 6 Aprile, per rilanciarlo in un'ottica di sviluppo sostenibile, attraverso l'applicazione di politiche culturali innovative. Per questo motivo, oltre ai curatori, sono stati invitati a riferire le loro esperienze l'artista greco Zafos Xagorari, organizzatore della 2° Biennale di Atene; Christer Gustafsson, direttore dei Musei Regionali dell'Halland in Svezia, e Livio Sacchi in qualità di coordinatore del gruppo di ricerca InterLab per Castelli. Dopo questa prima fase di riflessione e di presentazione pubblica, sono state avviate una serie di azioni per le imprese artigianali locali legate alla ceramica. Sono stati predisposti, in accordo con il Comune di Castelli e nell'ambito della ricerca InterLab, le seguenti iniziative: attivazione di laboratori d'arte condotti da tutor di fama internazionale in stretta collaborazione con la comunità e gli enti locali tra cui l'Istituto d'arte "F.A. Grue" o il Museo delle Ceramiche di Castelli; creazione di un nuovo consorzio degli artigiani che permetterà, inoltre, di attivare joint-ventures con le più importanti industrie nazionali e internazionali di design; una campagna di comunicazione finalizzata a rilanciare il territorio sui temi della qualità, dell'arte e del paesaggio, attraverso iniziative come il citato Festival della Storia dell'arte o XS, Festival dei piccoli comuni italiani.

(*) Gruppo di lavoro: Livio Sacchi (coordinamento)Stefano D'Avino, Matteo di Venosa, Marcella Morlacchi, Caterina Palestini, Pasquale Tunzi, Maurizio Unali Collaboratori: Alessandro Basso, Giovanni Caffio, Marilena Caruso, Pier Paolo Costantini, Barbara De Luca, Roberta Di Ceglie, Giampietro Di Pietro, Claudia Fornaro, Luigi Valentino Losciale, Alessandro Luigini, Dario Maddestra, Alessia Maiolatesi, Massimiliano Mazzetta, Natascia Potalivo, Roberto Potenza, Carla Ramunno, Massimiliano Scuderi, Berta Miranda Taraschi
Consulenza: Pierluigi Sacco, IUAV Venezia, ECO.
Questo progetto di ricerca, coordinato da G. Caffio e M. Unali, vede all'opera un gruppo di giovani ricercatori. Tra questi segnaliamo il lavoro di Dario Maddestra.

Locandina dell'incontro tenutosi il 10 agosto 2009 a Castelli dal titolo *Produrre sviluppo attraverso la cultura* e alcune immagini della serata.
Interlab Castelli

GORIANO SICOLI *

Carmen Andriani, Massimo Angrilli

L'immagine più nota di Goriano Sicoli ce la consegna Mauritius Cornelius Escher attraverso una litografia del 1929, "Veduta di Goriano Sicoli", realizzata durante il suo secondo soggiorno in Abruzzo. Nel disegno Goriano Sicoli appare solido come un cristallo, compenetrato nella quiete dei monti della catena del Sirente-Velino.
Escher coglie uno degli aspetti più caratterizzanti il paesaggio di questa parte dell'Abruzzo Appenninico, quello del patrimonio insediativo, rappresentato da centri e borghi storici di impianto medievale, in stretto rapporto con i massicci montuosi e con lo spazio naturale dei rilievi boscati.
Lo sfondo della litografia mostra l'imponenza dei rilievi montani, con cuspidi accentuate e poste simbolicamente accanto a quella del campanile di S. Maria Nova. Intorno alle mura siepi e filari alberati disegnano la trama agricola, quest'ultima rappresentata come uno spazio ordinato, rigato dalle colture e punteggiato da alberi. Il tessuto urbano di Goriano Sicoli si presenta come un nucleo compatto, sorto intorno al suo fulcro: l'antico castello, poi divenuto chiesa di S. Maria Nova. Lo sviluppo verticale degli edifici asseconda l'aspra morfologia del sito, con un andamento circolare lungo le curve di livello e con tracciati pedonali radiali, caratterizzati dalla presenza di scale e rampe.

All'epoca del disegno Goriano Sicoli contava circa 1500 abitanti, oggi (censimento del 2001) ne conta circa 600. Lo spopolamento e la modernizzazione hanno portato sensibili modifiche al quadro paesaggistico e se oggi Escher potesse ripetere il suo ritratto Goriano Sicoli apparirebbe diverso, soprattutto nello spazio di prossimità del centro, dove le espansioni recenti hanno preso il posto del tessuto agricolo. Ma anche il nucleo storico apparirebbe difforme, segnato dalle trasformazioni e dagli adattamenti che, nelle forme più diverse, hanno progressivamente alterato l'austero profilo disegnato da Escher.
Il sisma del 2009 contribuisce a sfigurare questa immagine, provocando danni sensibili soprattutto agli edifici ricompresi entro il perimetro del centro storico, caratterizzati da modeste capacità portanti delle compagini murarie e da un precario stato di manutenzione, condizioni talvolta aggravate da interventi di riparazione inappropriati, messi in opera a seguito del sisma del 1984. Le espansioni più recenti subiscono danni minori, tuttavia tra gli edifici pubblici si registrano crolli significativi, quali quello di un'intera parte della scuola elementare; nonché lesioni importanti, come quelli della caserma dei Carabinieri, dichiarata inagibile.
La catastrofe del 6 aprile 2009 è una linea di demarcazione netta

"Veduta di Goriano Sicoli". Litografia di Mauritius Cornelius Escher , 1929.

e drammatica nel tempo e nello spazio. Come evento di distruzione e di destabilizzazione di un territorio, si irradia per sussulti concentrici attorno al suo epicentro. Il senso di permanenza che ciascun segno antropico esprime viene definitivamente compromesso. L'effetto è tanto più traumatico quanto più forte è il senso di stabilità e di sicurezza che l'abitare questi luoghi ha significato.

La catastrofe è un incidente casuale, non prevedibile. Porre rimedio in fretta ad una condizione di emergenza ma allo stesso tempo agire in modo lungimirante, trasformare l'evento disastroso in una opportunità di cambiamento, restituire le onde distruttive del sisma in un movimento di ritorno, positivo, che chiami a raccolta in un quadro unico fortemente interrelato centri storici e paesaggi, tracciati, sistemi, economie, abitanti...: sono stati questi i ragionamenti tenuti sullo sfondo dal team di lavoro Interlab. Il gruppo, costituitosi all'indomani del sisma, ha dapprima condotto indagini sui dissesti subiti dagli edifici civili e religiosi. A seguito di una prima ricognizione, condotta il 23 giugno 2009, è stato possibile delineare un inquadramento dei principali danneggiamenti e delle tipologie strutturali più colpite dall'evento[1]. Sono state valutate inoltre le misure provvisionali messe in opera ed è stato possibile formulare un primo giudizio sulle possibilità di recupero, sia dal punto di vista strutturale sia da quello architettonico, delle costruzioni danneggiate.

Sono risultati dalle indagini sull'edilizia ordinaria evidenti quadri fessurativi caratterizzati da significative lesioni da "taglio" e/o "schiacciamento" delle murature, ovvero distacchi dei paramenti murari. Uno stato di dissesto da ricondurre spesso alla mancanza di elementi di collegamento, quali catene e cordoli, in grado di conferire all'involucro edilizio quel comportamento "a scatola", capace di assicurare un adeguato comportamento

---

1 L'indagine sul quadro dei danni è stata condotta per gli aspetti strutturali dal Prof. Gianfranco Dematteis e le note che seguono sono tratte dalla relazione.

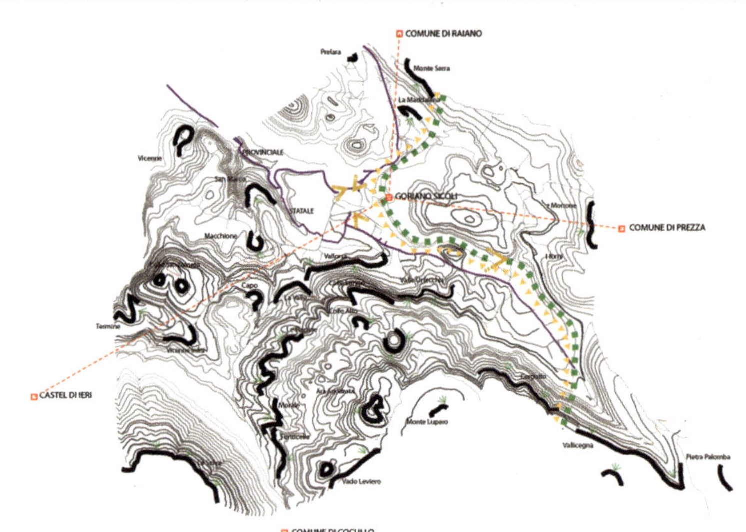

Analisi percettiva di Goriano Sicoli. (Laboratorio Integrato 4, A.A. 2009-10, S. D'Angelo, G. Di Felice, V. Trisi)

analisi dei riti, degli avvenimenti, della memoria

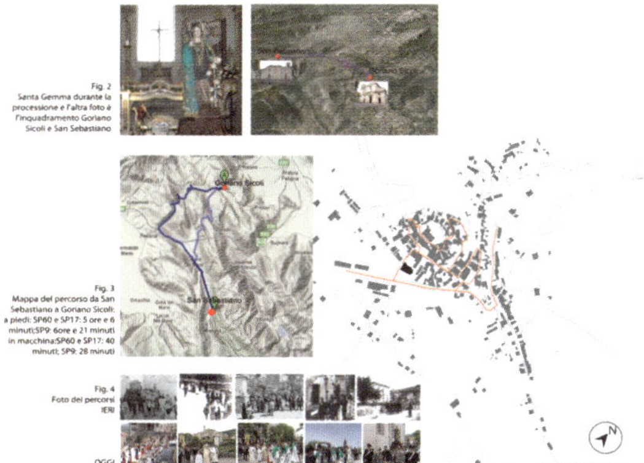

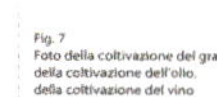
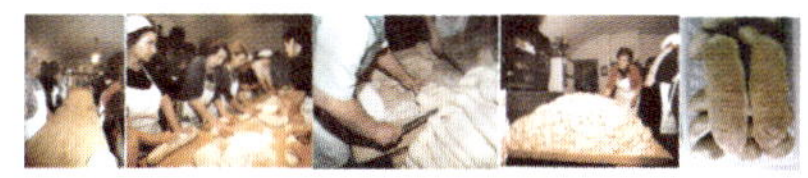

Didascalia:
Analisi delle risorse
sociali e simboliche.
Riti religiosi e
sociali. (Laboratorio Integrato 4, AA.
2009-10, G. Mase, V.
Mase, N. Mora)

globale sotto l'effetto delle azioni sismiche (meccanismi fuori-piano delle pareti). In alcuni casi è stato rilevato inoltre uno stato di danneggiamento di specifici elementi strutturali, quali volte ed archi, solitamente caratterizzati da una particolare vulnerabilità sismica ma che al contempo costituiscono sicuri elementi di valore architettonico degni di restauro.

L'indagine sull'edilizia di culto ha messo in luce il grave stato del patrimonio dell'architettura religiosa, costituito da tre chiese (S. Gemma, S. Maria Nova e San Francesco) colpite duramente e recuperabili solo a seguito di interventi strutturali ampi e diffusi. La chiesa di Santa Gemma è quella più colpita dal sisma del 2009, nonostante gli interventi di miglioramento strutturale operati a seguito del terremoto del 1984, assolutamente inefficaci a mettere in sicurezza l'edificio. Le volte e la cupola, gli archi e le pareti appartenenti alla zona d'abside sono significativamente danneggiati, e presentano numerosi distacchi e lesioni, di notevole entità, aggravati poi dalle scosse di replica, soprattutto per la facciata. Il gruppo Interlab ha immediatamente esclusa l'ipotesi di demolizione per la chiesa di S. Gemma, sebbene il valore intrinseco storico-architettonico dell'edificio sia modesto, soprattutto a causa delle trasformazioni otto-novecentesche, visti l'interesse documentario e soprattutto il significato simbolico che il culto della Santa ha per la comunità (non soltanto quella di Goriano). Il restauro[3] dovrà dunque affrontare in primo luogo il recupero statico, giungendo sino alla ricostruzione per intero delle strutture portanti, e di pari passo dovrà considerare la questione decorativa, costituita da stucchi, finti marmi

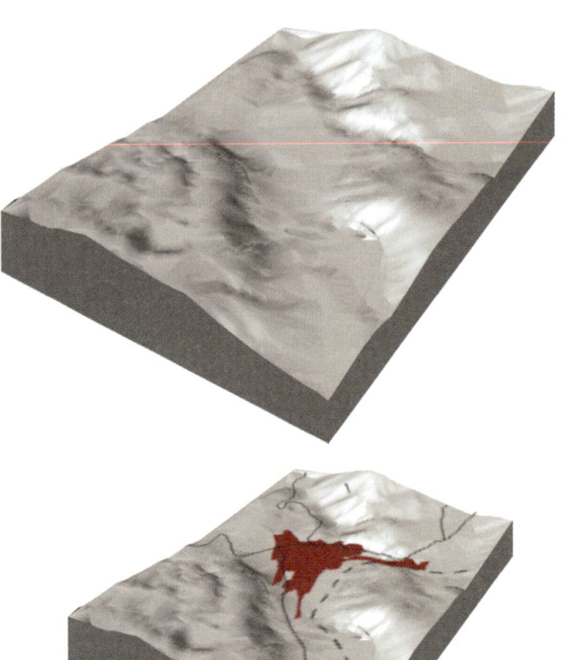

Modelli tridimensionali della morfologia territoriale di Goriano Sicoli. (Laboratorio Integrato 4, AA 2009-10, G. Lelli, M. Lucariello, I. Iezzi)

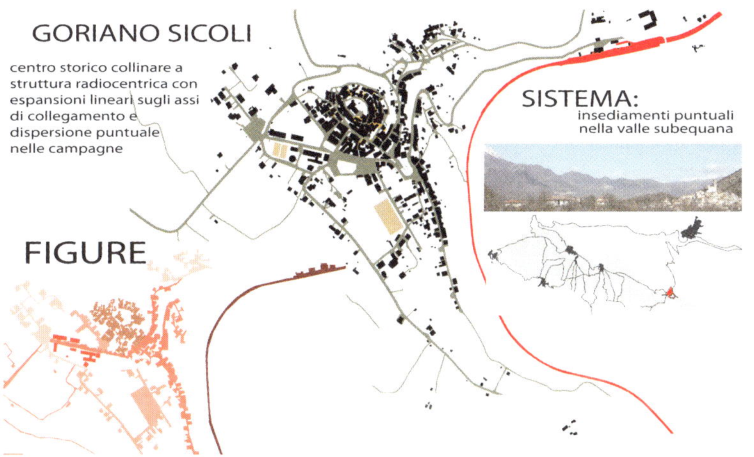

Assetto infrastrutturale e morfologie insediative di Goriano Sicoli. (Laboratorio Integrato 4, AA. 2009-10, L. Buracchio, M. del Giudice, V. Castellani)

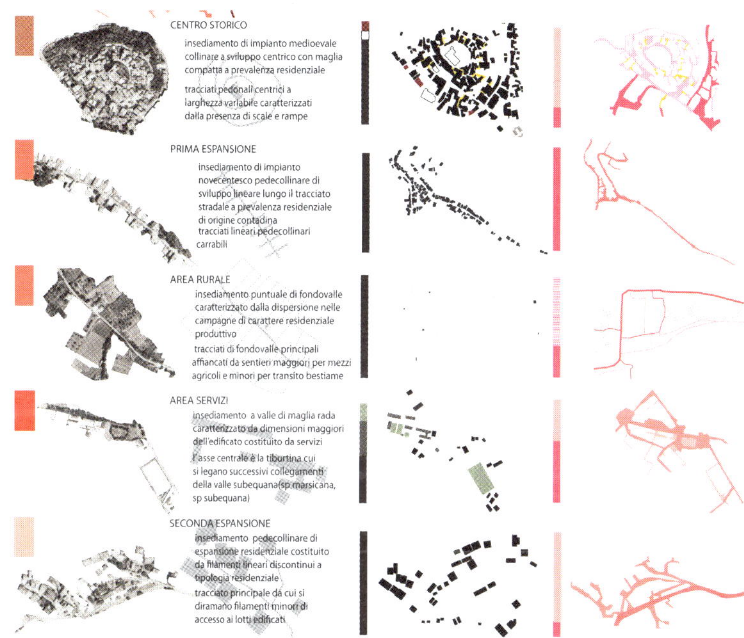

e rilievi di qualità generalmente modesta. Più interessante, dal punto di vista storico-architettonico, è il caso di S. Maria Nova, un edificio tardo-medievale su pilastri circolari in pietra da taglio di ottima fattura, rivestito di stucchi nel Settecento, che presenta interessanti soluzioni architettoniche e decorative. Anche in questo caso i danni sono rilevanti, soprattutto alle volte settecentesche in mattoni, che mostrano lesioni gravissime e sono ormai prossime al collasso. Anche nel caso di S. Maria Nova il restauro dovrebbe porsi l'obiettivo della conservazione della stratificazione esistente, accettando la ricostruzione delle volte con materiali e sistemi costruttivi tradizionali, mentre per la decorazione barocca, che è di buona qualità, si pone il problema dell'efficacia, vista l'entità dei danni, di un ipotetico recupero. Prima dell'avvio dell'Interlab, nel corso del workshop estivo presso l'Università IUAV di Venezia, un gruppo di studenti (coordinatore Carmen Andriani) aveva già affrontato il tema della ricostruzione a Goriano Sicoli. La partecipazione

al tradizionale workshop di fine anno accademico dello IUAV è stata infatti l'occasione per mettere in atto il programma di obiettivi di ricerca applicata e sperimentale che la rete intersede RITSS (Rete Interfacoltà Terremoti e Sviluppo Sostenibile) aveva posto con urgenza, sperimentando tecniche e tipologie insediative utili a far fronte a situazioni di emergenza. Ma il workshop veneziano è stato anche un'occasione per sperimentare tecniche e tipologie insediative necessarie a far fronte ad eventi di questo tipo; per sviluppare conoscenza e sperimentazione in altre situazioni di emergenza, purtroppo sempre più diffuse, (rischi sismici ed idrogeologici, situazioni di conflitto, centri di prima accoglienza di flussi migratori, ecc) nel contesto mediterraneo. I risultati del workshop di Venezia, hanno indicato campi di indagine e possibili vie di soluzione ai problemi, recepiti dal gruppo Interlab.
In seguito, ancora in piena fase emergenziale, il gruppo Interlab ha monitorato le operazioni di individuazione e di allestimento degli

alloggi temporanei, prendendo in esame l'ipotesi formulata dal comune per condividerne l'impostazione. L'Amministrazione Comunale ha proposto, per l'inserimento dei moduli abitativi temporanei (14 moduli di superficie variabile tra i 45 ed i 70 mq), un'area privata, collocata in prossimità della viabilità provinciale di attraversamento del paese e già oggetto di un accordo di programma. Si è ritenuto quindi di poter destinare tale area all'insediamento temporaneo, per poi commutarla, a emergenza cessata, alla destinazione prevista dall'accordo di programma, quella turistico-ricettiva. Dal punto di vista urbanistico l'area prescelta presentava caratteristiche idonee all'utilizzo post-sisma, non richiedendo opere stradali che ne assicurassero l'accessibilità, e potendosi urbanizzare con opere di limitata entità. La scelta non si poneva inoltre in contrasto con le indicazioni che il coordinamento Interlab aveva redatto per la fase di accompagnamento del processo di ricostruzione (Indirizzi per la ricostruzione. Un decalogo di riferimento), in partico-

lare con il primo punto, relativo alla necessità di gestire razionalmente l'emergenza, evitando, nel reperimento delle aree per le residenze temporanee, il consumo di suolo non giustificato.
Superata questa fase il laboratorio si è concentrato su attività di rilievo architettonico di dettaglio e di progettazione del restauro degli edifici del centro storico, condotte dal Prof. Claudio Varagnoli nell'ambito del laboratorio di restauro del IV anno; su attività di progettazione strutturale, in particolare per il consolidamento della chiesa di S. Gemma, condotte nell'ambito del corso del Prof. Gianfranco De Matteis (vedi in questo libro la sezione "Materiali didattici"); e su attività di analisi e di progettazione urbanistica ed architettonica condotte dai Proff. Carmen Andriani e Massimo Angrilli nel corso del Laboratorio Integrato del IV anno.
Quest'ultimo ha esplorato il territorio di Goriano, ampliando la visione fuori dai confini comunali, estendola alla Valle Subequana, alla Comunità Montana Sirentina ed al Parco Regionale del Siren-

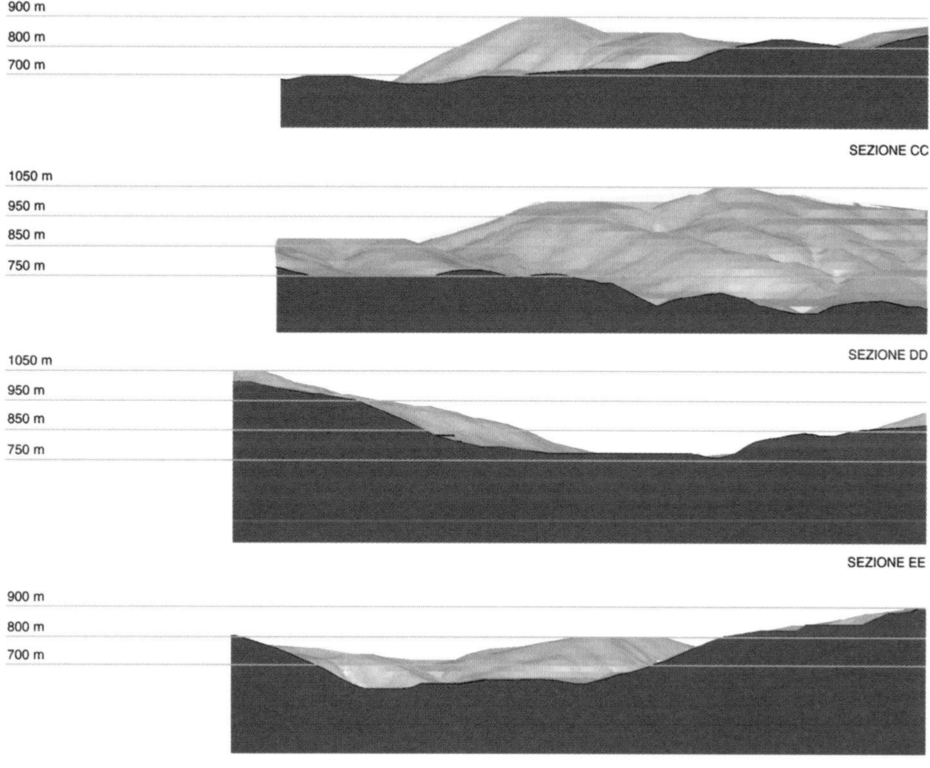

Sezioni territoriali-morfologiche di Goriano Sicoli. (Laboratorio Integrato 4, AA 2009-10, G. Lelli, M. Lucariello, I. Iezzi)

te -Velino, per comprenderne il ruolo, i valori, le qualità, ma anche le criticità, in riferimento all'area vasta. Il tema della "rigenerazione urbana" è lo sfondo dell'esperienza progettuale, inteso come scenario associato al programma/progetto di ricostruzione post-terremoto. Le azioni di recupero fisico del centro storico dovrebbero infatti procedere parallelamente ad azioni di rigenerazione del tessuto sociale ed economico. La preoccupazione che un recupero soltanto materiale possa generare un "guscio" privo di funzioni ha indotto quindi il Laboratorio ad interessarsi anche alle dinamiche demografiche e socio-economiche di Goriano, quest'ultimo traguardato sullo sfondo del contesto più ampio rappresentato appunto in primo luogo dalla Valle Subequana.

In particolare si è preso in considerazione il fenomeno dell'abbandono, che colpisce, per note dinamiche di marginalizzazione socio-economica, molti dei centri dell'Abruzzo montano e cha ha interessato Goriano Sicoli precocemente, fin dalla fase post unita-

ria. Molti abitanti hanno lasciato Goriano e sono migrati verso paesi europei quali la Francia, il Belgio, la Svizzera, la Germania, ed extra-europei quali gli USA, il Canada, il Venezuela, l'Australia. Ricercatori e studenti insieme hanno quindi prospettato scenari di rilancio economico del piccolo centro, considerandolo non come un centro autosufficiente ed auto centrato, ma come un nodo significativo all'interno di una complessa rete di relazioni, esistenti e da instaurare, con altre entità geografiche, territoriali e sociali. Goriano, come gli altri comuni del cratere, ha infatti bisogno di progetti di rilancio, e a questo scopo dovrà dotarsi di una strategia di sviluppo economico-sociale, con previsioni che riguardino la scala comunale entro il più ampio territorio di appartenenza. Le visioni emerse ruotano intorno ad alcune prospettive di sviluppo. La principale, sebbene non unica, è la prospettiva offerta dal turismo ambientale. Goriano Sicoli è ricompreso entro i confini del Parco Regionale Naturale del Sirente -Velino (istituito nel 1989), una realtà

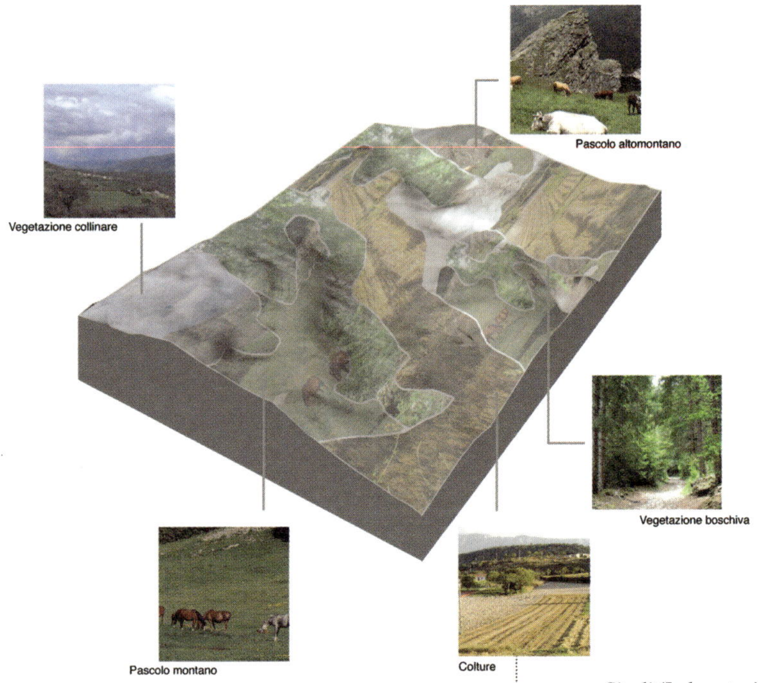

Interpretazione delle forme dominanti d'uso del territorio di Goriano Sicoli.(Laboratorio Integrato 4, AA 2009-10, G. Lelli, M. Lucariello, I. Iezzi)

152

ancora in crescita che può offrire opportunità a Goriano, collocato com'è in posizione favorevole per la relativa vicinanza allo svincolo autostradale dell'A25, sia per un suo possibile ruolo ricettivo, sia in relazione all'offerta di servizi che potrebbero qualificare Goriano come una delle "porte" del Parco. Le indubbie qualità naturalistiche del territorio montano di prossimità al piccolo centro (ad esempio il bosco di cerro) e la presenza di una rete di sentieristica di grande interesse costituiscono l'infrastruttura ambientale di base, alla quale occorre affiancare servizi, di natura soprattutto organizzativa e logistica, capaci di innalzare le capacità attrattive del luogo. A quella naturalistica si può accostare la vocazione religiosa, facendo leva sia sulla rilevanza, nel contesto sociale locale, della figura di Santa Gemma, festeggiata dai fedeli per tre giorni dall'11 al 13 maggio, sia sulla permanenza nella memoria collettiva della figura spirituale di Papa Celestino V, che prima di divenire il papa del gran rifiuto è stato eremita e instancabile camminatore.

L'itinerario seguito da Celestino V per raggiungere, dall'Eremo di Sant'Onofrio al Morrone, la Basilica di Santa Maria di Collemaggio a L'Aquila, in occasione della sua nomina a Pontefice, attraversa la valle Subequana, e tocca Castelvecchio Subequo, dove presso il convento di San Francesco d'Assisi, Celestino sosta per una notte. In occasione della festività aquilana della Perdonanza Celestiniana, nel mese di agosto, si ripercorre l'intero percorso, denominato il "Cammino del Perdono".
Sulla costruzione di scenari di sviluppo turistico di Goriano Sicoli si sono esercitate molte forze creative nell'ambito del laboratorio, che hanno esplorato le possibilità di applicazione di diversi modelli di turismo, da quello ambientale a quello culturale, da quello religioso a quello eno-gastronomico, avendo consapevolezza che qualsiasi processo di sviluppo non possa prescindere da un ampio ed attivo coinvolgimento della popolazione residente.
Tuttavia quello del turismo non può e non deve essere l'unico volano

di sviluppo di Goriano, essendo quella del turismo un'attività intermittente e stagionale, soggetta com'è a condizionamenti derivanti da dinamiche esterne all'offerta. Si è piuttosto riflettuto sulla opportunità di combinare insieme diverse opzioni strategiche di sviluppo (o piuttosto di rinascita) e sulla formazione di alleanze tra centri, appartenenti al contesto della Valle Subequana, configurate nella forma di reti di cooperazione tra comuni. L'ipotesi è che in contesti marginali come quelli dell'Appennino abruzzese le chance di riavvio delle economie e delle forme di socialità capaci di trattenere i residenti rimasti, di indurre al rientro i residenti saltuari e di attrarre nuovi abitanti, dipendano in particolar modo, oltre che dalle opportunità lavorative, anche dalla presenza di servizi e di "comfort" in grado di attenuare, per quanto possibile, i disagi abitativi tipici di un contesto qual è quello gorianese. Sono stati sperimentati pertanto modelli di aggregazione tra comuni, che attribuiscono a Goriano di volta in volta funzioni complementari

ad altri centri, ripensati come "quartieri" di una stessa città, una città policentrica che offre servizi differenziati in ciascuno dei suoi quartieri, ricostituendo in questo modo la varietà e complessità dell'offerta tipiche di una città di piccole-medie dimensioni. Le reti si differenziamo anche per temi: quello energetico (già attivato per la realizzazione di un impianto di energia da fotovoltaico); quello già citato del turismo ambientale e religioso; quello della produzione agricola... Lo scenario rurale è particolarmente rilevante, e la formazione di reti di cooperazione è in questo caso più che mai decisivo se si vuole raggiungere una efficace valorizzazione delle produzioni. A questo scopo occorre favorire l'associazionismo dei produttori agricoli, lo sviluppo di forme di commercializzazione diretta dei prodotti, la valorizzazione delle produzioni di qualità attraverso la richiesta di riconoscimento di Denominazione di Origine Controllata (D.O.C.), e di Indicazione Geografica Protetta (I.G.P.), oltre ad altri marchi di qualità D.O.C.G. e D.O.P.

e certificazioni di qualità biologica dei prodotti. Occorre promuovere la realizzazione di itinerari eno - gastronomici dei prodotti tipici, (tartufo, zafferano, frutti di bosco ecc.); insieme a forme innovative di comunicazione, che consentono la conoscenza diretta dei prodotti (filiera corta), e infine occorre rivalutare il ruolo dell'imprenditore agricolo, da considerarsi come soggetto investito della gestione di risorse naturali, paesaggistiche e culturali di interesse collettivo.

Gli scenari delineati mostrano punti in comune con quello delineato nel 2000 dal Piano Pluriennale di Sviluppo Socio Economico della Comunità Montana Sirentina (C.M.S.) che, riconoscendo una sostanziale unità culturale, socio-economica, e morfologica dei comuni compresi nella C.M.S., ipotizza l'attuazione di progettualità e di programmi comuni, che vadano appunto verso il rafforzamento delle interrelazioni e delle interconnessioni tra centri e tra funzioni, con interventi volti al miglioramento dell'offerta dei servizi.

Le opportunità di sviluppo di questo modello sono connesse alla capacità di promuovere una identità di sistema, che costituisca un valore rafforzativo rispetto alla connotazione identitaria dei singoli centri, e richiedono soprattutto il superamento di particolarismi e localismi, che spesso hanno rappresentato in queste aree della regione un forte limite allo sviluppo.

Analisi d'uso del patrimonio edilizio e processi di abbandono del centro storico di Goriano Sicoli. (Laboratorio Integrato 4, AA 2009-10, G. Laprocina, A. Romagnoli)

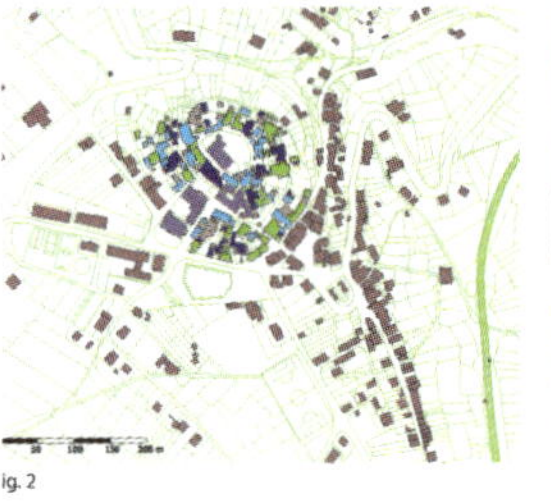

Fig. 1

La sezione mostra il graduale spostamento della popolazione locale verso le nuove edificazioni più a valle accentuando il lento abbandono del centro storico. L'antico nucleo abitativo viene lasciato alla colonizzazione dei turisti che, nel caso di Goriano Sicoli, sono rappresentati da Gorianesi di ritorno, famiglie romane (soprattutto nel week-end) e da pochi stranieri.

Fig. 2

Evidente è lo spostamento della popolazione come il graduale abbandono dei manufatti edilizi e il loro decadere. Una tendenza del centro storico è quella della ristrutturazione del manufatto (anche se lasciato sfitto) in vista di un suo diverso utilizzo futuro.

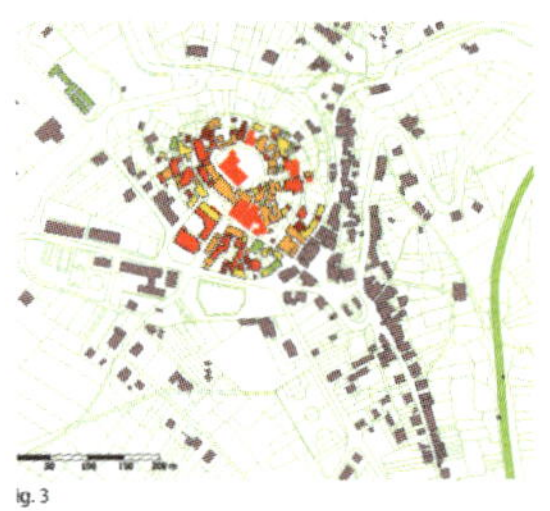

Fig. 3

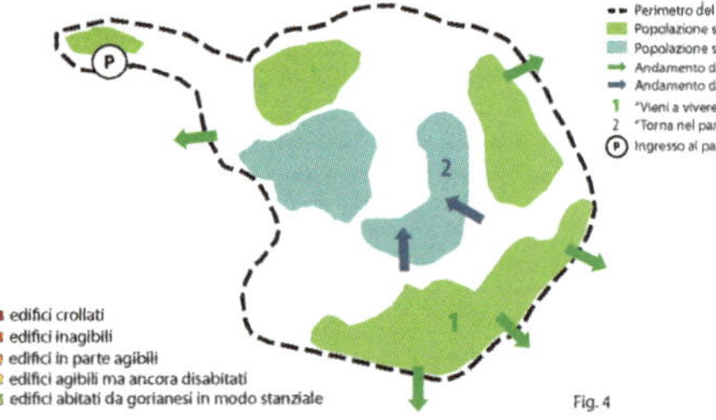

Fig. 4

PROGETTO 1: CENTRO STORICO

STRATEGIA: Albergo diffuso

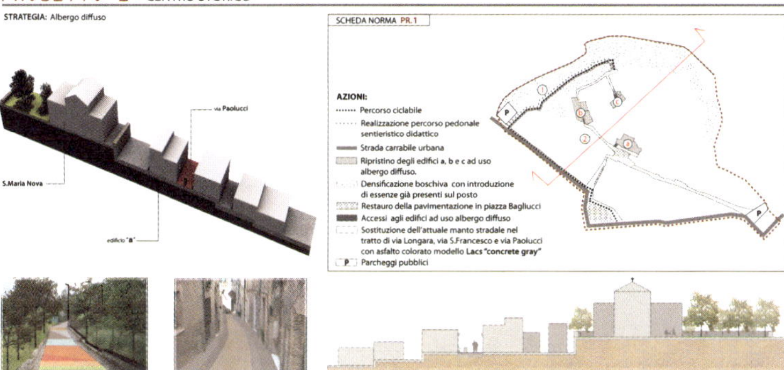

PROGETTO 2: PARCO SIRENTE VELINO

STRATEGIA: Presidio forestale

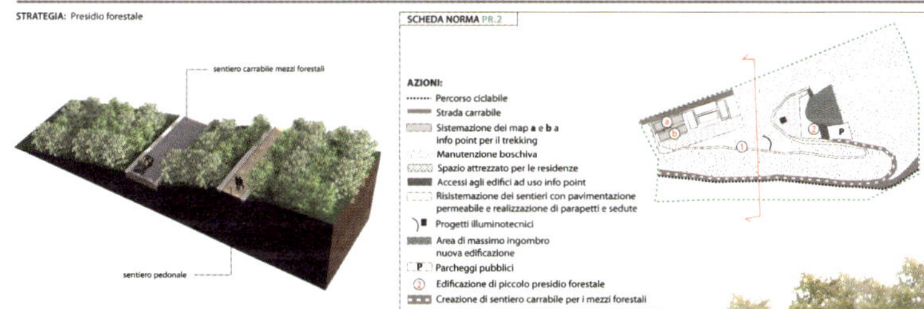

PROGETTO 3: AREA "CUSCINO"

STRATEGIA: Residenze bottega, biblioteca

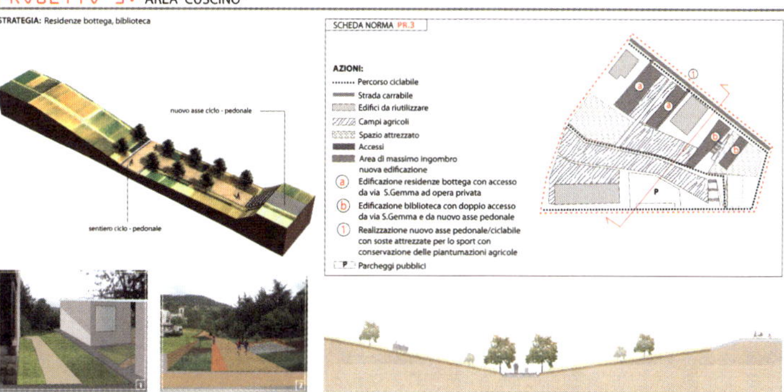

PROGETTO 4: FASCIA DEI SERVIZI

STRATEGIA: Residenze bottega, biblioteca

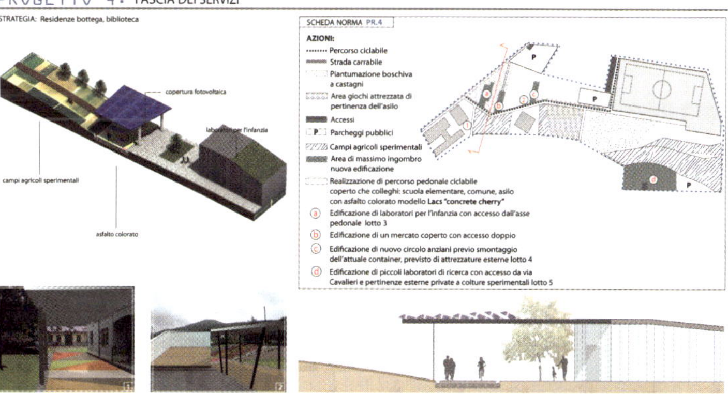

Strategie di sviluppo post-sisma ed esemplificazioni progettuali tipologiche. (Laboratorio Integrato 4, AA 2009-10, L. Buracchio, M. del Giudice, V. Castellani)

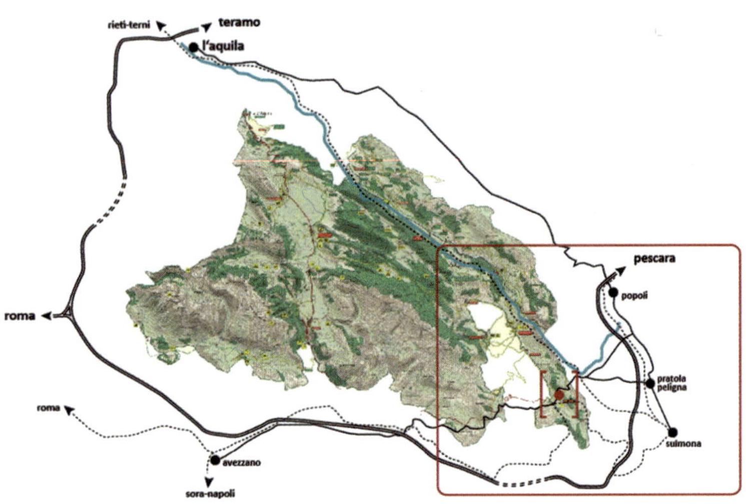

***Il gruppo di lavoro** per la sede di Pescara era formato da: Carmen Andriani (coord); Massimo Angrilli; Raffaele Giannantonio; Gianfranco Dematteis; Claudio Varagnoli. Collaboratori: Fabio Armillotta, Chiara Rizzi, Francesca Pignatelli, Simone Ursini Casalena, Teresa Racanelli.

Scenario di sviluppo turistico "Goriano Sicoli Porta del Parco Sirente-Velino". (Interlab - elaborazione Arch. C. Rizzi)

Masterplan della riqualificazione post-sisma di Goriano Sicoli. Scenario di sviluppo rurale basato sulle produzioni agricole di nicchia. (Laboratorio Integrato 4, AA 2009-10, D. Di Brigida, P. Giancaterino, F. P. M. Giuliani)

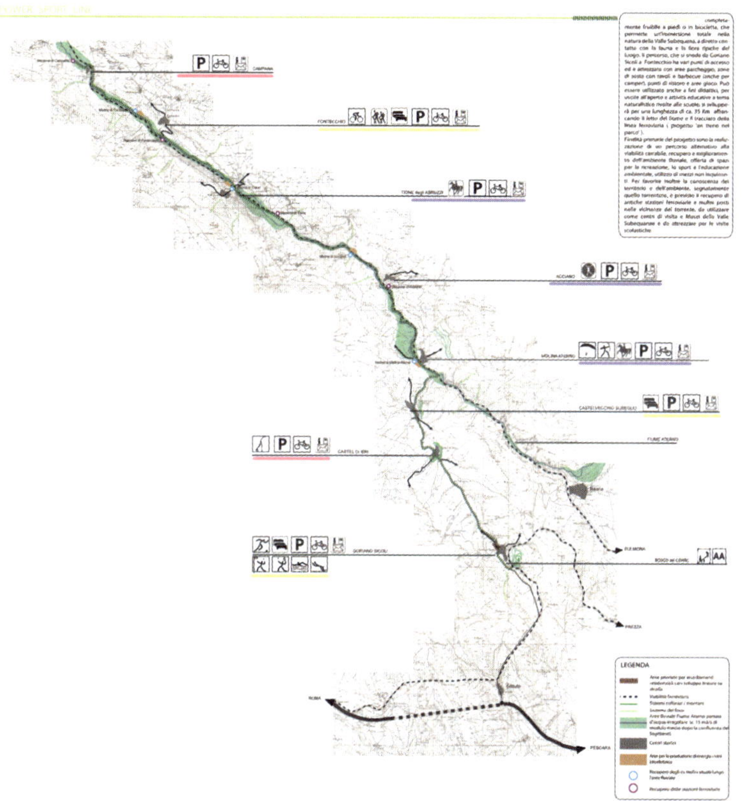

Scenario di sviluppo turistico della Valle Subequana. La greenway e le attrezzature per lo sport ed il tempo libero. (Laboratorio Integrato 4, AA 2009-10, G. Di Felice, V. Trisi)

POGGIO PICENZE*

Enrico Spacone

Introduzione

Il lavoro di ricerca sul campo realizzato dal Laboratorio integrato per Poggio Picenze, ha visto la collaborazione di alcuni docenti di diversa provenienza disciplinare, in rappresentanza dei due Atenei coinvolti (Chieti-Pescara e L'Aquila) nel protocollo d'intesa Abruzzo Interlab.

L'obiettivo di tale laboratorio è stato contribuire a identificare e definire le linee guida per il recupero, la conservazione, la messa in sicurezza del patrimonio residenziale e produttivo, ma anche formulare ipotesi di carattere progettuale per le proposte operative che l'amministrazione locale, superata la fase dell'emergenza, si trova a dover sviluppare, in aderenza alla domanda di intervento dei cittadini e degli operatori economici locali, anche al fine di rimettere il più rapidamente possibile in moto la vita del centro colpito e favorire un generale, graduale ritorno alla normalità. In quest'ottica, le università hanno anche assistito l'amministrazione comunale nel preparare la Perimetrazione del centro storico da sottoporre alla Struttura di Missione.

Il percorso seguito si articola su diverse scale e a diversi livelli. Si è partiti dalla microzonazione sismica del territorio comunale e da un'analisi dettagliata dei danni causati dal sisma. Lo studio dei materiali e delle tecniche costruttive ha permesso di individuare le principali tipologie edilizie e di studiarne la vulnerabilità sismica. Tali informazioni sono state poi utilizzate per definire le condizioni minime di sicurezza che possano garantire il funzionamento della Struttura Urbana Minima, passando dalla scala del singolo edificio a quella degli aggregati fino alla scala urbana. Questi strumenti sono di guida al progetto di ricostruzione, e sono stati fin qui esplorati attraverso un workshop italo-equadoregno, alcune sperimentazioni didattiche e tesi di laurea.

Nell'ambito del protocollo d'intesa Abruzzo Interlab, il lavoro condotto dal gruppo di lavoro di Poggio Picenze testimonia il ruolo che la ricerca universitaria può svolgere collaborando alla qualità dei processi ricostruttivi nelle regioni più colpite. In particolare, si sottolinea il carattere interdisciplinare del Laboratorio di Poggio Picenze, che ha coinvolto rilevatori, urbanisti, strutturisti, restauratori, compositivi, designers.

Il sisma del 6 aprile 2009

Poggio Picenze, paese di circa mille abitanti dell'appennino abruzzese, è ubicato su un'altura di 760 metri dalla quale si può ammirare il panorama della conca aquilana. L'evento tellurico del 6 aprile 2009 ha colpito l'area dell'aquilano provocando gravi danni anche a Poggio Picenze (Fig. 1): l'accele-

razione di picco al suolo (PGA) è stata stimata in circa 0.2 g su roccia, mentre dal punto di vista del danneggiamento Poggio Picenze riporta danni di livello stimato Is = 8.5 MCS.

All'indomani del sisma, il centro è apparso duramente colpito: ci sono state alcune vittime, numerosi crolli nei nuclei di interesse storico, rilevanti danni alla Chiesa parrocchiale di San Felice ed anche in alcuni edifici strategici come la scuola elementare e l'annessa scuola dell'infanzia, risalenti alla prima metà del '900. Pochissimi danni si registrano invece sul costruito recente.

Rilievo del danno

Il centro storico di Poggio Picenze è costituito da due nuclei ben distinti, uno ad avvolgimento intorno ai ruderi del castello, con andamento delle strade principali lungo le curve di livello, l'altro sviluppatosi lungo l'asse principale dell'antica strada romana Claudia Nova, distinto da percorsi trasversali a pettine. I due nuclei erano fisicamente separati da un torrente, ora interrato, sul quale corre oggi via Matteotti.

L'edilizia diffusa è caratterizzata da costruzioni molto semplici, che risultano principalmente legate al soddisfacimento dei bisogni primari ed alla immediata coincidenza tra gli aspetti formali e le esigenze funzionali. I tipi costruttivi che ne derivano, oltre ad essere legati alla natura del suolo, ai caratteri geomorfologici, climatici e idrografici, si identificano soprattutto nell'utilizzazione di materiali di provenienza locale come la pietra e il legno, che caratterizzano le costruzioni del centro storico.

Le indagini sul campo hanno messo in luce i caratteri di un patrimonio edilizio estremamente diversificato, le cui forme sembrano ripetere, apparentemente con poche varianti, modelli consolidati della tradizione locale ed esprimono le ragioni che ne hanno determinato la costruzione o le vicende che ne hanno segnato le successive modificazioni. E' facile distinguere edifici destinati ad abitazione stabile o temporanea, a

Figura 1 - foto aerea post-sisma del nucleo storico "castello"

Figura 2 - restituzione planimetrica esiti schede di agibilità

impianto planimetrico mono o bicellulare, con uno o più piani fuori terra e uno o più assi di aperture. Le forme sembrano in altri casi illustrare l'originaria o acquisita destinazione di alcuni manufatti a ricoveri per animali o a deposito di attrezzi, di materiali o di prodotti agricoli.

Da un confronto della planimetria del centro di Poggio Picenze con i risultati delle verifiche di agibilità svolte dal Dipartimento della Protezione Civile (Fig. 2) risulta che i due nuclei del centro storico risultavano quasi completamente inagibili e sono stati chiusi a seguito del sisma. Fuori dal centro storico, la maggior parte degli edifici isolati risultavano invece completamente o parzialmente agibili. Si tratta in prevalenza di edifici recenti in cemento armato che non hanno subito danni. Tra le strutture isolate fortemente danneggiate, si segnalano in particolare la chiesa di S. Felice Martire (Fig. 3) risalente nel suo primo impianto alla prima metà del XV secolo, la scuola elementare, l'annessa scuola dell'infanzia ed il vicino auditorium (in

fase di riqualificazione funzionale al momento del terremoto).

Per ogni elemento costruttivo sono stati rilevati e studiati, in particolare, i materiali costituenti e le loro proprietà fisiche e meccaniche, le forme di lavorazione, le modalità di posa in opera, nonché le forme di degrado e di dissesto derivanti non solo dall'evento sismico, ma anche dalla mancata manutenzione.

Lo studio delle tecniche costruttive murarie ha consentito di verificare, negli edifici più seriamente danneggiati, l'assenza del comportamento scatolare oggi prescritto per le moderne costruzioni in muratura, conseguente alla carenza di collegamento e di collaborazione tra le pareti direttamente caricate e quelle ortogonali, nonché tra le pareti e gli orizzontamenti (Fig. 4).

La vulnerabilità sismica risulta dunque molto spesso condizionata più da macroscopici meccanismi di collasso di macroelementi resistenti - ad esempio di cortine murarie o di parti di esse - che dal superamento della resistenza a rottura della muratura. La vulnerabilità può dunque essere valutata sulla base di infor-

mazioni prevalentemente di natura geometrica di macroelementi resistenti, mediante un approccio cosiddetto cinematico all'analisi limite dell'equilibrio, che consiste nell'analizzare i possibili meccanismi di collasso di singole parti del manufatto (Fig. 5), individuando, mediante condizioni di equilibrio di ciascun meccanismo, l'intensità delle forze orizzontali in grado di attivarlo.

Le figure seguenti illustrano alcuni dei meccanismi riscontrati a Poggio Picenze, del tutto corrispondenti a quelli forniti (in condizioni presisma, e dunque per edifici ipoteticamente non danneggiati), dagli algoritmi FaMIVE (di E. Speranza,

Figura 3 - danni nella chiesa di S. Felice Martire

2003), adattati in alcuni aspetti relativi alle tipologie murarie ed ai tipi di orizzontamenti (con l'inclusione delle volte tipicamente utilizzate per la copertura di molti degli ambienti a piano terra).

Vulnerabilità degli aggregati. Struttura urbana minima

Poiché la posizione del manufatto rispetto agli edifici limitrofi influisce direttamente sul tipo di meccanismo di danno o di collasso, ne consegue la necessità di studiare il comportamento strutturale dell'aggregato edilizio, inteso come insieme di edifici collegati strutturalmente, e non solo del singolo manufatto.

Tale approccio, esplicitamente previsto dalle vigenti normative italiane, va a sua volta inserito in un'ottica di mitigazione del rischio a scala urbana che, partendo appunto dalla minima unità strutturale significativa (aggregato edilizio) si estende naturalmente al concetto di struttura urbana minima (Fabietti, 1999), intesa come minimo livello di strutturazione e sicurezza

del tessuto urbano (collegamenti, servizi, infrastrutture, relazioni socio-economiche …) atto a garantire il permanere delle funzioni tipiche e caratterizzanti di un contesto urbano.

A tale riguardo, risultano particolarmente significative le rappresentazioni (Fig. 6 - Fig. 7) relative ad uno dei due nuclei storici di Poggio Picenze, in cui il verificarsi, in maniera più o meno accentuata, dei meccanismi di danno e di collasso riscontrati in occasione del sisma, risulta fortemente correlato con le caratteristiche meccaniche del tessuto murario e con le diverse epoche costruttive degli edifici. Ciò mostra (pur nei limiti delle analisi fin qui condotte) come sia possibile individuare il livello di danno atteso e dunque la vulnerabilità di interi fronti edificati e relativi percorsi urbani, mediante l'osservazione di caratteristiche del patrimonio edilizio sommariamente riconoscibili, almeno in via speditiva, con le tipiche analisi a scala urbana.

Danni agli edifici monumentali

Notevoli sono i danni riscontrati negli edifici monumentali e strategici che risultano, in alcuni casi, isolati rispetto al tessuto circostante. Tra gli edifici di culto, si segnalano danni alla chiesa di San Felice Martire (Fig. 3), relativi alla rotazione della facciata, al crollo delle volte e alle lesioni riportate dai piedritti della cella campanaria, alla chiesa di San Giuliano e alla chiesa della Visitazione, entrambe interessate da lesioni diffuse sia sui fronti principali che su quelli laterali.

Tra gli altri edifici di interesse storico-monumentale si segnala palazzo Galeota, oggi interamente puntellato, che presenta numerosi danni sia lungo le compagini murarie che in corrispondenza dei manti di copertura.

Le prime opere di intervento

Dopo il sisma, il paese di Poggio Picenze ha cambiato volto; non solo per le numerose case crollate nei due nuclei storici, ma anche per l'insediamento di edifici di emergenza realizzati con tecnolo-

gie, materiali e forme finora assenti in questo luogo ed ora capaci di connotarne così rapidamente una nuova immagine:

due scuole sono state insediate con accesso dallo slargo che si proietta sul fianco di San Felice, consegnandogli un nuovo ruolo di piazza o comunque di luogo di incontro. Realizzate con tecnologia innovativa (pannelli di X Lam) sono state rivestite da intonaco e pitturate in modo sgargiante. Dubbi rimangono sullo studio preliminare all'insediamento: se meglio condotto, sarebbe stato possibile inserirle con un diverso rapporto con il suolo e con una relazione più diretta tra interno e spazio pubblico.

Sullo stesso slargo è stato realizzato, donato dall'Ordine francescano, il Centro Polifunzionale che funge anche da luogo di culto. Voluto per "creare un punto di aggregazione per la popolazione", esso si apre sul piazzale antistante la Chiesa di San Felice, frapponendosi tra questa e lo spazio antistante, nascondendo in parte la Chiesa ed alterandone valori prospettici e simbolici.

I cosiddetti M.A.P. (moduli per

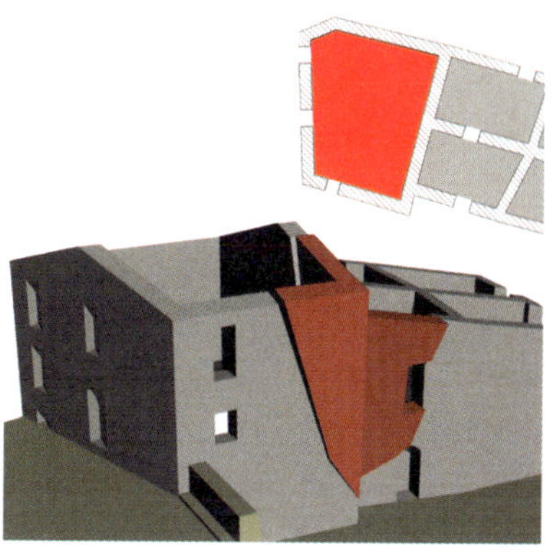

Figura 4 - danni agli edifici in muratura nel centro storico

Figura 5 - foto e schema di un meccanismo di collasso

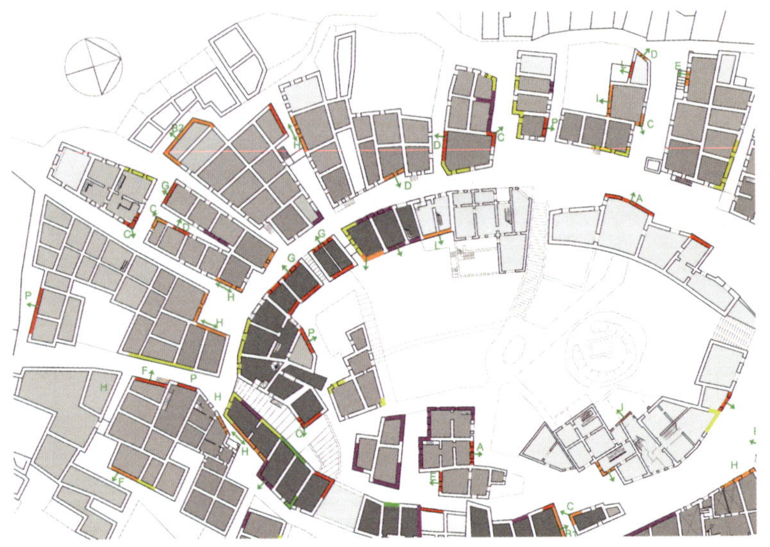

Figura 6 - correlazione meccanismi collasso - epoca costruzione

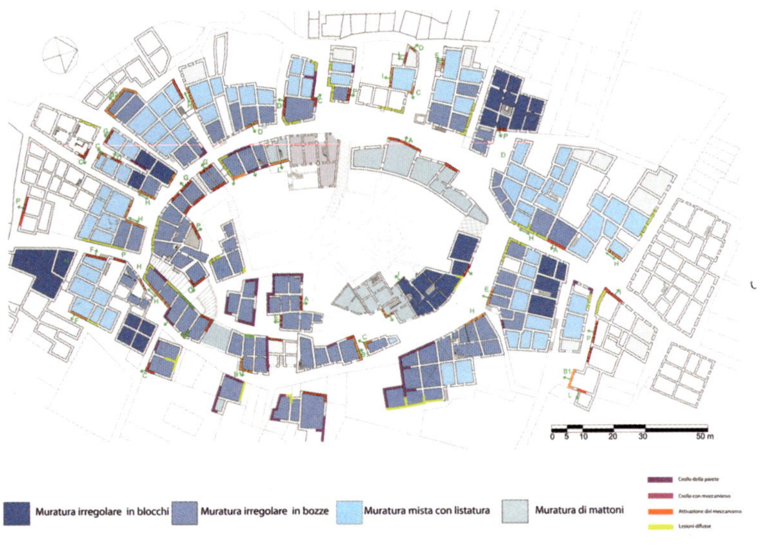

Figura 7 - correlazione meccanismi collasso - tipologia costruttiva

abitazioni provvisorie) sono arrivati in numero di 120, molti per un paese di tali dimensioni e capaci perciò di alterarne la fisionomia, sia nel rapporto con la campagna circostante che nella relazione tra i due nuclei storici. In particolare il gruppo insediato su via Matteotti, oltre ad insidiare la Fonte del Fossato, rischia di impedire un nuovo ruolo di centralità dell'ex-vallone e per questo i primi studi e visioni ne propongono la rimozione, appena possibile.

Elemento di contraddizione tra la definizione di "provvisorio" e la reale possibilità di rimozione una volta iniziata la ricostruzione e superata la fase dell'emergenza, resta il carattere insediativo dato dai massicci zatteroni di fondazione, con terrazzamenti, opere di urbanizzazione, ecc.

Gli studenti del secondo anno del corso di tecniche dell'Ambiente e del Territorio stanno studiando, come proposta per future necessità, un modulo di casa per l'emergenza, al centro del cui progetto sia proprio la provvisorietà insediativa unita alla velocità di montaggio.

Uno sguardo al futuro

E' interessante ed innovativa l'esperienza in corso che vede mettere in relazione sperimentazioni didattiche con possibili indicazioni sul campo che possono riorientare il futuro di una cittadina come Poggio Picenze all'interno di prospettive condivise dal bacino territoriale di riferimento.

Una volta accertata la mancanza di senso di una ricostruzione "com'era dov'era", in un'ottica acritica di *beni-culturalismo* diffuso, ma scelto che questo atteggiamento si può al più applicare ai due nuclei storici con le dovute correzioni per una loro messa in sicurezza (dalla verifica della vulnerabilità urbana alla struttura urbana minima), si è messo al centro delle riflessioni del laboratorio interuniversitario la costruzione di una prospettiva di sviluppo, individuando alcune *vision* con lo sguardo rivolto al futuro, ma fondandolo sulla valorizzazione del passato, senza nostalgie per un tempo perduto e senza rimozioni delle recenti catastrofi.

Più che fare proposte arbitrarie su temi dello sviluppo, si è provato ad ancorare ogni tema di progetto ad una vocazione individuata sotto le pietre della piccola città devastata dal sisma, suggerimenti talvolta leggeri che andavano verificati con lo strumento del progetto.

Il Design strategico incontra un sistema territoriale dotato di una *identità*, un insieme ibrido tra rurale ed industriale, caratterizzato da insediamenti custodi di un patrimonio storico-artistico ed ambientale: attraverso la lettura e l'interpretazione dei *segni* costruiti dall'uomo, mette a punto *azioni strategiche* atte a valorizzare il sistema delle risorse legate all'ambiente naturale, alle tradizioni artigianali, alle tipicità agro-alimentari, al turismo, attraverso la formulazione di *scenari* volti a promuovere nuove e diverse forme di sviluppo locale, orientandolo verso la sostenibilità e la qualità, con progetti di valorizzazione ed integrazione, con strategie comunicative, con l'innovazione delle attività agro-pastorali e la reintroduzione di coltivazioni tipiche dismesse, con innovativi sistemi

di ospitalità e servizi per il turismo, lo studio, l'*homeworking*.

In mancanza di una struttura progettuale dedicata, visti anche i costi che avrebbe richiesto, l'elaborazione è stata affidata a gruppi di studenti nei laboratori di progettazione e di tesi per vagliare in concreto alcuni dei temi individuati:
1) la pietra
2) il blues
3) la ricettività per anziani

1) Sul tema della pietra "gentile" si pensa ad una esplorazione tipica del marketing territoriale che metta in evidenza la possibile riapertura delle cave, illustrata con la riproposizione de "La Pietra Svelata", manifestazione biennale di una ventina d'anni fa, orientandola verso il tema del restauro dei centri storici del cratere, con la ricostruzione della figura dello scalpellino in termini contemporanei, con corsi di formazione per giovani, con l'assistenza di Marmomacc, la più importante fiera del settore di Verona.

In questo ambito di ricerca si collocano i progetti degli studenti di composizione III di Pescara che

hanno provato a strutturare un museo-laboratorio della pietra lungo via Matteotti, come luogo di nuova relazione urbana tra i due nuclei storici e come corridoio ecologico di messa in valore della Fonte del Fossato e della memoria del rio Campanaro, tombato negli anni '60 (Fig. 8).

2) Sulla manifestazione estiva "Poggio Picenze in Blues" poggia l'ipotesi svolta da un laboratorio di tesi di laurea di ristrutturare il nucleo delle scuole, dismesse dopo il terremoto e con l'arrivo di quelle prefabbricate insediate in prossimità: strutturare la vocazione al blues con una scuola di prestigio nazionale, dotata di foresteria e caffetteria, di museo degli strumenti e delle fotografie e soprattutto di un auditorium a sezione variabile, capace di funzionare come sala prove, come spazio per piccoli concerti e, tramite una sorta di macchina leonardesca, di aprirsi alle manifestazioni estive, con maggior afflusso di pubblico (Fig. 9).

3) Per il nucleo storico che si sviluppa intorno alla piazzaforte di forma ellittica, il cosiddetto "Castello",

una tesi di laurea propone una ristrutturazione e in parte ricostruzione, reinterpretando il tema dell'albergo diffuso, indirizzandolo verso la residenza temporanea di anziani, non più confinati nel singolo edificio della casa di riposo, ma in una struttura a scala urbana, con le residenze nelle piccole case ricostruite o consolidate; i centri di incontro, la mensa, lo spazio per il fitness e la riabilitazione sono all'interno di una struttura prevalentemente ipogea, coperta dal manto erboso del cuore sopraelevato del castello, sottolineato dalla messa in valore dei resti della torre e dalla mancata ricostruzione delle case interessate dai crolli più letali, di cui rimane la traccia in un patio della memoria, luogo di monito e riflessione (Fig. 10).

Gli ultimi due temi progettuali sono descritti in maggiore dettaglio in un altro capitolo del libro, dedicato ai Laboratori didattici.

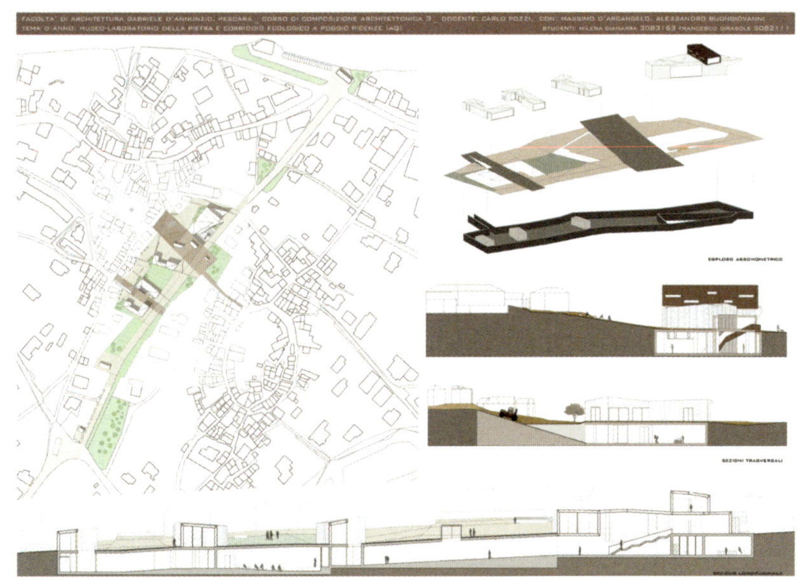

Figura 8 - museo-laboratorio della pietra, corso di Composizione III, M. Ciamarra e F. Girasole

PROGETTARE DOPO IL TERREMOTO

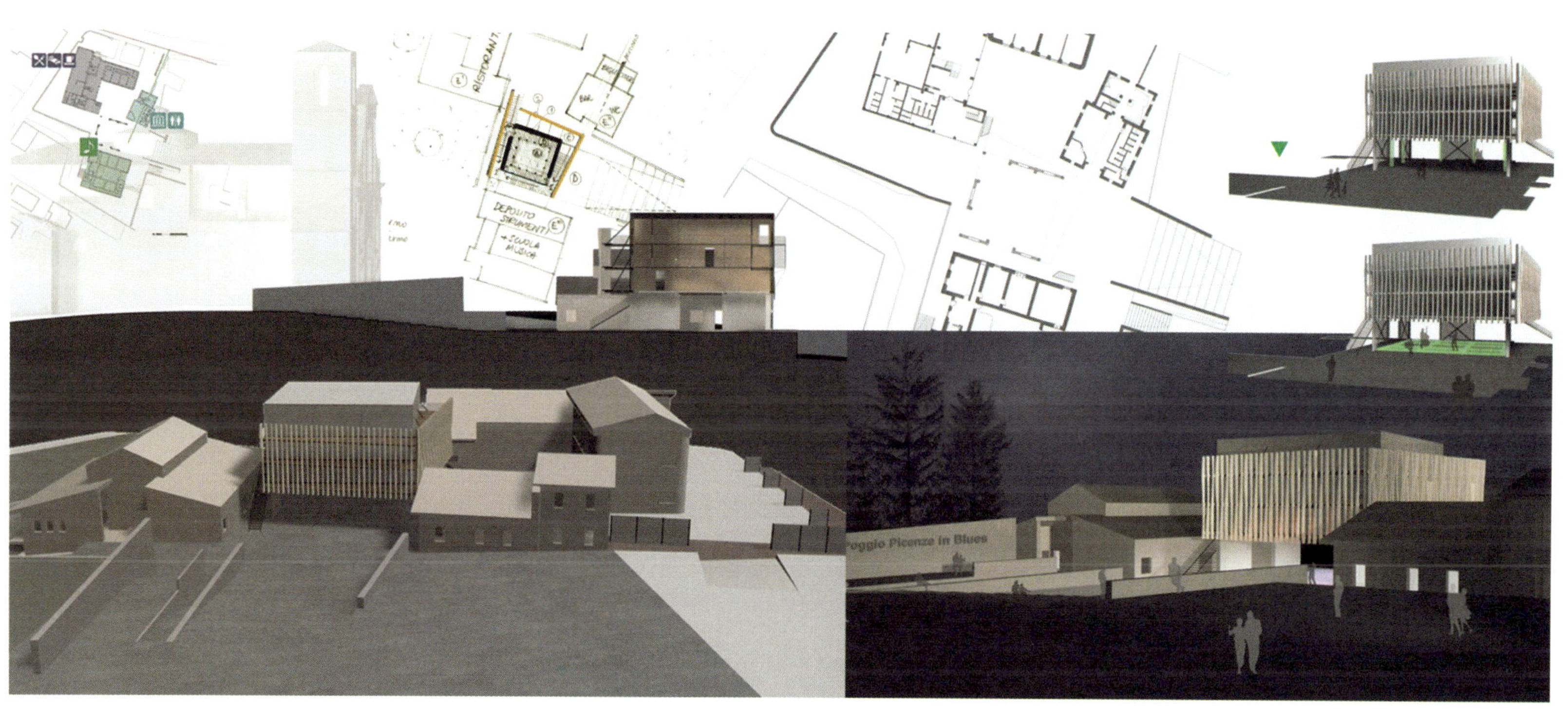

Figura 9 - blues center, tesi di laurea di N. Quercio, C. Sguera, S. Staniscia e M. Trivellone

(*) Gruppo di lavoro: Enrico Spacone
(coordinamento) Elianora Baldassarri,
Romolo Continenza, Valter Fabietti,
Carlo Pozzi, Piero Rovigatti, Alessandra
Tosone, Ivo Vanzi, Clara Verazzo
Riferimenti bibliografici

Baldassarri E., Continenza R., Cremonini
I., Fabietti V., Pozzi C., Rovigatti P., Sepe
V., Spacone E., Tosone A., Varagnoli V.,
Verazzo C. , Poggio Picenze Interlab.
Università abruzzesi per il terremoto,
Roma, Aracne, 2010.
Boscotrecase L., Piccarreta F., Edifici
in muratura in zona sismica, Palermo,
Flaccovio, 2006.
Cremonini I., Rischio sismico e pianifica-
zione nei centri storici, Firenze, Alinea,
1993.
Fabietti V., Vulnerabilità e trasformazio-
ne dello spazio urbano, Firenze, Alinea,
1999.
Giuffrè A. (a cura di), Sicurezza e conser-
vazione nei centri storici in zona sismica.
Il caso di Ortigia, Bari, Laterza, 1993.
Lagomarsino S., Ugolini P. (a cura di),
Rischio sismico, territorio e centri storici,
Milano, Franco Angeli, 2005.
Le Linee Guida per la ricostruzione, in
"Noi Abruzzo", anno I, n. 1 del 23 marzo
2010.
Speranza E., An integrated method for
the assessment of the seismic vulnerabi-
lità of historic buildings, PhD Dissertation,
University of Bath, UK, 2003.

Figura 10 - residenza
temporanea per
anziani, tesi di laurea
di Eva Raka

ROCCA DI MEZZO *

Lucio Zazzara, Lucina Caravaggi

UN NUOVO SCENARIO TERRITORIALE

Lucio Zazzara

L'esperienza che il gruppo Interlab sta portando avanti da oltre un anno ha consentito di focalizzare una serie di questioni che riguardano problemi specifici di gestione del patrimonio dei centri storici abruzzesi a partire dall'emergenza terremoto. Il sisma aquilano ha prodotto effetti devastanti non solo sulle costruzioni e sui complessi urbani ma anche sul sistema territoriale di tutto il cosiddetto Cratere. E' come se tutti gli agglomerati antichi fossero stati colpiti da una serie di esplosioni che, con effetti più o meno gravi sulle strutture edilizie, hanno messo fuori gioco i nuclei della vita collettiva e dell'organizzazione funzionale dei Comuni. Se prima del terremoto la città di L'Aquila rappresentava il nucleo di riferimento in un comprensorio composto di piccole unità urbane sostanzialmente chiuse e quasi totalmente dipendenti dalla città centrale, oggi rappresenta una delle diverse località che si integrano in un sistema territoriale del tutto diverso. Da un modello gerarchizzato e fondato su una rete di insediamenti autonomi si è passati ad un sistema nebuloso, nel quale giocano il ruolo principale le vecchie periferie urbane che tendono ad integrarsi soprattutto in corrispondenza delle principali infrastrutture viarie. La realizzazione del piano C.A.S.E., a L'Aquila, e la localizzazione dei nuclei M.A.P. hanno contribuito a questo processo di localizzazione di un numero considerevole di abitazioni (oltre 7.000) secondo criteri di pura idoneità antisismica e di adattabilità superficiale dei terreni. L'unico elemento di aggregazione tra le preesistenze e le nuove localizzazioni è quasi sempre la strada, possibilmente dotata di sottoservizi. L'alto numero di sfollati si è in gran parte rilocalizzato in queste nuove sistemazioni cercando di rimanere il più possibili vicino alla casa che si è dovuto abbandonare o al quartiere, o al luogo di lavoro, nei casi possibili.

Lo scenario territoriale prima del 6 aprile

Il sistema territoriale dell'Abruzzo aquilano ha visto un costante rafforzamento del ruolo del Comune de L'Aquila dal dopoguerra ad oggi. La distribuzione della popolazione non ha sostanzialmente mutato le sue caratteristiche in tutto

questo periodo e le dinamiche hanno fatto registrare una costante crescita della residenza nel capoluogo, quasi sempre a discapito del suo circondario e soprattutto dei comuni più piccoli. Tra i centri principali della Provincia solo Avezzano ha mostrato una certa capacità di tenuta -con un incremento sensibile nell'ultimo anno-; gli altri hanno tutti subito dinamiche negative. Anche il Comune di Sulmona ha vissuto in questi ultimi decenni una stagione di difficoltosa tenuta e di leggero declino, seguìto all'ultimo evento sismico. In questo caso un forte ruolo è stato svolto dalle politiche che hanno sostenuto sempre più debolmente (soprattutto nell'ultimo periodo) il sistema produttivo. Il ridimensionamento -o la chiusura- di molte aziende nella Valle Peligna, che è stata il teatro della formazione di ampie zone destinate alle attività manifatturiere e della realizzazione di industrie anche importanti (come la Fiat) negli anni settanta ed ottanta, è stato determinante nella perdita di capacità attrattiva per la popolazione. Dopo un costante calo, dal dopoguerra

in poi, nei primi anni settanta la cittadina ha vissuto una stagione di significativa crescita, passando dai 20.500 abitanti ca. del "71 ai 25.500 ca. del "91. I residenti oggi sono circa 25.200; il terremoto del 2009, nonostante una lunga serie di previsioni che annunciavano proprio a Sulmona l'epicentro delle scosse più forti, ha prodotto il temporaneo trasferimento nel capoluogo peligno di 2.000 ca. Tutti i Comuni minori hanno subìto trend peggiori, compresi Tagliacozzo e Pratola Peligna; ma quelli che hanno vissuto veri e propri fenomeni di abbandono, negli ultimi tre decenni, sono soprattutto i centri più interni, marginali rispetto alle principali localizzazioni produttive e soprattutto lontani dalle grandi infrastrutture di comunicazione. La "y" formata dalle autostrade A24 ed A25 costituisce, fin dalla metà degli anni settanta, la dorsale di supporto dei territori dell'Abruzzo interno. Ne ha beneficiato soprattutto L'Aquila, ma anche altri centri come Avezzano e Celano; tutti naturalmente aiutati da un sistema complesso di risorse che, nei casi

degli ultimi due, sono essenzialmente sostenuti dalla significativa capacità produttiva agricola e dalla vicinanza degli importanti poli turistici montani. Al centro di questo sistema si è costantemente sviluppata e consolidata la città de L'Aquila, almeno fino al terremoto. Nel capoluogo gli anni "70 sono stati più importanti che altrove: allo sviluppo della grande infrastrutturazione viaria si è associata -dopo il "72- la designazione quale capitale regionale, con tutte le conseguenze: la formazione di migliaia di nuovi posti di lavoro, la domanda di nuove case, gli investimenti per la realizzazione delle sedi e degli uffici regionali. Per lungo tempo, fino alla fine degli anni "90, la nostra città è stata anche sede di un cospicuo apparato militare, distribuito A partire dal "71 l'andamento demografico subisce un'impennata passando dai 60.000 residenti ca. ai 72.000 ca. del dicembre 2009 (fig. 1). Un ruolo centrale nelle dinamiche di sviluppo economico ed edilizio è stato svolto dall'Università, con 27.000 studenti iscritti alle varie Facoltà nello scorso anno acca-

demico, dei quali almeno 15.000 (13.000, secondo i dati ufficiali dello stesso Ateneo) alloggiati tra il centro storico e le sue periferie più direttamente interessate dalle sedi didattiche (soprattutto Roio e Pettino). Il sistema urbano che si è andato sviluppando a partire dalla seconda metà degli anni settanta è il risultato della complessa domanda di trasformazione generata da questo complesso di fattori. La grande richiesta di nuovi alloggi che ne è derivata ha generato una forte spinta all'urbanizzazione fuori le mura, soprattutto verso ovest, in direzione dello svincolo autostradale per Roma e verso le località Pettino, Coppito, Cansatessa, fino a Preturo. Una grande periferia di struttura pseudolineare che si è allungata sulla piana per almeno cinque chilometri: organizzata in aggregati autonomi e quasi sempre non interconnessi, intervallati da zone non ancora urbanizzate e privi di capacità aggregativa. Un sistema urbano malfunzionante, connesso al centro per mezzo di poche arterie, privo di una rete di mobilità alternativa e interrotto da

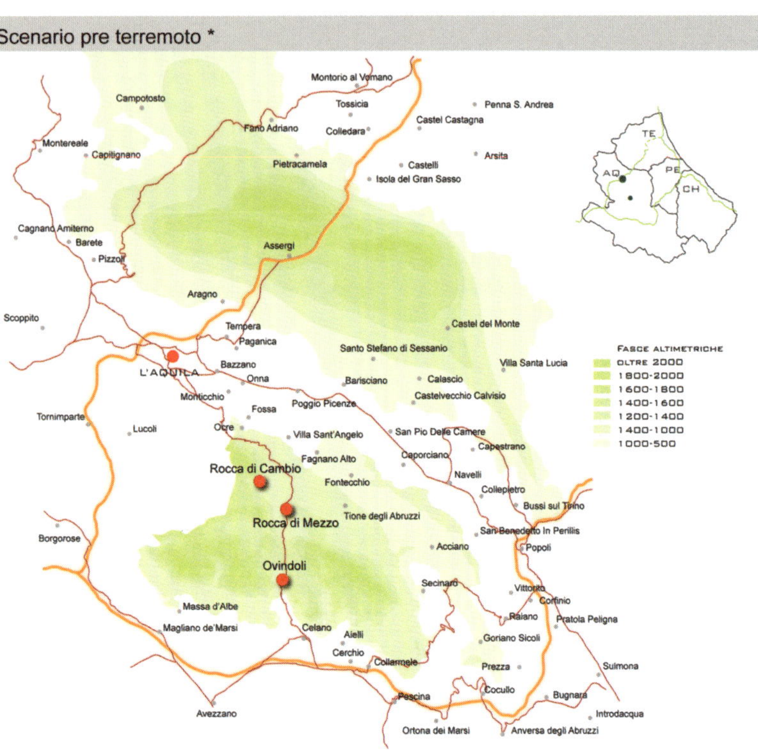

POPOLAZIONE DELLA PROVINCIA DI L'AQUILA:

Abitanti: 305.883

Popolazione Comune di L'Aquila: 72.812

Popolazione del cratere: 144.347

Densità provincia di L'Aquila: 60,75 ab/Km²

POPOLAZIONE CENTRI URBANI PRINCIPALI:

Avezzano: 38.337

Sulmona: 25.304

POPOLAZIONE COMUNI DELL'ALTOPIANO DELLE ROCCHE:

Rocca di Mezzo: 1.571

Rocca di Cambio: 447

Ovindoli: 1.200

LEGENDA:

Centri abitati

Parco

Autostrada

Strade statali

* Report su popolazione assistita al 1 Gennaio 2009

 PROGETTARE DOPO IL TERREMOTO

grandi isolati chiusi -come quelli delle diverse caserme (Pasquali, Campo di Marte, Rossi e Centro di formazione della Guardia di Finanza); ma anche dell'Ospedale S. Salvatore e dello stesso aeroporto di Preturo- o dai recinti di alcune grandi aziende sorte in quelle che fino a pochi decenni fa erano aperte zone extra-urbane. In questo sistema il centro storico era il luogo riconosciuto come la vera città. Non solo per la sua forte capacità figurativa, data dalla forma urbana e dalla diffusa qualità architettonica, ma anche per il fatto di essere la sede di tutte le funzioni e dei servizi territoriali più importanti; degli spazi e dei luoghi storici della vita sociale; delle attività commerciali, ricettive e ricreative.

Il nuovo scenario territoriale, dalla città polare alla città dispersa.

Il terremoto ha cambiato tutto questo spingendo le scelte per le realizzazioni emergenziali dove è apparso possibile e razionale; utilizzando aree geologicamente sicure e funzionalmente collegate con le principali infrastrutture; cercando di formare nodi di riferimento intorno alla città antica e ai centri delle frazioni colpite; di fatto producendo una sorta di consolidamento dell'insediamento periferico per mezzo della localizzazione dei complessi del piano CASE, legati, come grani di un rosario al filo di una strada principale. Gli esiti di questo cambiamento radicale sono ancora largamente sconosciuti. Il centro storico de L'Aquila, quello che rappresentava la "la città", l'indiscutibile polo di riferimento del sistema urbano comunale e di un'ampia periferia costituita da una miriade di Comuni più piccoli, oggi è divenuto un grande elemento di discontinuità territoriale; un'isola impenetrabile per la vita del comprensorio intorno alla quale -in qualche modo- non solo sono state costruite migliaia di nuove case ma sono state rilocalizzate la gran parte delle numerosissime funzioni che si trovavano entro il suo perimetro. Un recinto chiuso intorno al quale si sono concentrati interventi di ogni tipo e per ogni bisogno. La prima cosa che si percepisce arrivando è il drastico cambiamento nel sistema dei riferimenti; la perdita di senso dei grandi segni del paesaggio e della storia; l'impossibilità di orientarsi attraverso emergenze e luoghi significativi. Il disegno di territorio appare oggi privo di una regola compositiva e soprattutto di spazi di aggregazione e di identificazione, di segni del costruito capaci di evocare un senso di centralità, di spazi-percorso tra un luogo e l'altro. Il sistema degli elementi di lettura del territorio e di interpretazione dello spazio urbano non esiste più. Né può essere surrogato dal disegno piacevole di alcune delle nuove costruzioni o dal sistema di aggregazione degli edifici all'interno dei quartierini antisismici. Ogni pezzo di questa nuova periferia contiene di tutto e tutto insieme: gli uffici sono nelle case o in costruzioni provvisorie sempre uguali; e così pure per le scuole, le attività commerciali e i luoghi di culto.

Il problema della mobilità -già evidente nella condizione pre-terremoto, soprattutto a causa della mancanza di un completo sistema di disimpegno est-ovest capace di far muovere il traffico di attraversamento lontano dal centro storico- ha raggiunto livelli tali da configurare una nuova emergenza. La difficoltà odierna di movimento intorno alla città è divenuta insopportabile e sicuramente di forte contrasto alla regolare ripresa di attività produttive; ma anche contraria alla semplice funzione abitativa, per i lunghi tempi di percorrenza e per la dispersione dei centri di servizio. Nel nuovo assetto i paesi periferici ed i semplici nuclei consolidati, che non hanno subito un'eccessivo danneggiamento, hanno rapidamente assunto valore di riferimento e di relativa centralità (è il caso di Pettino, Coppito, Preturo, Cese; ma anche dei nuclei produttivo-commerciali di Bazzano e Campo di Pile). Dagli ultimi dati disponibili sulla popolazione, nel territorio comunale de L'Aquila risultano presenti 60.000 ca. dei 72.000 residenti, oltre 20.000 persone ca. tra operatori delle costruzioni e studenti (-4.000 iscritti ca. nel nuovo anno accademico); 2.000 persone

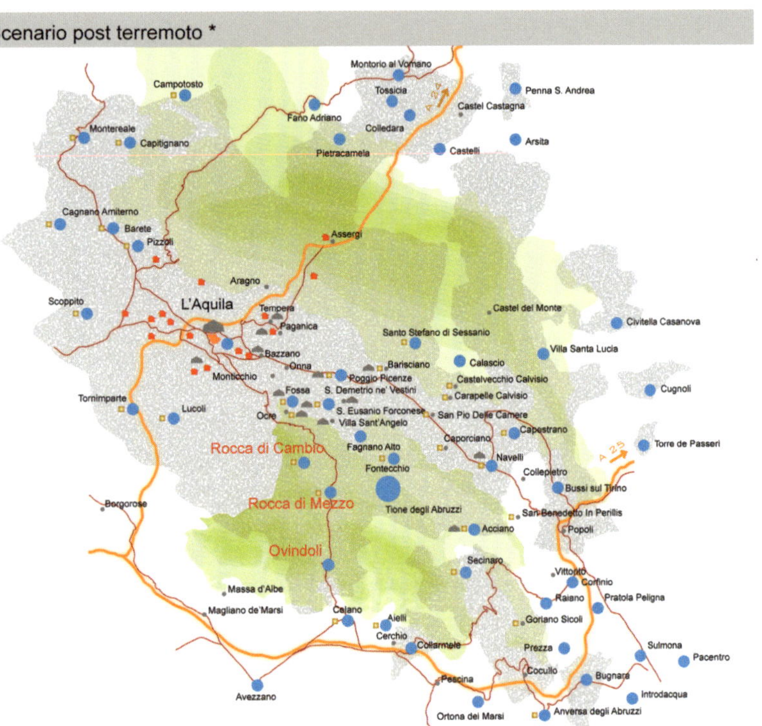

POPOLAZIONE ASSISTITA

Persone sfollate a fine aprile:	67.800
Persone in tenda al 31/07:	20.167
Persone in tenda al 28/09:	8.799
Persone in tenda al 26/10:	2.276
Persone in albergo al 28/09:	15.133
Persone in casa privata 28/09:	9.017

DATI M.A.P.

n. abitanti	6.000
n. abitanti per i M.A.P. in legno	2.300

DATI C.A.S.E.

lotti totali	30
edifici	184
posti letto	17.000

ESITI AGIBILITÀ

sopralluoghi effettuati 75.120 al 2/10

A 36.836 (49%)	
B 8.813 (11,7%)	
C 1.889 (2,5%)	
D 607 (0,8%)	
E 18.954 (25,2%)	
F 3.837 (5,1%)	

edifici in cat. B-C-D: 11.309 (15%)

edifici in cat. E-F: 22.791 (30,3%)

LEGENDA:

- Danni sisma sul patrimonio edilizio oltre il 50%
- Danni sisma sul patrimonio edilizio fino al 50%
- Tendopoli
- C.A.S.E.
- M.A.P.
- Autostrada
- Strade statali
- Cratere sismico
- Parco

* Report su popolazione assistita al 26 Ottobre 2009

sono ancora sistemate lungo la costa; il resto (10.000 abitanti ca.) ha trovato soluzioni abitative nei comuni del circondario, fino a Navelli, Ofena, Villa S. Lucia; ma anche ad Avezzano, Celano e in tutti i comini dell'Altopiano delle Rocche. I 144.000 residenti dei 57 comuni del Cratere sono tutti rimasti; la loro distribuzione è cambiata in modo sostanziale solo nel comprensorio urbano aquilano (figg. 2-3).

Rocca di Mezzo e le tematiche locali del recupero

Il tema di come intervenire nel centro storico del capoluogo è talmente preponderante nell'insieme delle questioni tragicamente emerse col terremoto da far sembrare poco significativi i danni subiti negli altri 56 comuni del Cratere. Ma se per L'Aquila non è messa in discussione la sua posizione preminente, il suo ruolo di polo di riferimento a livello regionale, lo stesso non accade per gli altri comuni. Il terremoto ha riportato in drammatica evidenza i problemi che affliggono le cittadine ed i piccoli centri storici

dell'interno e che riguardano da una parte l'assoluta necessità di mettere in sicurezza i complessi, dall'altra la cronica difficoltà di reperire le risorse necessarie per questo e per la tutela dell'enorme patrimonio storico-architettonico. Le stime del fabbisogno si rincorrono e quel che emerge dalle posizioni espresse dai Sindaci con i primi atti per la ricostruzione (perimetrazioni, aggregati, ipotesi di piani) è la costante necessità di creare aperture per reperire fondi non solo per le opere edilizie ma anche per le urbanizzazioni. Il timore diffuso è che le risorse messe a disposizione possano innescare una ricostruzione ed un recupero sporadici; prevalentemente affidato alla volontà e all'iniziativa dei privati; di mettere in moto dinamiche incapaci di svolgere un ruolo strutturale e di innescare processi virtuosi di valore strategico. Per molti Comuni sarà comunque difficile andar oltre limitati processi di ricostruzione e di recupero; per quelli invece che hanno conservato una certa vitalità, per merito della loro appartenenza a territori serviti dalle

infrastrutture più importanti o semplicemente perchè influenzati dalla prossimità ad aree più dinamiche, sarà possibile puntare all'attivazione di meccanismi più complessi e più pervasivi.
Premesso questo, il tema "strumentario tecnico per la ricostruzione post-terremoto" rimane fortemente condizionato. Tutto il sistema della pianificazione e della tradizionale programmazione delle opere pubbliche risulta chiaramente inadeguato mentre assumono importanza crescente le azioni di pianificazione strategica e la progettazione di opere nevralgiche finalizzata al reperimento di fondi e alla realizzazione.
In questa complessa, nuova situazione il Comune di Rocca di Mezzo assume un particolare valore emblematico. Il suo territorio svolge un ruolo nevralgico nel comprensorio dell'Altopiano delle Rocche -insieme ad Ovindoli e rocca di Cambio-. La sua posizione rispetto al Comune de L'Aquila è particolarmente felice, per la poca distanza (15 km ca.) e la facile accessibilità, per la maggiore altitudine (1.300 m.

slm.) -che ne fa un centro di turismo montano-, per la discreta disponibilità di servizi al cittadino, per la sua conformazione urbana e per la presenza di cospicui tessuti storici, per la disponibilità di un enorme parco di residenze turistiche (1.400 ca. seconde case) largamente sottoutilizzato; caratteristiche che hanno avuto un effetto molto significativo nei primi mesi seguiti al sisma. Oltre 1.500 persone (stima comunale al dicembre 2009) si sono stabilite nel territorio di Roccolano, unendosi alle 300 già residenti e colpite nelle proprie case.
Il fenomeno è ancor più significativo se si considera che il patrimonio abitativo comunale è stato duramente colpito, come testimoniato dalle 1.600 abitazioni dichiarate inagibili oltre a diversi edifici d'interesse pubblico (figg. 4-5-6).
Un patrimonio gonfiato a dismisura nell'ultimo quarantennio con politiche locali che hanno puntato sulle nuove urbanizzazioni e sulle costruzioni come motore economico, nella quasi completa mancanza di visioni strategiche. Politiche amministrative che hanno caratterizzato

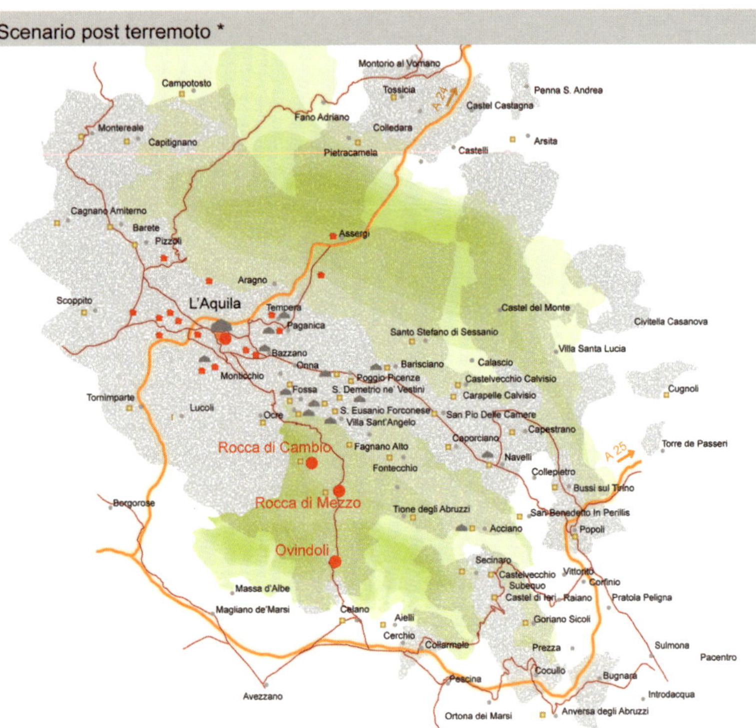

tutti e tre i Comuni dell'Altopiano e che, per la loro disorganicità, non hanno prodotto efficaci deterrenti nè per il decadimento delle attività economiche tradizionali, nè per il degrado del patrimonio dei centri storici, nè per l'abbandono da parte della popolazione.

Una disponibilità di alloggi tale da far rifiutare ai Sindaci di Rocca di mezzo e Ovindoli la localizzazione di MAP nei rispettivi territori.

Il gruppo di lavoro Interlab per Rocca di Mezzo ha condiviso fin dall'inizio questa visione con il Comune, fissando alcuni obiettivi dell'azione di supporto sia per la prima fase post-emergenziale, sia per quelle successive, delle prime scelte per il governo della ricostruzione:

documentare lo stato del patrimonio danneggiato evidenziando le particolarità architettoniche e dello spazio urbano, le aggregazioni e le appartenenze, che rappresentano gli elementi identificativi della storia e della cultura dei luoghi, in vista di una regolamentazione essenziale ma efficace per la ricostruzione;
formulare prime ipotesi per l'indi-

viduazione di una struttura di percorsi e di nodi spaziali per la messa in sicurezza dello spazio urbano e per la ricostituzione di una visione organizzativa;
costruire una visione di contesto strategico entro cui formulare un'ipotesi di riorganizzazione e riqualificazione delle risorse dl territorio dell'Altopiano;
individuare temi e luoghi centrali per lo sviluppo di progetti preliminari e per la valutazione della fattibilità.

Nel contempo il gruppo di ricerca ha dato sostegno al Comune nella produzione di elaborazioni tecniche rese necessarie ed urgenti dalle ordinanze e dalle direttive generali emanate dall'Unità di Missione Speciale per la Ricostruzione (perimetrazioni, aggregati, ecc.).

Uno scenario per il futuro

La questione della ricostruzione è investita a Rocca, forse più che altrove da alcuni interrogativi pregiudiziali:

- qual'è il nuovo scenario territoriale in cui si colloca il

PROGETTARE DOPO IL TERREMOTO

programma d'intervento;

- qual'è il contesto locale del recupero e quali le possibili finalità;
- quale il costo del recupero e quali gli attori;
- come perseguire criteri di sicurezza, innovazione, sostenibilità.

Come si è già detto, con la compromissione del centro storico de L'Aquila è venuta a mancare non una parte ma l'intera città di riferimento di un ampio comprensorio, compreso il territorio che va dal Gran Sasso all'intero bacino del Fucino.

Fino alla ricostruzione della città storica, il comune de L'Aquila sarà un polo di riferimento da un punto di vista funzionale ma mancherà di una forza attrattiva vera per la popolazione.

Molta parte della gente sfollata si trova ancora in sistemazioni precarie e comunque non definitive; molte famiglie aquilane risultano ogni giorno più interessate a realtà urbane pur secondarie ma vivibili sia per l'appartenenza alla periferia aquilana, sia per l'offerta di luoghi per la socialità tipici dei tessuti sedimentati storicamente. Questo bisogno ha già portato a Rocca di Mezzo oltre 1.500 nuovi abitanti, con una tendenza ad aumentare, probabilmente nella percezione dei tempi lunghi della ricostruzione nel capoluogo. La conseguenza immediata è stata l'incremento della domanda di servizi locali e lo sviluppo di nuovi circuiti commerciali capaci di fornire servizi in modo permanente e non solo nei periodi dell'affollamento turistico.

La visione strategica messa a punto dal Gruppo Interlab in collaborazione con il Comune ha tenuto conto delle condizioni e delle premesse metodologiche sopraesposte. Le ipotesi di scopo formulate riguardano periodi temporali diversi che vanno da quello breve (tre anni) a quello medio-breve (cinque anni) e medio-lungo (dieci anni). Le proiezioni sono relative alla qualità e alla dimensione degli interventi, con riferimento alla probabilità che alcuni di essi -quelli con valore più strutturale- possano trovare concreta e completa attuazione. Si parte dalla progettazione del recupero delle strutture storiche più importanti o più compromesse con la messa a punto di piani-codici che, a partire dalla messa in sicurezza degli agglomerati e dei complessi urbani (Rocca di Mezzo ha ben quattro centri storici in altrettante unità urbane indipendenti) puntano a fornire all'Amministrazione e ai singoli operatori gli strumenti per poter accedere alle possibilità di intervento (sostenute da sostegno finanziario) nella consapevolezza dei caratteri del patrimonio storico-architettonico e della possibilità della tutela degli stessi. I centri storici sono visti come i luoghi centrali del nuovo sistema; quelli che costituiscono l'altra grande attrattiva, oltre la montagna con i suoi sport e la sua natura; ma anche gli ambiti della nuova residenza, da incentivare sia per le attività stanziali, sia per innovative forme di ricettività diffusa, seguendo i modelli di eccellenza già esistenti nella regione. La montagna dovrà divenire un forte motore dello sviluppo per mezzo della completa integrazione tra i bacini sciistici del Monte Magnola e di Campo Felice e della formazione di circuiti molto più estesi e complessi di quelli attualmente disponibili, capaci di sfruttare al meglio le diverse esposizioni invernali ed i corrispondenti innevamenti. Un ruolo essenziale sarà svolto da una rete integrata della mobilità sostenibile che non solo possa consentire un'agevole spostamento longitudinale nell'Altopiano, riducendo il traffico tradizionale ed offrendo le alternative ciclopedonali, ma che arrivi ad avere dei sistemi forti di accesso da valle -sia dal versante a aquilano che da quello marsicano-, utilizzando mezzi a fune. L'effetto potrà essere quello di integrare ulteriormente questi territori montani con quelli vallivi (come già avviene in diverse situazioni, soprattutto sulle Alpi -vedi Bolzano con l'Altopiano del Renon, ecc.-) ma anche di realizzare un necessario alleggerimento del traffico veicolare in quota e il conseguente danno ambientale. Da luogo dell'escursione occasionale e dello sport invernale l'Altopiano delle Rocche si avvia a divenire un'opzione abitativa

CODICE ESITO	DESCRIZIONE
A	EDIFICIO AGIBILE
B	EDIFICIO TEMPORANEAMENTE INAGIBILE (tutto o in parte), ma agibile con provvedimenti di pronto intervento
C	EDIFICIO PARZIALMENTE INAGIBILE
D	EDIFICIO TEMPORANEAMENTE INAGIBILE da rivedere con approfondimento
E	EDIFICIO INAGIBILE
F	EDIFICIO INAGIBILE per rischio esterno

comune_classificazione di agibilità:

A = 89 %   A :   1476 edifici

B - F = 11 %   B - F :   144 edifici

centro storico_classificazione di agibilità:

A = 83,4 %   A :   879 edifici

B - F = 10,06 %   B - F :   106 edifici

Rilievo dello stato
del danno

PROGETTARE DOPO IL TERREMOTO

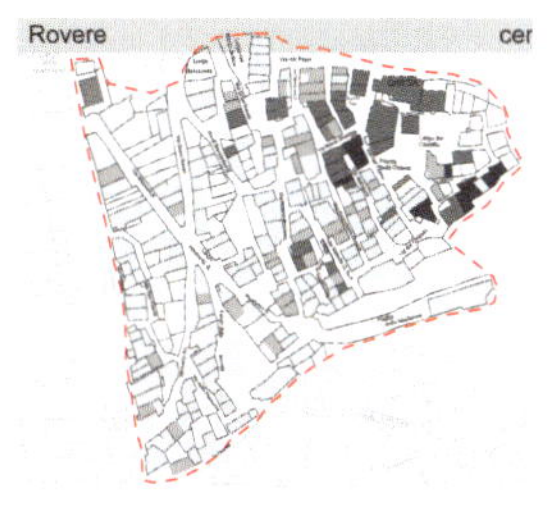

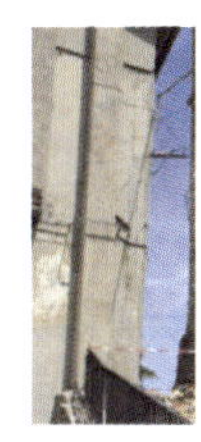

A = 71,05 %   A : 243 edifici
B - F = 8,10 %   B - F :   9 edifici

A = 64,81 %   A : 151 edifici
B - F = 8,58 %   B - F :   20 edifici

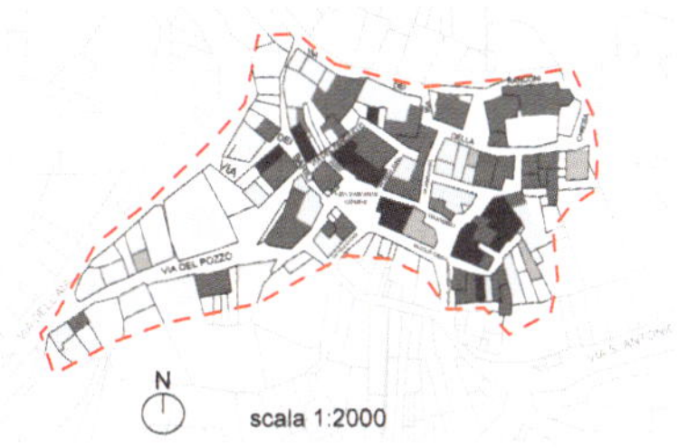

A = 53,15 %   A :   59 edifici
B - F = 8,10 %   B - F :   9 edifici

Rilievo dello stato
del danno

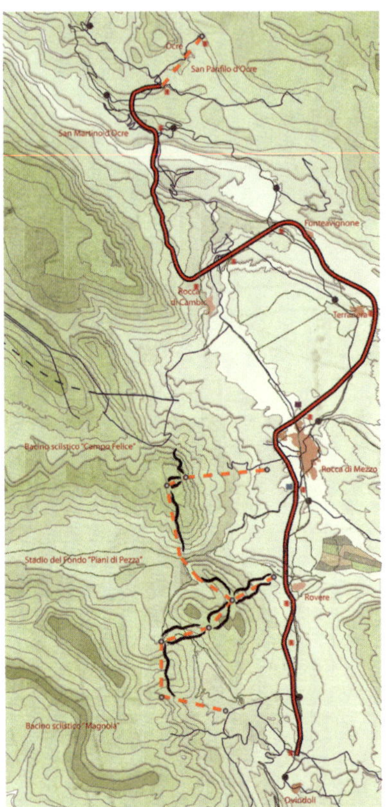

sostenibile nell'insieme della città aquilana; una città esplosa in cui alla tradizionale struttura centripeta si va rapidamente sostituendo uno schema a corona circolare allargata. La lunghezza del tempo necessario per far tornare a vivere il centro de L'Aquila sarà determinante per la forza che questa nuova organizzazione potrà assumere in via definitiva.

In queste circostanze il bacino delle Rocche vive una stagione di grandi partite che devono essere giocate con chiarezza di obiettivi e spirito unitario:

- il sisma ha colpito, ma producendo danni relativamente limitati e innescando un processo di riflessioni, di azioni solidali, di nuovi dinamismi;
- la domanda di residenza che spontaneamente ha portato famiglie da L'Aquila appare destinata a crescere -almeno per un periodo breve-medio: due o tre anni- e si caratterizza per il suo bisogno di qualità urbana;
- il Comprensorio ha chiaramente mostrato di possedere un parco-alloggi esorbitante le capacità d'uso delle utenze turistiche che ha bisogno di una migliore utilizzazione;
- i Comuni dell'Altopiano -ma soprattutto Rocca di Mezzo- sono caratterizzati da parti storiche di dimensioni cospicue, di grande potenzialità attrattiva, danneggiate in modo non gravissimo dal terremoto, ma in gran parte degradate dal poco uso o da azioni di recupero spontanee e incongrue; un patrimonio che pone una grande esigenza di essere riportato al centro delle dinamiche insediative;
- le recenti iniziative in termini di nuove dotazioni infrastrutturali (v. soprattutto la strada di collegamento con il bacino di Campo Felice e con l'uscita autostradale di Tornimparte), ispirate a visioni parziali ed antiquate del miglioramento delle connessioni e degli assetti locali, rischiano di innescare processi di squilibrio ingovernabile, di degrado delle risorse ambientali e di incrementi

di costi dell'urbanizzazione insostenibili per le casse dei Comuni (nuovi parcheggi attrezzati, viabilità di raccordo, servizi pubblici vari, con relative manutenzioni);

- il recupero dei borghi storici appare necessario ed urgente per rafforzare il ruolo delle centralità urbane ma anche per migliorare l'offerta di luoghi della qualità e dell'identità, tra storia, cultura e natura;
- i borghi storici sono parti fondamentali di un nuovo sistema urbano, esteso all'intero Altopiano, che deve essere governato come un organismo in cui gestire le centralità, le connessioni, i disimpegni, le tutele e i costi;
- tale sistema urbano deve dotarsi di una visione strategica alla quale ciascun Comune dovrà riferire la propria azione amministrativa (fig. 7).

In questo quadro il recupero dei borghi antichi rappresenta un impegno strutturale inteso non solo ad evitare la perdita del patrimonio storico-architettonico-urbanistico ma soprattutto a realizzare una nuova offerta di qualità che può rappresentare uno dei principali motori del rilancio delle economie locali. A Rocca di Mezzo come a L'Aquila il terremoto ha colpito, nei centri storici, un valore essenziale di questo territorio e l'impegno per la ricostruzione deve essere inteso come pregiudiziale per le attività e la vita delle popolazioni locali.

Sicurezza, innovazione, sostenibilità

Rispetto alla prospettiva di fondo sopra delineata, si possono promuovere fin d'ora alcune iniziative che sono finalizzate a far maturare rapidamente la capacità competitiva del sistema Altopiano, promuovendo la convergenza tra Comuni, Amministrazione regionale, Università e imprese. In particolare si potrebbero avviare nel breve termine le seguenti azioni:
La definizione di una prima *piattaforma programmatica*, che faccia progredire e conoscere all'esterno la nuova visione auspicata per il futuro del Comprensorio, esplicitandone operativamente i contenuti e le ricadute possibili;
Formalizzazione di un accordo Comuni-Regione-Università, per la promozione di un *programma di capacitazione* del sistema Altopiano delle Rocche con attività di ricerca, di sperimentazione e di formazione orientate all'innovazione nel campo della sostenibilità ambientale e nei processi di recupero dei centri storici;
Costruzione di un accordo Comuni-Regione-Imprese per una *possibile agenda tematica per le imprese*, finalizzata alla creazione di una filiera specializzata nel settore delle "costruzioni sostenibili" e più complessivamente del recupero del patrimonio storico-architettonico-urbanistico e la riconversione della città storica esistente in città sicura e sostenibile;
Predisposizione di un *programma di comunicazione integrata*, finalizzato a far conoscere l'impegno dei Comuni e degli altri attori sia all'interno che all'esterno del territorio aquilano;
Promozione di un progetto pilota, *Centri storici sostenibili in Abruzzo*, in grado di far sperimentare concretamente l'approccio alla sostenibilità nella collaborazione tra amministrazione, università e imprese.

(*)Gruppo di lavoro: Lucio Zazzara (coordinamento), Michele Di Sivo, Marco Morante, Vincenzo Sep e, Lucia Serafini, prof. Marcello D'Anselmo
Collaboratori
Valentina Antonioli, Walter Basciano, Pietro Casasanta, Ginevra Catasta, Manuela Collipa, Valentino Consorte, Silvia De Michelis, Antonio De Simone, Daniele Fiucci, Lucia Labombarda

LA SCOMMESSA TERRITORIALE DELLA RICOSTRUZIONE*

Lucina Caravaggi

Il lavoro presentato sinteticamente in questo testo è stato avviato secondo le necessità operative che caratterizzano la fase post-sisma: ricognizione dei danni, messa punto di rilievi ravvicinati del centro storico, organizzazione di archivi georeferenziati che potessero agevolare la gestione delle fasi successive. Tale lavoro è stato possibile grazie all'impegno dei docenti e degli studenti del corso di Laurea triennale di *Urbanistica e Sistemi Informativi territoriali* e del corso di laurea specialistico in *Pianificazione della città, del territorio, dell'ambiente* (Facoltà di Architettura L. Quaroni, Sapienza Università di Roma) .

Ben presto tuttavia (settembre 2009) il Sindaco di Rocca di Mezzo, ing. Emilio Nusca, ha manifestato la volontà di connettere, già dalle prime fasi di attività, i progetti di ricostruzione a quelli di riorganizzazione territoriale.
Questo ha determinato uno scarto rispetto all'impostazione iniziale, ed ha obbligato ad allargare rapidamente lo sguardo al contesto da cui Rocca di Mezzo è inscindibile, a quell'altipiano delle Rocche che a partire dal nome, dalla conformazione idro-morfologica, dalle connotazioni storiche ed ecologiche, fino alle economie montane contemporanee costituisce un

territorio coeso e unitario (il che non equivale a dire che non ci sono differenze e competizioni al suo interno).
Da questo momento in poi il gruppo di lavoro della Sapienza ha orientato le indagini al contesto dell'Altipiano, allargando il dialogo ai tre Comuni di Ovindoli, Rocca di Mezzo e Rocca di Cambio (un momento significativo di questo dialogo è stato il convegno organizzato dal Comune di Rocca di Mezzo nel dicembre 2009, in occasione del ripristino "simbolico" del campanile di Rovere distrutto dal terremoto).
In una seconda fase (giugno 2010) , un interessante processo di auto-aggregazione dei Comuni del Cratere (processo attivamente sostenuto dal Sindaco di Rocca di Mezzo) ha condotto alla creazione di "aree omogenee", con la finalità di favorire il coordinamento dei processi di sviluppo territoriale connessi alla ricostruzione. E' stata costituita in questo *modo l'area omogenea della neve* a cui, oltre ai tre comuni dell'altipiano delle Rocche, partecipa il comune di Lucoli, che è parte integrante del

comprensorio sciistico, e tra breve sarà connesso direttamente all'altipiano anche via gomma attraverso la nuova galleria di Serralunga.
In questo quadro le indagini hanno avuto una finalità chiara: individuare un insieme di azioni a supporto delle popolazioni locali e delle loro economie capaci di aumentare il livello di coesione e collaborazione territoriale con gli altri comuni colpiti e con le concentrazioni insediative adriatiche e tirreniche a cui il territorio aquilano è strategicamente connesso, ma capaci anche di instaurare un rapporto cosciente con la evoluzione degli ambienti montani (ed i loro *limiti*). In sintesi un insieme di azioni capaci di prefigurare un territorio futuro da cui sia possibile *non andare via*.
A questi obiettivi è stato connesso il significato di *sostenibilità*, che ha orientato la riflessione sulle politiche territoriali (passate e future), la scelta delle azioni progettuali e anche le modalità di organizzazione del dialogo con le popolazioni colpite.

Dall'interno-dall'esterno

Quando si ha a che fare con un territorio colpito dal sisma non si dovrebbe mai concedere spazio né alle *retoriche* sulla partecipazione né ai *saperi tecnici forti,* avulsi dalla possibilità di essere compresi e controllati da parte delle popolazioni (saperi troppo spesso strumentali e strumentalizzabili).

Dialogare è un presupposto ineliminabile per essere utili; e contemporaneamente è necessario ricorrere a tutte le più avanzate tecniche di lavoro che si hanno a disposizione al fine di valutare preventivamente, e in tempi brevi, le conseguenze di un'azione(prima di realizzarla).

Il primo atteggiamento (dialogare) presuppone la messa in campo di punti di vista completamente interni al contesto, che permettono la condivisione di speranze e delusioni, pregiudizi e aperture, attivando forme di "immedesimazione" con i soggetti locali (cercando cioè di assumere i loro stessi punti di vista). Questo non significa aggiungere connotazioni mistiche al concetto di "locale" (già pericolosamente dilagante), né illudersi che attraverso l'ascolto si possa raggiungere "l'equità sociale" in modo lineare , ma semplicemente avere le idee più chiare circa le possibilità di successo di un'azione.

Le occasioni di dialogo, in una fase post-sisma, non mancano: in molti hanno voglia di parlare, di conoscere, di ricordare, ecc. ma anche nei dialoghi più strutturati, durante i " momenti di confronto collettivo" (riunioni, incontri, piccoli convegni, feste) la distanza tra cittadini e tecnici, cittadini e istituzioni sembra ridursi , e il condizionamento dei ruoli stemperarsi a favore di pratiche più informali.

Ai nostri studenti è stato raccomandato di evitare qualsiasi inflessione retorica nei momenti di incontro con la popolazione colpita, cercando piuttosto di aumentare l'attenzione, di annotare, di comparare, mettendo a punto un catalogo speditivo di *indicatori tematici* (quali sono le questioni, i problemi, ma soprattutto le attese che più frequentemente emergono attraverso le parole e i comportamenti dettati dall'emergenza ?)

Il secondo atteggiamento (*valutare le azioni in rapporto alle loro possibili conseguenze*) presuppone una rapida messa a punto di un *catalogo progettuale*, capace di rielaborare quanto emerge dal contesto attraverso una selezione non pre-giudiziale ma una *verifica pragmatica* delle diverse ipotesi, cercando cioè di simulare e comunicare con chiarezza i possibili effetti di un'azione rispetto al contesto stesso (una verifica è tale solo se *argomentabile democraticamente* attraverso informazioni controllabili e conoscenze condivise).

Questa modalità di lavoro obbliga ad utilizzare tutti i saperi necessari , resi disponibili attraverso il dialogo multidisciplinare, al fine di "simulare mentre si progetta", facendo cioè interferire continuamente la simulazione con la costruzione del progetto. Si evita per questa via il ricorso alle verifiche a posteriori, inutili e cariche di disillusioni (appartengono a questo atteggiamento i richiami alla fattibilità normativa, economica, sociale, ecc.).

Il ruolo del tecnico viene in questo modo ricondotto alla sfera della razionalità che, in parte, gli è propria (sguardo esterno al contesto), ma al servizio di azioni che vengono suggerite dall'interno e che è indispensabile verificare attentamente per il bene del contesto stesso. Si tratta di una forma di "circospezione" (nel senso più vicino alla etimologia del termine, cioè *guardarsi intorno attentamente*) che consiglia di non avviarsi in modo superficiale verso una direzione dalla quale, dopo, diventerebbe difficile tornare indietro. Il terremoto obbliga a velocizzare questo tipo di elaborazione, costringendo i tecnici impegnati a condensare in pochi mesi quello che normalmente verrebbe elaborato in qualche anno, in modo da non rallentare i processi decisionali, e non costituire alibi per le scelte calate dall'alto. Ma il poco tempo a disposizione può a volte può anche risultare positivo, obbligando a considerare le cose in modo più essenziale. Questo atteggiamento ha guidato la selezione delle azioni di progetto.

Prima-dopo

Quando si affronta la discussione dei problemi di un territorio che ha subito un evento calamitoso c'è il rischio di ricondurre ogni problema all'evento stesso. Che il terremoto rischi di accentuare *tutti* i problemi è indubbio, ma proprio per questo è utile mettere in chiaro i problemi che esistevano anche prima del terremoto , ed in che misura l'evento potrebbe amplificarli.
Le indagini sullo stato pre-sisma hanno tracciato la mappa dei problemi principali dell'Altipiano, definendone entità e caratteri evolutivi . Non sono state tracciate mappe esaustive (tutti i problemi) ma sono state approfondite le questioni rilevanti emerse dal confronto con la popolazioni e gli amministratori locali, ed in particolare:

- lo svuotamento di senso e di funzioni vitali dei centri storici in rapporto alla diminuzione della popolazione residente e alla mancanza di servizi, che tendono a localizzarsi nelle espansioni residenziali "esterne";

- l'estrema stagionalità dei flussi turistici, la mancanza di qualità delle strutture di supporto alle attività turistiche, la recettività ancorata a modelli del passato;
- la conflittualità accentuata tra conservazione e trasformazione, la mancanza di dialogo tra Amministrazioni locali e Enti di tutela (Parchi), la presenza di immaginari e pregiudizi che bloccano sul nascere il dialogo sulle prospettive concrete di sostenibilità delle trasformazioni alimentando contrapposizioni di natura ideologica.

Le indagini hanno evidenziato come il sisma dell'aprile 2009 ha accentuato tali problemi . Ma hanno evidenziato anche le molte cose positive già consolidate sull'altipiano e soprattutto i progetti in fase di realizzazione al momento del sisma, a partire dalla nuova strada di collegamento con Lucoli, alle attrezzature turistiche intercomunali a supporto del comprensorio sciistico (collegamento dei due poli all'oggi separati di Campo Felice e Monte- Magnola), al miglioramento

degli insediamenti residenziali sparsi (connessioni pedonali e ciclabili con i centri storici, parcheggi di scambio, attrezzature urbane, ecc). Questo tipo di chiarimento ha permesso di connettere le azioni che dovranno caratterizzare la fase di ricostruzione post-sisma al "vissuto" del territorio, evitando il ricorso a "ricette miracolose" avulse dal contesto, responsabili di pericolose illusioni (e deprimenti disillusioni).

Da vicino/da lontano

C'è un doppio rischio quando si lavora in un territorio colpito dal terremoto. Da una parte lo schiacciamento prodotto dallo sguardo ravvicinato, che è portato a cogliere i dettagli,i particolari, i minimi rilievi, ecc. perdendo di vista le connessioni con il "mondo", i legami, le interdipendenze, gli scambi attuali e potenziali con altri contesti legati (fisicamente o meno) a quello in cui si ci trova. Dall'altra, il lasciarsi trascinare dai modelli, dagli schemi strategici, dalle politiche di sviluppo alle scale regionale-nazionale-transnazionale che sembrano

indicare direzioni certe, ma che spesso appaiono così lontani, così indifferenti, così impermeabili alle differenze locali da non avere al loro interno lo spazio adeguato per accoglierle, e svilupparle.
La proiezione strategica affascina chi la frequenta (anche a livello locale) con le sue speranze di movimento, di connessione, di ricchezza ma quando si cerca di mettere a fuoco da vicino quel movimento, quelle connessioni e quella ricchezza ai più non vengono in mente azioni ravvicinate, capaci di intercettare il " potenziale" . Ma anche rifugiarsi nel locale è solo apparentemente una mossa sicura, e spesso risulta del tutto inefficace.
Nel lavoro svolto la dimensione strategica e quella locale sono state sollecitate il più possibile contemporaneamente, e la tensione che ne è derivata è stata ricondotta ad un comune riferimento: la conoscenza ed il rispetto dei limiti del contesto, quei limiti che rendono questo contesto unico e prezioso. Con questo non si intende affermare che la tensione è scomparsa: tra le immagini strategiche che

PROGETTARE DOPO IL TERREMOTO

promettono di intercettare flussi enormi di persone, di transiti, e quindi di ricchezze (prevalentemente connessi al turismo) grazie alla posizione baricentrica del territorio aquilano rispetto al bacino di Roma e a quello Adriatico e ad un sistema di collegamenti autostradali che appare ancora oggi invidiabile e sottoutilizzato , tra queste immagini larghe, orizzontali, astratte e quelle che provengono dai contesti colpiti dal sisma, centrate su economie poco vitali, sulla ricerca di riscatti immediati, sull'orgoglio di un passato ancora vivo di significati ma dal quale non si vede l'ora di scappare, è stata inserita la considerazione dei limiti (ambientali innanzi tutto, ma anche culturali, e sociali) intesi come una risorsa da cui ripartire, e non un gap da superare. Il rischio di una valorizzazione che porta a consumare il bene (non rinnovabile) che si vorrebbe valorizzare (in questo caso il rapporto tra insediamenti storici ed equilibri ecologici della montagna, al quale si deve un paesaggio straordinario), in questo territorio esiste da molti anni e il

terremoto rischia di accentuarlo. Oltre al tema dei "limiti" è stato introdotto quello della "coesione territoriale", intesa come insieme di legami da potenziare, connessi alle esigenze di scambio e alla complementarietà dei diversi centri, nel tentativo di evitare competizioni inutili e sprechi (come capita quando due comuni pretendono di avere le stesse attrezzature, che rimarranno sottoutilizzate). In questo quadro il "campanilismo" è stato accettato e valorizzato, puntando sul concetto di "vocazione" (anche se il termine è ambiguo si vuole indicare il tentativo di riconnettere una previsione a qualcosa che, in modi diversi, è già presente in un contesto , anche solo al livello di immaginario collettivo locale) e sulla "equilibrata distribuzione degli interventi " all'interno dei diversi territori comunali.
La coesione sembra innanzi tutto il risultato di una ritrovata fiducia nella possibilità di co-operare, senza dover sempre sopravanzare il vicino.

Il programma di lavoro
Più che ricostruire a posteriori il percorso svolto, in questa sede è forse utile ripartire da quel piccolo significativo convegno del dicembre 2009, organizzato dal Comune di Rocca di Mezzo, in occasione del ripristino simbolico del campanile di Rovere, a cui i vigili del fuoco di Cesena hanno ridato provvisoriamente forma (allestimento temporaneo del volume originario), permettendo di recuperare uno dei riferimenti principali dello sguardo collettivo che si rivolge "in alto", verso il paese.
E' in quella sede che il gruppo di lavoro universitario ha presentato pubblicamente una bozza di programma, a conclusione di una prima fase di indagini e di un periodo di permanenza sull'Altipiano. In sintesi vi si affermava che la ricostruzione avrebbe dovuto rafforzare positivamente due principali indirizzi che *erano già* in larga parte presenti nelle attese della popolazione e nei programmi delle amministrazioni locali. .
Si affermava in sintesi che gli interventi nei centri storici non

potevano essere sconnessi da quel territorio di cui i centri stessi sono stati in passato fulcro funzionale e simbolo; che a un territorio privo di vitalità corrispondono centri storici spopolati e abbandonati; che la strada della rivitalizzazione passa obbligatoriamente per la messa a punto di rapporti sostenibili tra spazi-ambienti e economie, e che compito del "progetto" è trovare le interconnessioni intelligenti per far reagire contemporaneamente spazio storico e spazio della contemporaneità (a questa ultima immagine le popolazioni locali generalmente connettono quello che sta "fuori" dai centri storici, cioè insediamenti, collegamenti e attività produttive più recenti).
Per questo si consigliava di ripensare il ruolo dei centri storici -presidi dell'identità collettiva- con uno sguardo rivolto non solo al passato. Specificatamente nella bozza di programma presentato al convegno si affermava:
Rivolgere ai centri storici uno sguardo diretto al futuro significa sinteticamente attivare una politica

vitale, in cui ricostruzione e messa in sicurezza dei centri storici (obiettivi cardine di ogni post-terremoto) coincidano con:
Qualità degli interventi di restauro, che significa utilizzare appieno quanto messo a punto nelle recenti esperienze nazionali , che dovrebbero "facilitare" ed accorciare i tempi della redazione dei progetti di recupero; ed inserendo come variabile innovativa rispetto al passato la ricerca della massima efficienza energetica degli edifici, da perseguire attraverso la ri-attualizzazione di alcune misure "passive" legate alla tradizione e spesso dimenticate (esposizione e dimensioni delle aperture, efficienza delle murature, impiantistica avanzata, ecc..).
Cura nella rilettura di spazi di accesso, percorrenze, parcheggi, ecc. tenendo presente che un assetto funzionale di questi spazi è strettamente connesso alla messa a punto di piani di sicurezza e prevenzione del rischio sismico, con implicazioni evidenti per gli interventi di protezione civile.
Rilettura e valorizzazione dei rapporti tra centri storici e contesti paesistici di appartenenza, soprattutto nei fronti storici che si aprono ancora sulla campagna, con particolare attenzione al recupero delle percorrenze pedonali che legano i centri allo spazio aperto circostante e alle sistemazioni del suolo, (come terrazzamenti in pietra, sistemi di regimazione delle acque meteoriche, muri di sostegno drenanti, stalli per gli animali, ecc.) che spesso hanno un ruolo fondamentale nella stabilità idrogeologica dei territori montani, oltre ad essere testimonianze paesistiche di straordinaria bellezza.
Avvio di attività capaci di innovare (in chiave contemporanea) i valori collettivi dello spazio storico "restaurato" , favorendo l'inserimento di funzioni vitali (commerciali , di incontro e divertimento, connesse alla ristorazione, alla produzione artistica e artigianale, ecc.).
Ma i centri storici sono i fulcri di un **territorio più vasto**, quell'Altipiano delle Rocche che si troverà ad affrontare i processi complessi che potranno derivare dal terremoto negli anni a venire. La direzione indicata in questi mesi è, e non potrebbe essere diversamente, quella di favorire processi di sviluppo equilibrato, commisurato alla tradizione locale e agli straordinari valori ambientali del contesto. A questo fine l'attività di ricerca sta approfondendo i tre scenari che dovranno ordinatamente convivere nell'altipiano, perseguendo prestazioni elevate in termini economici, culturali e ambientali (prestazioni correlate e non scisse, o peggio conflittuali tra loro). Per questo è necessario valutare con attenzione le conseguenze che ciascuna azione ipotizzata potrebbe avere su tutte le altre, rinunciando a quanto è in evidente contrasto con le finalità generali, in nome della correlazione coerente delle azioni all'interno di quello che è, e non bisogna dimenticarlo, un contesto unico.
Il miglioramento delle **prestazioni insediative dell'altipiano**, per rafforzare le comunità insediate ed il loro eventuale incremento, attraverso una politica di servizi adeguati (collegamenti, istruzione, commercio, ecc.) ma anche il rafforzamento dell'identità culturale del "vivere nell'altipiano", con la ricerca di tipi di insediamento e spazi di vita non standardizzati, capaci di rafforzare le specificità di un appartenenza (specificità climatiche, ambientali e storiche).
Il miglioramento delle **prestazioni turistiche dell'altipiano**, attraverso il rafforzamento ed il completamento di quanto già avviato a favore sia del turismo invernale (collegamenti stradali, connessioni di comprensorio, miglioramento della qualità dell'offerta alberghiera, ecc.), che di quello estivo: sistema di accessi e parcheggi, collegamenti pedonali e ciclabili, sentieristica, ecc. . A questo si dovrà affiancare l'auspicabile realizzazione di quelle strutture al servizio dello sport e della pratica sportiva che sono ormai obbligatorie per rendere l'offerta turistica competitiva (maneggi, polo d'acqua, strutture per benessere e la cura rivolto a categorie specifiche, a partire dalle attività già presenti nell'area rivolte agli anziani, ai bambini con problemi psico-motori ecc.)
La **tutela e il possibile migliora-**

mento delle prestazioni ecologiche dell'altipiano, attraverso non solo l'osservanza dei principi di "compatibilità", in collaborazione con il Parco del Velino -Sirente, ma attraverso politiche attive rivolte alla biodiversità, favorendo in particolare la le attività tradizionali legate al pascolo e al governo dei boschi. L'attivazione di filiere virtuose per la biodiversità passa anche attraverso una politica di comunicazione e commercializzazione degli straordinari prodotti che della biodiversità sono espressione, capaci di trasformarsi in segnale multi-sensoriale comprensibile a tutti (formaggi innanzi tutto, salumi, miele, pane, ecc.).

Bibliografia
Struttura Tecnica di Missione, *Linee di indirizzo strategico per la ripianificazione del territorio.* Versione del 20 luglio 2010
Bazzucchi Alberto, , Gli effetti economici del terremoto dell'Aquila: una prima valutazione , Cresa , giugno 2009
Bazzucchi Alberto, L'economia abruzzese ed aquilana tra crisi internazionale e terremoto: una valutazione attraverso i dati della demografia d'impresa , Cresa, 2009
Cresa, Economia e società in Abruzzo, rapporto 2009
Cresa regione Abruzzo, Osservatorio regionale della montagna abruzzese ,L'Aquila 2008
Regione Abruzzo, Parco Regionale Sirente-Velino, Universita' dell'Aquila ,Convenzione 11 Marzo 1998, Studi Preliminari al Piano del Parco
Regione Abruzzo, Programma Operativo Regione FERS 2007-2013, luglio 2009
Regione Abruzzo, Piano di Sviluppo Rurale, 2007-2013
Provincia dell'Aquila Piano Territoriale di Coordinamento Provinciale, Relazione Tecnica ,2002
Regione Abruzzo, Studio di fattibilità per una Piattaforma Territoriale Strategica della regione Abruzzo, 2006
Pisu Sabrina , Zardetto Alessandro, *L'Aquila 2010. Il miracolo che non c'è,* Castelvecchi, Roma,2010
Frisch Georg Josef, L'Aquila non succide così anche una città? Clean , Napoli, 2009

Il gruppo di ricerca della prima facoltà di Architettura L.Quaroni, *Sapienza Università di Roma* ha iniziato la sua attività all'interno dei *Laboratori interdisciplinari- territori del sisma* nel Comune di Rocca di Mezzo in collaborazione con l'Università di Pescara.
Nel luglio 2009 la prima facoltà di architettura L.Quaroni, Sapienza Università di Roma, ha aderito alla rete intersede RITSS (Rete Interfacoltà Terremoti e Sviluppo Sostenibile), promossa nel Seminario dell'Aquila del 5 maggio 2009 e finalizzata ad approfondire i temi della ricerca e della sperimentazione relativamente ai temi posti dal terremoto e dalla ricostruzione con particolare riferimento al territorio abruzzese colpito dal sisma del 6 aprile.

(*)Gruppo di lavoro
Il gruppo di ricerca della prima facoltà di architettura L.Quaroni, Sapienza Università di Roma è stato coordinato dai docenti Susanna Menichini (coordinamento generale) Lucina Caravaggi (responsabile scientifico),Cristina Imbroglini (coordinamento operativo) con il prezioso supporto di Francesco Cerroni e Valentina Azzone.
I laureandi triennali, tirocinanti presso il Comune sono stati: Matteo Cirilli, Patrizio Conti, Giovanni D'Aguanno, Francesca Ottaviani, Ilaria Piterà Quattromani
I laureandi magistrali che hanno svolto le indagini e collaborato alle esplorazioni progettuali sono Celeste Lai, Valentina Marino, Massimiliano Paolini, Elena Cupisti .

SPERIMENTAZIONI
TESTINGS

PIANO C.A.S.E. E M.A.P.

Paolo Fusero

Il 6 aprile 2009 in piena notte, alle 03:32, un sisma di intensità pari a 5,8 della scala Richter ha colpito L'Aquila e la sua Provincia. L'evento è stato preceduto da una lunga serie di scosse iniziate a dicembre 2008 e protrattesi con intensità sempre crescente fino al terremoto di inizio aprile che ha causato la morte di 308 persone e ha cambiato la vita a moltissime altre. Anche i danni al patrimonio edilizio risultano evidenti fin dalle prime ore: il 32% degli edifici privati sono inagibili, così come il 21% di quelli pubblici e il 54% del patrimonio storico artistico. Alla fine di aprile circa 67.500 persone che hanno perduto la casa sono assistite dalla Protezione civile nei campi di accoglienza, negli alberghi della costa, o in altre situazioni abitative di fortuna. Nel corso dell'estate si aprono i cantieri del Piano C.A.S.E. e del Piano M.A.P, che con tempi rapidissimi offrono una soluzione abitativa confortevole a molti sfollati, ma ancora oggi a L'Aquila stentano a partire i lavori per il recupero del centro Storico. E' quindi tempo di fare un bilancio scientifico sul processo di ricostruzione, valutandone luci ed ombre con l'intento costruttivo di tenere alta la tensione. Nelle note che seguono, dopo una rapida descrizione del modello posto in essere dalla Protezione Civile italiana, vengono analizzati i risultati raggiunti rispetto a tre obiettivi prioritari, l'emergenza abitativa, il recupero del patrimonio storico e la rinascita delle economie locali, riflettendo su alcuni rischi che si sono venuti a determinare ed alcune attenzioni che sarà opportuno prestare, nella consapevolezza che non si può ancora cantare vittoria per quanto di buono è certamente stato fatto, fin tanto che i tre obiettivi citati non saranno pienamente raggiunti.

Il modello di ricostruzione.

L'emergenza abitativa conseguente al sisma abruzzese del 2009 è stata affrontata adottando un modello di ricostruzione innovativo rispetto alle esperienze italiane degli ultimi cinquant'anni (Belice 1968, Friuli 1976, Irpinia 1980, Umbria e Marche 1997, Molise 2002), talune delle quali hanno determinato la permanenza degli sfollati in situazioni abitative precarie (case-container) anche per molti anni. Dopo la primissima fase, durata 5-6 mesi, di assistenza alla popolazione attraverso soluzioni temporanee di rapido allestimento, ma certamente disagevoli (tende, alberghi), si è dato il via alla realizzazione di due distinti programmi di costruzione di insediamenti residenziali confortevoli atti ad accogliere la popolazione sfollata: il *Piano C.A.S.E.* (Complessi Antisismici Sostenibili Ecocompatibili) e il *Piano M.A.P.* (Moduli Abitativi Provvisori). Il primo riguarda 19 aree nella periferia de L'Aquila dove sono stati realizzati

185 edifici prefabbricati di tre piani fuori terra, per un totale di 4.600 appartamenti (circa 17.000 persone ospitate). Ogni edificio appoggia su una piastra di c.a. isolata dal terreno attraverso dei dispositivi antisismici detti "a pendolo scorrevole" che garantiscono la necessaria elasticità alle sollecitazioni orizzontali. Il secondo programma (M.A.P.) riguarda invece 107 insediamenti di casette di legno per lo più ad un livello, che sono stati realizzati nei restanti 53 comuni del cratere sismico e in 29 frazioni de L'Aquila (circa 10.000 persone ospitate). Gli edifici realizzati in entrambi i programmi edilizi (soprattutto nel C.A.S.E.) hanno caratteristiche costruttive che garantiscono una durata nel tempo ben oltre l'emergenza abitativa, che si spera possa essere contenuta, nei casi meno fortunati, in 10-15 anni. Si pongono quindi i temi del riutilizzo degli insediamenti abitativi una volta cessata l'emergenza, della loro "metabolizzazione" da parte dei delicati contesti territoriali in cui sono stati inseriti, e della individuazione di una strategia complessiva di rilancio delle economie locali che possa anche giovarsi, in un'ottica sostenibile, di tale patrimonio edilizio.

Analizziamo ora i risultati raggiunti e quelli ancora da raggiungere dal modello abruzzese in ordine a tre importanti obiettivi: l'emergenza abitativa, il recupero del patrimonio storico e il rilancio delle economie locali.

Emergenza abitativa.

Alla fine di Aprile 2009, come detto, la popolazione abruzzese assistita dalla Protezione Civile a causa dell'inagibilità delle proprie abitazioni ammontava a circa 67.500 persone. In tempi rapidissimi sono state organizzate 171 aree di accoglienza per un totale di circa 5.000 tende per più di 20.000 sfollati. Le restanti persone, che non erano riuscite a risolvere in proprio il problema abitativo (seconde case, ospitalità da parenti e amici, etc.), sono state alloggiate presso gli alberghi della costa. Nel corso dell'estate, per mezzo di una rapida successione di ordinanze che hanno

consentito procedure approvative straordinariamente veloci, si sono aperti i cantieri del *Piano C.A.S.E.* e del *Piano M.A.P.* Dopo circa un anno sono stati realizzati quasi tutti gli edifici previsti dai due programmi costruttivi, e quel che è più importante nessuno, delle persone che aveva perduto l'agibilità della propria casa, ha trascorso l'inverno in tenda (che considerando il clima de L'Aquila è un dato sicuramente rilevante!). Il primo obiettivo relativo all'emergenza abitativa è stato dunque pienamente raggiunto

mettendo in luce l'efficienza della Protezione Civile Italiana e l'efficacia del modello adottato, insieme allo straordinario slancio partecipativo che la nostra nazione è in grado di esprimere in occasioni drammatiche come questa.

Recupero del Patrimonio storico e rilancio delle economie locali.

Se sull'emergenza abitativa il risultato è stato conseguito con successo, non possono essere altrettanto positivi i giudizi in merito

a ciò che è stato fatto e soprattutto ciò che è in programma per il rilancio delle economie locali e per il recupero dell'immenso patrimonio storico danneggiato dal sisma a cominciare dal Centro Storico de L'Aquila. La città antica delle 99 chiese è tuttora una "zona rossa" inaccessibile anche agli stessi residenti; non solo non si è iniziato il recupero degli edifici, ma neppure le macerie sono state ancora rimosse. Per adesso si sono solo messi in sicurezza gli edifici pericolanti (la maggior parte), forse addirit-

tura eccedendo nel puntellare edifici non storici la cui esigenza di demolizione a causa dei danni subiti è evidente. Chiaro che si tratta di una questione di priorità: fino ad ora l'emergenza abitativa ha assorbito le energie disponibili (lavorative ed economiche) per la costruzione dei nuovi insediamenti, adesso però è arrivato il momento in cui l'interesse delle autorità governative deve essere posto sulla questione Recupero. E' la metafora della "ciambella col buco": tutte le attenzioni e le risorse sono state

spese per la realizzazione dei nuovi insediamenti nelle zone periferiche de L'Aquila e dei comuni del cratere; il "buco" è rappresentato proprio dal Centro Storico dove quello che più preoccupa non è tanto l'assenza di interventi (che può essere giustificata dal discorso sulle priorità) quanto l'assenza di strategie, di progetti convincenti, di idee condivisibili. Per adesso solo slogan poco credibili: il principio del "*dove era come era*", o il discorso del "*campus diffuso*" negli edifici del Piano C.A.S.E. Il primo è un princi-

pio accomodante, politicamente corretto, che è (comprensibilmente) servito anche per infondere coraggio a persone che avevano perduto tutto: la casa, l'attività, gli affetti più cari. Ma adesso è bene essere chiari e, anche rischiando l'impopolarità, bisogna avere il coraggio di dire che L'Aquila non potrà tornare ad essere la città che era. Ci vorranno almeno 10-15 anni per recuperare gli edifici del Centro Storico; nel frattempo tutte le forze imprenditoriali (commerciali, artigianali, terziarie) si saranno

faticosamente trasferite altrove, ricostruendo da zero le loro attività. E' necessario immaginare un'idea nuova di città, in cui, le attività ad alto valore aggiunto, le nuove tecnologie applicate all'impresa e alla residenza, i valori storico paesaggistici, dovranno assumere un ruolo trainante. E qui viene il secondo punto non condivisibile dei programmi governativi sulla ricostruzione abruzzese: le poche idee sul rilancio del tessuto economico oggi sul tappeto, appaiono contraddittorie. Prendiamo ad

esempio il tema del riutilizzo degli edifici del Piano C.A.S.E. Prima del sisma L'Aquila aveva quasi 73mila abitanti ed una popolazione studentesca di oltre 21mila persone: camminando per il Centro Storico una persona su quattro/cinque che si incontrava era uno studente. L'idea (riportata tuttora in alcuni documenti ufficiali e sul sito della Protezione Civile) di utilizzare i 185 nuovi edifici delle 19 aree periferiche del Piano C.A.S.E. per farne un campus universitario diffuso e/o una serie di residence per turisti,

contrasta in modo evidente con una politica di rilancio del Centro Storico. Guai ad allontanare dalla città antica studenti ed Università! Al contrario bisogna favorire la loro presenza attraverso una corretta politica di recupero selezionato delle abitazioni, l'agevolazione del sistema degli affitti e una localizzazione centrale e prestigiosa delle sedi universitarie. L'economia della conoscenza può diventare un volano decisivo per sostenere la rinascita di una delle città storiche più importanti d'Italia.

I rischi del modello di ricostruzione.

L'urgenza che sempre accompagna i processi di ricostruzione dopo una calamità naturale, ha determinato alcuni rischi che è utile evidenziare distinguendoli nei due programmi edilizi adottati.
I rischi del Piano C.A.S.E. - Si possono riconoscere almeno cinque ordini di rischio. A) il primo è legato all'individuazione delle aree: la fretta con la quale si sono dovute scegliere, mediando tra indicazioni di tecnici comunali, funzionari della protezione civile e proprietari dei terreni, ha portato a soluzioni che in alcuni casi appaiono poco comprensibili, soprattutto in ragione della capacità dei nuovi insediamenti di potersi, con il tempo, integrare con i contesti territoriali in cui sono stati inseriti. B) Un secondo rischio è legato ai carichi insediativi: gli insediamenti nuovi vanno ad affiancare nuclei periferici o frazionali, di solito esigui. Un esempio: a Cese di Preturo, una frazione de L'Aquila a 12 km dal capoluogo con 306 abitanti prima del sisma, è stato realizzato un nuovo insediamento capace di ospitare 2.166 nuovi abitanti. C) Un terzo rischio è relativo ai servizi pubblici e privati: gli insediamenti nuovi sono dotati di verde attrezzato, in genere anche ben realizzato, ma privi degli altri servizi pubblici, a cominciare dalle scuole o dalle attrezzature sportive, e delle attività commerciali. D) Un quarto rischio è connesso all'impatto ambientale, soprattutto quando gli edifici nuovi si affiancano ai minuscoli nuclei storici montani (es. Camarda) in situazioni morfologi-

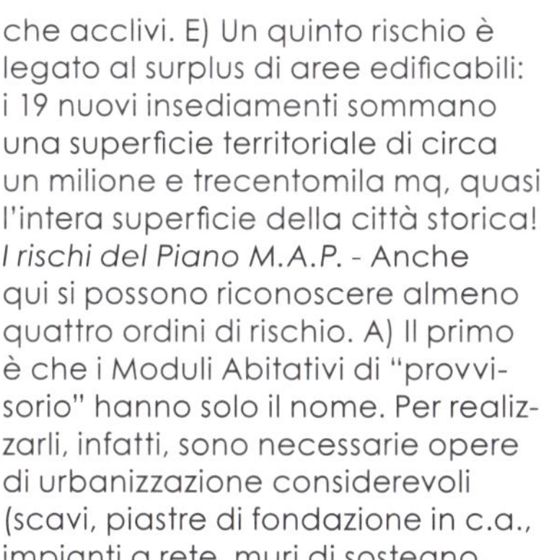

che acclivi. E) Un quinto rischio è legato al surplus di aree edificabili: i 19 nuovi insediamenti sommano una superficie territoriale di circa un milione e trecentomila mq, quasi l'intera superficie della città storica! *I rischi del Piano M.A.P.* - Anche qui si possono riconoscere almeno quattro ordini di rischio. A) Il primo è che i Moduli Abitativi di "provvisorio" hanno solo il nome. Per realizzarli, infatti, sono necessarie opere di urbanizzazione considerevoli (scavi, piastre di fondazione in c.a., impianti a rete, muri di sostegno,

strade di accesso) che sanciscono definitivamente la vocazione edificabile delle aree interessate, per lo più ex agricole. B) Un secondo rischio è connesso proprio alla scelta delle aree. Le ordinanze che si sono succedute hanno liberalizzato del tutto la possibilità di localizzare gli insediamenti, addirittura consentendone la realizzazione in deroga ai vincoli paesaggistici (ordinanza n. 3811 del 22.09.09). I Sindaci dei 53 comuni del cratere interessati dai M.A.P. si sono visti quindi "tirare per la giacchetta" da comprendere la giacchetta" da compren-

sibili pressioni sociali di chi voleva che i nuovi insediamenti fossero realizzati il più possibile vicino alle loro case danneggiate, e da meno condivisibili pressioni immobiliari di proprietari di terreni agricoli (magari vincolati e all'interno di parchi nazionali) che intravedevano la possibilità, fino ad allora sempre negata, di rendere edificabili le loro proprietà. C) Un terzo rischio è relativo alla qualità delle progettazioni: la sequenza temporale strettissima imposta dall'urgenza ai singoli Comuni per scegliere le aree

e predisporre i progetti dei M.A.P., ha avuto l'effetto di abbassare il livello medio delle progettazioni, che spesso si riducevano a perimetri di aree individuati frettolosamente su cartografie a larga scala. D) Un quarto rischio, quello forse più preoccupante, è relativo al surplus di aree edificabili e si deve leggere in parallelo al dato già evidenziato per il Piano C.A.S.E.: complessivamente gli insediamenti M.A.P. hanno una superficie territoriale di 2,7 milioni di mq, che sommata a quella dei C.A.S.E. restituisce un

totale di 400 ettari di nuovi terreni edificati nella piana de L'Aquila! Un dato che preoccupa, soprattutto se si pensa che siamo nel cuore verde dell'Abruzzo dei Parchi, un sistema paesaggistico di eccezionale rilevanza, e proprio per questo delicatissimo.

Bisognerà vigilare attentamente affinché il riutilizzo delle strutture realizzate possa essere posto all'interno di una strategia complessiva di rilancio sostenibile delle economie locali dell'intera piana de L'Aquila, e l'enorme quantità di terreni edificati, resa necessaria dall'emergenza sismica, possa con il tempo essere "assimilata" dai contesti territoriali cercando di limitarne gli effetti negativi.

196

Aree nel comune de L'Aquila **19**	**50%** edifici con struttura portante in legno
	30% edifici con struttura portante in c.a.
Edifici **185**	**20%** edifici con struttura portante in acciao

Appartamenti **4.600**

Bandi di GARA: punti assegnata ai progetti:
100 i punti complessivi di cui:

Persone ospitate oltre **17.000**

- **10** punti tempo di realizzazione;
- **25** punti prezzo offerto;
- **65** punti aspetti tecnici dei progetti.

Sup. territoriale mq **1.278.648**

Dei 65 punti per gli aspetti tecnici:

Imprese vincitrici dei bandi **16**

- **20** ambiente (efficienza energetica, qualità impianti e rispetto ambientale)

di cui abruzzesi **2**

- **15** qualità architettonica
- **10** finiture alloggi interni

Costo complessivo MI € **820**

- **5** quantità superficie offerta
- **5** capacità insediativa delle abitazioni

Costo di costruzione €/mq **2.428**

- **5** flessibilità dimensioni degli alloggi
- **5** flessibilità edifici in relazione alla piastra antisismica

Comuni del Cratere **53**
Frazioni de L'Aquila **29**
Tot. MAP **3.400**
Siti urbanizzati realizzati **107**
Persone ospitate circa **10.000**
Costo a base d'asta singolo MAP **€760**
Costo urbanizzazioni €/mq **80/100**
Espropri + spese varie €/mq **150**
Costo MAP Comuni cratere Ml **€134**
Costo MAP Comune L'Aquila Ml **€100**
MAP donati **288**

Comuni cratere

Acciano	Goriano Sicoli
Aielli	Isola Gran Sasso
Arsita	L'Aquila
Barete	Lucoli
Barisciano	Montebello di Bertona
Brittoli	Montereale
Bugnara	Navelli
Bussi sul Tirino	Montorio al Vomano
Cagnano Amiterno	Ocre
Campostosto	Pietracamela
Capestrano	Pizzoli
Capitignano	Poggio Picenze
Caporciano	Popoli
Carapelle Calvisio	Rocca di Cambio
Castel di Ieri	Rocca di Mezzo
Castelli	Pratad'Ansidonia
Castelvecchio Calvisio	San Benedetto in Perillis
Castelvecchio Subequo	San Pio delle Camere
Collarmele	Sant'Eusanio Forconese
Cortino	San Demetrio
Crognaleto	Santo Stefano di Sessanio
Civitella Casanova	Scoppito, Secinaro
Cugnoli	Tionedegli Abruzzi
Fagnano Alto	Tornimparte
Fontecchio	Tossicia
Fossa	Villa Sant'Angelo
	Vittorito

Frazioni AQ

Bazzano	San Vittorino
Bagno	Paganica
Civitadi Bagno	Pescomaggiore
Bagno Piccolo	Pianola
Camarda	Preturo
Coppito (2)	Sassa
Filetto (2)	Colle Sassa
S.Giacomo	Collefracido
Colle di Roio	Poggio Santa Maria
RoioPoggio	Monticchio
Tempera	Collebrincioni
Arischia	Santa Rufina
Cansatessa	San Gregorio
	Sant'Elia

CESE DI PRETURO *

Pepe Barbieri, Alberto Ulisse

LO SPAZIO TRA LE C.A.S.E.

Pepe Barbieri

Lo scenario

Il terremoto del 6 Aprile 2009 e gli interventi d'emergenza hanno profondamente modificato la vita e l'organizzazione del territorio aquilano. E' cambiata la sua geografia fisica, sociale ed economica. Il piano C.A.S.E. ha generato una sequenza di episodi residenziali che, se, in parte, risolvono i più urgenti problemi di alloggio per i terremotati, non danno risposta al problema cruciale di dare una diffusa e strutturata qualità urbana ad un territorio che per 10-20 anni si troverà privo del suo centro di riferimento: oggi una estesa frammentata e monca periferia.

E' necessario produrre una visione mobile del futuro di queste aree e di queste popolazioni nel segno del rispetto delle memorie e dei valori identitari – attraverso una interpretazione creativa dei contesti fisici e sociali – ma anche in una proiezione al futuro che sappia fare della costruzione/ricostruzione di L'Aquila un laboratorio esemplare per la realizzazione di una città aperta contemporanea secondo obiettivi di sostenibilità, di attenzione alle energie rinnovabili e alla valorizzazione del paesaggio in un teso dialogo tra la permanenza dei forti segni della natura e gli insediamenti antichi e nuovi. L'architettura può e deve proporre ad un immaginario collettivo ferito una nuova "figura" della città aquilana che sappia legare passato e futuro, rinnovando quel patto in cui, all'origine, un territorio di diversi centri aveva deciso di "rappresentarsi" in una città. Di nuovo si dovrà condividere una "forma" per l'Aquila, che non potrà essere riassunta nella sola – indispensabile, desiderata – ricostruzione del centro storico: c'è ormai una nuova estesa entità insediativa in attesa di una qualità configurativa e di una modalità organizzativa che dia dignità alla vita di tutti i suoi abitanti.

Temi

Gli studi fin qui prodotti – condotti in parte in accordo con il Comune di L'Aquila, con la Cattedra di Antropologia culturale di Roma La Sapienza e con rappresentanze della popolazione locale – hanno riguardato il territorio che comprende i centri di Cese di Preturo, Preturo e Sassa. Si è progettato il sistema dei servizi e la rete della mobilità in modo da generare una diffusa **qualità urbana**, anche con la creazione di nuove centralità e l'introduzione di forme d'uso del territorio coerenti con una visione strategica condivisa della trasformazione del bacino aquilano. Attraverso il metodo del **progetto di**

territorio – nell'ambito dello studio integrato dei Laboratori di Laurea e del quarto anno con Matteo Di Venosa - si è inteso dare riconoscibilità ed identità ad una **nuova morfologia territoriale di scala vasta** in cui si aggregano policentricamente i sistemi insediativi di Cese di Preturo, Preturo e Sassa. In tale prospettiva di ricerca le reti infrastrutturali e le opere pubbliche, interpretate nelle loro qualità spaziali e morfogenetiche, assumono il ruolo di struttura connettiva di riferimento della nuova morfologia territoriale innescando un processo di riqualificazione diffusa dei contesti attraversati.

La visione guida posta alla base delle diverse sperimentazioni è incentrata sul recupero del bacino del fiume Aterno in quanto grande infrastruttura ambientale, con cui si confrontano sia i sistemi della mobilità Est-Ovest sia il sistema delle trasversali principali, interpretate caso per caso nel loro diverso ruolo territoriale anche in rapporto al nuovo assetto determinato dal piano C.A.S.E e dagli altri interventi post-terremoto.

Viene registrato il possibile valore strategico delle tre grandi aree industriali, individuando nella loro riorganizzazione una occasione di costruzione di centralità in grado di assicurare un equilibrato funzionamento policentrico , anche in relazione al recupero del Centro Storico. In tutti i casi gli interventi si devono far carico di una adeguata soluzione ed integrazione del sistema dei servizi da collocare in rapporto a quanto previsto – e non realizzato – nell'ambito del Piano CASE.

Il percorso di ricerca

La ricerca si è avviata subito dopo il terremoto: nelle sedi di Pescara e di Venezia, con quasi cento studenti italiani e dalla Colombia, sono state svolte attività di esplorazione progettuale sull'area interessata dal progetto C.A.S.E. a Cese di Preturo: appunto *lo spazio tra le C.A.S.E.*

Ci si è proposti di produrre un " nuovo paesaggio urbano" in grado di costruire il dialogo tra esistente e futuro, tra passato e nuovo. Questo non può essere ottenuto, semplicemente e genericamente, disponendo del verde tra le corti o negli interstizi tra i diversi blocchi. E' invece indispensabile attuare una strategia dell'intero sistema degli spazi aperti, dei collegamenti ciclopedonali e dell'inserimento in questo quadro dei servizi necessari, sia per i nuovi abitanti, sia quali elementi di connessione e integrazione con gli attuali abitanti di Cese e Preturo.

Negli studi abbiamo sperimentato la possibilità di costruire questo nuovo paesaggio con l'utilizzazione di una interpretazione contemporanea – e prefabbricabile – dei materiali tradizionali : i muri di pietra, la paglia, la terra, il legno. Tutti ripensati in dialogo con i materiali e le forme della contemporaneità. Successivamente l'attenzione – in base alla richiesta della popolazione locale, e in base ad un protocollo d'intesa con il Comune di L'Aquila – si è estesa all'intero quadrante Nord Ovest individuando tre principali aree di studio: il territorio di Cese e Preturo in rapporto con la trasversale che si connette all'aereoporto, da riconsiderare nei suoi possibili sviluppi; il sistema lineare incentrato su Pagliare con il dialogo tra preesistenze e natura in cui realizzare un assetto strutturato della mobilità e degli spazi pubblici; la reinterpretazione del ruolo strategico della grande lottizzazione industriale di Sassa – parzialmente realizzata – che, collocata in prossimità di ferrovia e viabilità primaria e vicina a diversi quartieri CASE, può trasformarsi in una nuova centralità in grado di integrare esigenze locali e di area vasta, innalzando una banale lottizzazione industriale ad una organizzazione spaziale più complessa nella chiave della sostenibilità e della **capacità di innescare la "narrazione" della possibile L'Aquila di domani.**L'Aquila di domani.

TERRITORI ESPLOSI

Alberto Ulisse

Strategie urbane

Il territorio aquilano - durante questi mesi di lavoro - lo abbiamo assorbito, letto e metabolizzato (soprattutto nel quadrante Nord-Ovest della città); infatti oggi siamo sicuri di poter affermare che la perdita del centro ha determinato una vera e propria estraneazione dalla vita pubblica del capoluogo.

Il centro, distrutto durante la notte del terremoto, ha perso la sua forza accentratrice ed icona di riferimento nella cultura, non solo locale.

Oggi la città de l'Aquila vive una *nuova dimensione*: quella di *un territorio* nella valle.

Il centro è esploso in *piccole nodalità* (esistenti e di *"nuova fondazione"*) che si sono visti investiti di nuovo senso, convertiti ad altri usi ed abitati da nuovi residenti.

È un problema *di scala* o di punti di riferimento?

Indubbiamente la rottura del *nesso cognitivo* con il centro cittadino de l'Aquila ha determinato principalmente una *estraneazione urbana,* e non solo sociale.

Si sono persi i punti di riferimento urbano che erano tutti racchiusi nel *"vivere il centro città"*; oggi ci si muove sul territorio, attraversando quotidianamente *diverse scale*. Tutto questo ha determinato un ulteriore cambiamento dei modi e stili di vita in una realtà sensibile come quella aquilana, dove si abita un centro sempre *meno città* e sempre *più territorio* (verso una *città-territorio*).

Le differenti parti, giustapposte per "esigenze estreme" e non dal risultato di una organica visione territoriale, fanno si che questi ***territori esplosi*** siano chiamati ad un *nuovo senso* urbano, o meglio *agro-metropolitano*, configurando una nuova entità che vive e lavora tra la città e la campagna aquilana.

Una di queste è la realtà di Cese di Preturo, di Sassa e di Pagliare - ricadenti tutte nel quadrante Nord-Ovest del territorio.

Cese di Preturo, Sassa N.S.I. e Pagliare di Sassa sono solo tre dei venti siti scelti dalla Protezione Civile e dal Comune (immediatamente dopo il terremoto del 2009) per la realizzazione di nuove centralità urbane, in attesa della ricostruzione della città.

Da una prima scansione dei dati gli abitanti equivalenti da insediare in queste aree erano circa 4.200 persone, con una quota residenziale pari a 230.000mq. Già in passato la dotazione dei servizi era insufficiente, oggi la carenza degli stessi si è amplificata in maniera esponenziale visto l'incremento dei residenti, ma soprattutto perché la quota del 30% dei servizi all'interno dell'operazione del Piano C.A.S.E. non è ancora stata realizzata.

Il territorio compreso nel quadrante Nord-Ovest è ricco di frammenti di storia, di racconti umani, di elementi naturali ed ambientali rilevanti, di un'infrastrutturazione sovralocale, di resti archeologici e di luoghi della produzione dismessi (o in disuso), di nodalità pubbliche e piccoli servizi che determinano il carattere identitario di questo luogo.

Diversi sono stati i momenti di indagine esplorativa (WS09 - Workshop di Venezia - IUAV - *Lo spazio tra le C.A.S.E.* - luglio 2009), fatta da un doveroso lavoro di conoscenza svolto dal gruppo dei ragazzi laureandi (*Progetto e Contesto*) *sul campo* (Workshop a Cese, in largo Sant'Anna - *urban REidentity* - settembre 2009) e portata avanti da esplorazioni progettuali e ricerche aperte (che hanno investito le attività del Laboratorio

di *Progettazione IV e il Laboratorio di Laurea* - a. a. 2009/10/11).
Le operazioni svolte *in situ* hanno aperto a tre elementi fondamentali:
il primo è stato quello di aprire a **tavoli sociali**, promuovendo il coinvolgimento degli abitanti e delle organizzazioni del territorio (anche spontanee), stimolando così un ruolo attivo e propositivo dei soggetti sociali coinvolti;
il secondo aspetto ha riguardato la sensibilizzazione (o almeno si è lavorato in quella direzione) delle squadre sia della Protezione Civile che dell'amministrazione, preposte alla costruzione di una **progettualità comune** (operazione difficile visti i tempi strettissimi, i passaggi burocratici, la diffidenza e la pressione psicologia del momento, ma che ha portato al supporto per la redazione di "linee di indirizzi per la stesura dei capitolati di appalto per la realizzazione degli spazi verdi e le attrezzature nelle aree aperte tra le C.A.S.E." - agosto 2009);
il terzo, vuol sottolineare la costruzione di un momento di dialogo, di ascolto, di conoscenza e di esplorazione, *vivendo* - per alcuni giorni - quei territori sensibili oggetto di indagine da parte dei componenti del gruppo di lavoro (attività *educativo-formativa* svolta durante il Workshop **urban REidentity** svolto a Cese di Preturo, in largo Sant'Anna, da una parte dei laureandi (di *Progetto e Contesto*) e dal gruppo docente).

Una delle prime strategie di progetto ha riguardato un ambito territoriale ben più ampio del quadrante N-O, tentando una "*messa a rete*" di un *territorio esploso* ormai vuoto del suo centro e *privo* dei suoi punti di riferimento.
La costruzione delle relazioni tra le diverse parti, tra i molteplici spazi nel territorio del quadrante Nord-Ovest ha cercato di investire di nuovo senso le attrezzature e le dotazioni dei servizi esistenti, costruendo un ruolo fondamentale soprattutto nella relazione e messa a sistema delle aree a servizio (future) all'interno dei diversi piani C.A.S.E.
Infatti **tessere la rete** e **costruire rel.azioni** sono le *parola chiave*

dell'approccio metodologico che ha investito, in maniera trasversale, tutte le idee e le attività di progetto.

Azioni

Le diverse esplor*azioni* progettuali hanno definito (e verificato) azioni capaci di attivare, attraverso le strategie di un'*agopuntura urbana*, quei luoghi identitari del territorio aquilano e definirne i caratteri e le potenzialità trasformative per la costruzione di uno **scenario policentrico aperto** futuro.
Tutto questo ha permesso di investigare, attraverso i progetti (intesi come sonde interpretative), i differenti modi di abitare ed utilizzare il territorio attraverso la **costruzione di nuove figura urbane** che si affiancano, si sovrappongono e si misurano con il *sistema "poroso"* del contesto agro-metropolitano tipico del quadrante Nord-Ovest.
Pur tenendo conto delle differenze all'interno del quadrante Nord-Ovest, si ricorrere ad un primo elenco sintetico di azioni principali, quali: *ri-generazione, rivitalizzazio*-

ne e riqualificazione, per la formulazione di una serie di **operazioni strategiche.**

Ri-generazione dei patrimoni esistenti, delle attrezzature e dei servizi presenti significa saper cogliere l'occasione per ripensare i dispositivi urbani e migliorarne anche l'efficienza energetica. L'azione, in questo senso, non può essere limitata al solo sfruttamento della disponibilità residua dei suoli, ma è tesa alla sperimentazione di strategie innovative, all'utilizzo di "*nuovi materiali*", all'applicazione di differenti tecnologie capaci di accrescere la conoscenza e la consapevolezza di una "*cultura del rischio*" (ancora inesistente in Italia).
L'operazione di *ri-generazione* non la si intende in senso *limitativo*, cioè come sola azione da effettuare sull'esistente, ma apre a possibili applicazioni in modo da rendere anche i nuovi dispositivi sempre più *flessibili, trasformabili* ed *autosufficienti.*
Infatti nelle aree ad attuale *programmazione* industriale sono state esplorate configurazioni che am-

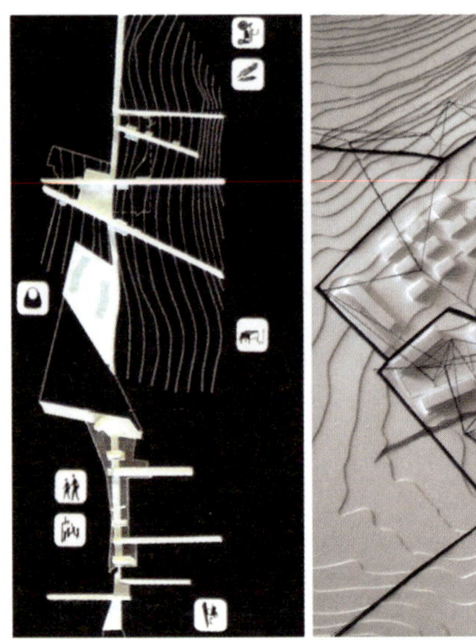

La costruzione della rete come continuità degli spazi pubblici (Workshop di Venezia - WS09)

plino l'offerta dei servizi, aprendosi ad uan *città-territorio* attraverso la riconversione degli stessi, attraverso il progetto di nuovi parchi tecnologici di matrice industriale, capaci di attivare una contaminazione più ampia e diffusa.

La ri-generazione del patrimonio esistente tende a promuovere e rilanciare anche il territorio agricolo attraverso la costruzione di parchi agricoli e serre agro-urbane a partire dalla riattivazione delle aree urbanizzate di Cese fino a raggiungere le aree fluviali, attraverso l'attuazione di una filiera corta produttiva che specifici ed esalti il carattere identitario del territorio.

Rivitalizzazione delle grandi aree monofunzionali, attraverso scenari di progetto che possano costruire modelli configurativi differenti nel loro funzionamento ed organizzazione, aprendosi ad una mixitè di funzioni ed interessi, capaci di definirsi come nuovi modelli insediativi *interscambiabili, duttili e reiterabili*. Necessita fornire ai progetti quel giusto carattere di *transitorietà*, individuando le *modalità per indirizzare* i processi complessi di trasformazione del territorio in rapporto alle molteplicità dei tempi e degli attori.

La rivitalizzazione di alcune parti del territorio, ed in particolare nelle di Sassa N.S.I. e in quelle di Cese a Preturo, sono state indagate attraverso progetti capaci di costruire un'ibridazione futura, in modo da sovrapporsi ai sistemi e gli spazi esistenti. Immaginare di costruire nuovi poli di eccellenza produttiva (per le prime) e di specializzare verso la riconversione delle aree C.A.S.E. (per le seconde) aprendo ad una conversione delle aree industriali attraverso attività legate alla ricerca specializzata e alla produzione energetica pulita, in modo da costituire volano di sviluppo per nuovi centri d'eccellenza.

La rivitalizzazione investe anche, in fasi temporali differenti, progetti che hanno costruito scenari futuri all'interno delle aree del piano C.A.S.E., ed in particolare la riconversione delle stesse in Student Housing, in Farm pubbliche e in Social Housing, in una totale integrazione con il tessuto territoriale e sociale.

 PROGETTARE DOPO IL TERREMOTO

Riqualificazione urbano-territoriale
è una delle operazioni che parte
principalmente dal definire le
identità e le specificità dei luoghi,
*ponendo attenzione alle relazioni
di contesto.*
Questa azione cerca di definire un
aspetto essenziale del fare progetto, e cioè considerare l'ambito
territoriale (o l'oggetto) non come
parte a sé, ma come frammento
di un sistema urbano più vasto.
Occorre necessariamente operare
un approccio *interscalare*, essendo
in grado di *interpretare lo spazio
relazionale contemporaneo e
comprenderne e utilizzare, in rapporto tra loro, i diversi strumenti di
progetto urbano tra l'architettura e
l'urbanistica.*
In una ipotesi di depotenziamento
della SR80dir attraverso la realizzazione del nuovo asse trasversale
in direzione aereoporto-Sassa, in
ragione anche del completamento
ed adeguamento (ed ipotesi di
nuovo tracciato) della Mausonia
(sul versante sud dell'asta fluviale) a
supporto della SS17 sono state prfi-
gurate scenari strategici di mobilità
che cercano di avvicinare principalmente la città al fiume. Nella
costruzione della rete infrastrutturale appare interessante costruire e
focalizzare l'attenzione sul potenziamento delle trasversali regionali
e provinciali del territorio Nord-Est
(l'Aquila Est - Bazzano e Pagani-
ca-Bazzano).tutto questo rende
praticabile l'ipotesi dell'inserimento
di una rete di servizi ed attrezzature
nella fascia fluviale con particolare
attenzione alle intersezioni trasversali e aprendo l'area di Preturo
verso il parco fluviale.
Le azioni di *ri-generazione, rivitalizzazione e riqualificazione urbano-
territoriale* si definiscono come
principi configurativi capaci di
esprimere ed esaltare i caratteri del
quadrante Nord-Ovest *in mutamento,* cogliendone le occasioni
future.

Scenari futuri

La programmazione delle operazioni strategiche future apre e
costruisce possibili scenari futuri
di ricerca, di progetto e di nuova
applicazione.
Ripensare il territorio in maniera

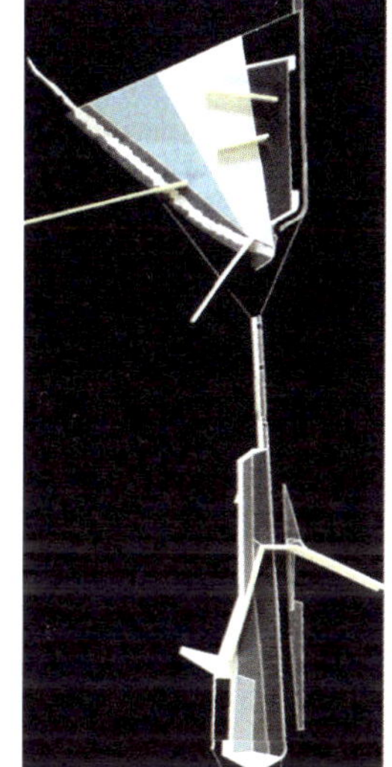

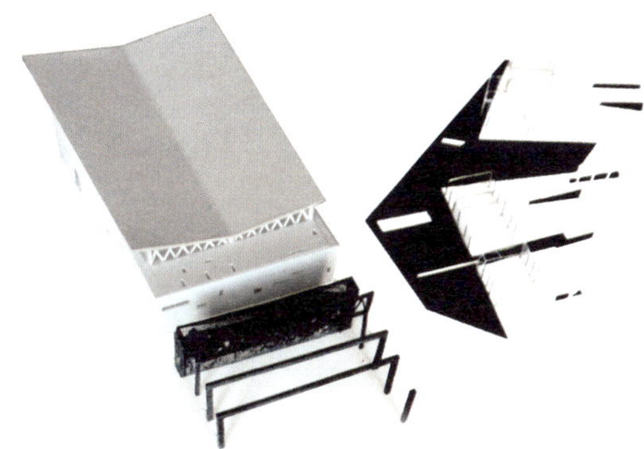

Ipotesi di dispositivi
architettonici per le
aree polifunzionali
dei servizi nel paino
C.A.S.E. (Workshop
di Venezia - IUAV -
WS09)

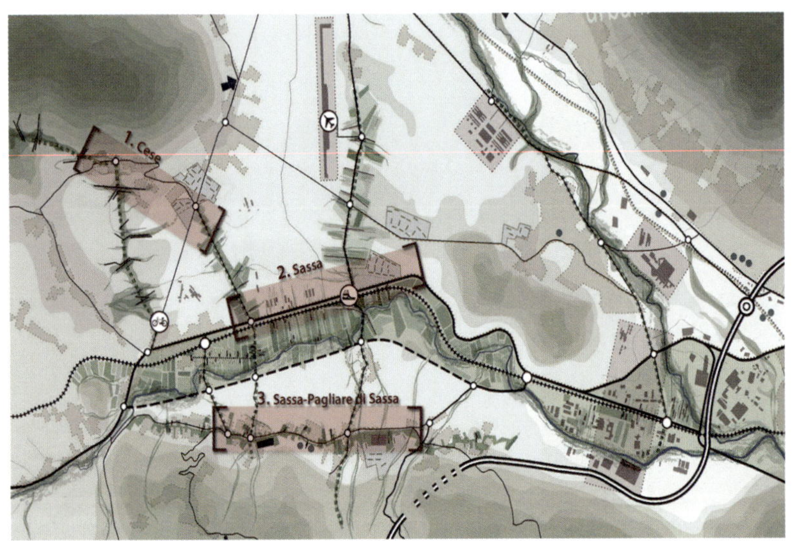

Masterplan di riferimento delle aree di progetto di Cese di Preturo, di Sassa NSI e di Pagliare di Sassa (2009-10)

sostenibile, cercando di guardare l'innovazione tecnologica non solo come un' innovazione di prodotto, ma soprattutto come l'estensione dell'**innovazione di processo** che deve investire il progetto urbano in questa parte del territorio aquilano sensibile, isotropo e complesso.

Bisogna indagare gli ambiti della **cultura sostenibile** ed accrescere la **cultura del rischio** all'interno dei processi e dei progetti che ci interessano.

Immaginare scenari di nuova configurazione spaziale del territorio del quadrante Nord-Ovest de l'Aquila, significa produrre una **visione mobile** del *futuro di queste aree*.

I materiali del progetto sono i caratteri identitari dei contesti, le particolarità endogene dei luoghi, i principi configurativi degli impianti esistenti, le specificità dei tessuti urbani, dei campi, delle infrastrutture naturali, materiali ed immateriali, facendo emergere dispositivi di progetto che esaltino la messa in valore del contesto nelle sue differenti parti.

Questi processi immaginati nel quadrante Nord-Ovest, potranno riberarsi all'interno di tutto il territorio aquilano, definendo cambiamenti su larga scala, ed *attraversando le scale* in maniera contraria rispetto alle *solite pratiche*.

Ormai sta cambiando il modo di pensare alla città, ci si rivolge verso modelli organizzativi di massima efficienza sociale, urbana ed energetica; si definiscono principi ispirati ai funzionamenti dei flussi globali, alle considerazioni sull'ecologia umana/urbana, alle dipendenze e relazioni tra le diverse comunità, ma una nuova partita si sta giocando nei territori de l'Aquila e tutti, eticamente, siamo chiamati ad aggiungere un tassello fondamentale ad un territorio che ha voglia di ri-costruirsi.

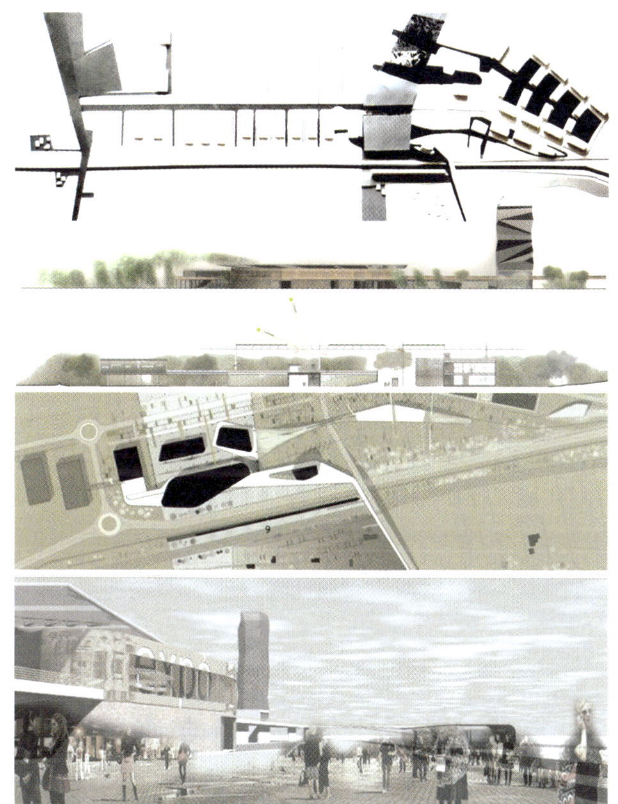

Hub city, dal
Laboratorio di
Progettazione
IV), di Viviana
Sabatini, Luisia-
na Simone, Piera
Verdecchia

The wall project,
dal Laboratorio di
Progettazione IV),
di Stefania Quintili,
Concetta Sulpizio,
Enrica Tacconelli

FONTECCHIO*

Paolo Fusero, Susanna Ferrini, Antonio Basti

UNA PROVA DI INNOVAZIONE

Paolo Fusero

La Facoltà di Architettura di Pescara è stata una delle prime istituzioni pubbliche ad intervenire sui luoghi del terremoto abruzzese del 2009. Diverse squadre di tecnici del dipartimento di Ingegneria furono organizzate nelle prime ore dopo il sisma e si misero a disposizione del Dipartimento di Protezione Civile per condurre le verifiche di agibilità sugli edifici danneggiati.
Migliaia di edifici residenziali, commerciali, produttivi furono analizzati e per ognuno di essi fu rilasciata una apposita scheda che certificava i danni subiti e che dava indicazioni sulle possibilità di intervento e di riutilizzo. In accordo con la Protezione Civile la Facoltà si occupò dapprima dei centri urbani periferici, rispetto al centro de L'Aquila, che non avevano subito danni strutturali rilevanti, ai fini di tentare di far rientrare nelle loro case in tempi rapidi le popolazioni sfollate. Nel contempo altri tecnici della Facoltà lavoravano a stretto contatto con le squadre dei vigili del fuoco e dell'esercito, talvolta assumendone il coordinamento operativo, per delimitare ed eventualmente far sgomberare i centri storici pericolanti e per individuare le aree adatte ad accogliere i campi tenda. Dopo alcune settimane dall'evento sismico, superata la primissima fase di emergenza organizzativa relativa all'allestimento dei campi tenda, diverse amministrazioni pubbliche del "cratere" cominciarono a rivolgersi alla Facoltà di Architettura per essere seguiti nella successiva delicata fase di scelta delle aree dove posizionare i Moduli Abitativi Provvisori e della progettazione degli insediamenti e delle infrastrutture necessarie.
Fu proprio in quel momento che l'allora Sindaco di Fontecchio Fiorangelo Benedetti si rivolse direttamente alla Presidenza di Facoltà per chiedere ausilio tecnico[1]. Richiamai personalmente il Sindaco il giorno stesso in cui ricevetti il fax e due giorni dopo fu organizzato un sopralluogo per una prima ricognizione delle aree da scegliere. Già dal quel sopralluogo furono scartate alcune soluzioni localizzative mentre altre furono sottoposte a verifiche scientifiche di approfondimento: nel giro di una settimana si definirono i confini delle due aree idonee ad accogliere i 43 MAP stimati necessari per il ricovero provvisorio degli sfollati. Mentre i tecnici della Protezione civile di concerto con quelli dell'Ufficio Comunale (geom. Andrea Di Biase e ing. Sandro Ciancone) iniziarono le procedure tecniche necessarie per le autorizzazioni, la facoltà organizzò un gruppo di lavoro composto da docenti e dottori di ricerca1 che subito iniziò la progettazione dei due insediamenti.
Furono calcolate le movimentazioni del terreno necessarie, i tracciati delle infrastrutture, le localizzazioni delle urbanizzazioni e le sedi delle piastre atte ad accogliere i MAP. Prima fu elaborato un progetto di massima che servì per le approvazioni amministrative e per le verifiche di fattibilità economica, poi quel progetto fu approfondito fino al dettaglio esecutivo per essere consegnato alle ditte appaltatrici. Nel frattempo si espletarono le gare di appalto per la scelta dei fornitori di

prestazioni d'opera. Risultarono vincitrici le ditte: 'Ricci Guido' di Castel Di
Sangro (AQ) per il lotto A - Villaggio
Fuliana e la ditta CISE di Chieti per il
lotto B - Villaggio dell'Aia.
L'arch. Da Ros seguì in prima persona il cantiere che iniziò il 23 settembre 2009 con la movimentazione
del terreno. I lavori durarono circa
sei mesi e si conclusero il 18 marzo
2010 con la chiusura dei cantieri.
Il giorno 11 febbraio 2010 furono
consegnate le chiavi e gli abitanti
di Fontecchio che avevano perduto
la propria abitazione a causa del
terremoto di aprile poterono finalmente ritornare sotto un tetto sicuro
e confortevole.
La comunità di Fontecchio, a ragion
veduta, poté vantare un altro risultato importante: aver gestito la fase
di emergenza della progettazione
degli insediamenti MAP prendendo
decisioni rapide, ma scientificamente verificate; decisioni che hanno
contribuito a garantire la salvaguardia e la valorizzazione futura delle
straordinarie valenze paesaggistiche del suo territorio.

(*)Gruppo di lavoro: L'equipé dell'Università che ha lavorato a titolo volontario a
Fontecchio è costituito da: prof. Paolo Fusero (coordinatore), prof. Susanna Ferrini
(aspetti architettonici), prof. Antonio Basti
(aspetti tecnologici), arch. Alessandro da
Ros (progettazione esecutiva), arch. Francesca Fontana, arch. Paola Branciaroli,
Massimo Petracca, Giulia Moretti.

(1) Con le successi-
ve amministrative
del 2010 il Sindaco
di Fontecchio è
diventata Sabrina
Ciancone, che ha
continuato l'opera
del suo predecesso-
re occupandosi del
Piano di Ricostru-
zione.

ABITARE IL PROVVISORIO DOPO L'EMERGENZA

Susanna Ferrini

Nel mio primo viaggio verso L'Aquila, a due settimane dal sisma, mi precedevano sull'autostrada numerosi camion carichi di case/roulotte di varia provenienza e produzione e la frequenza di questo incontro rendeva tangibile una situazione abitativa che era uscita definitivamente dalla 'normalità' delle regole e delle convenzioni che definiscono l'abitare per porre sfide difficili agli abitanti e agli amministratori di un territorio così sconvolto dagli eventi.
A distanza di poche settimane, all'interno della Facoltà di Architettura di Pescara, il gruppo di lavoro che si era formato per proporre strategie d'intervento a San Demetrio ne' Vestini e Fontecchio decise di affrontare con un workshop i temi della ricostruzione, registrando la partecipazione spontanea ed attiva di un nutrito gruppo di dottorandi e studenti.1 La necessità di trovare soluzioni all'emergenza delle tendopoli fu affrontata nel workshop proprio in quelle settimane che videro delinearsi lo scenario della ricostruzione con il piano C.A.S.E. e la previsione dei M.A.P. per i comuni del cratere.
Le prime ricerche sul campo muovevano dalla necessità di registrare le dinamiche in atto, in termini sociali, riguardo la dispersione dei nuclei familiari e delle unità di vicinato che si erano consolidate nel tempo. Le veloci interviste agli abitanti delle tendopoli evidenziavano come il 90% degli abitanti sentisse il desiderio di mantenere i legami di vicinato e di vita collettiva. Di fatto, si era interrotto un legame connaturato al vissuto della città e dello spazio pubblico, dal momento che un terzo degli abitanti risultava 'disperso' in strutture ricettive sulla costa, o da parenti ed amici.
La stessa denominazione dell'intervento M.A.P. se, da un lato, evidenziava il carattere 'provvisorio' dell'abitare, dall'altro, la consistenza delle azioni in atto, sbancamenti, realizzazione di piattaforme di cemento e sottoservizi, case non smontabili se non in forma distruttiva, rendeva 'stabile' la modificazione delle aree interessate. In questo senso, appariva fondamentale prefigurare gli scenari d'intervento sia nell'emergenza che nel lungo periodo.
Il tema dei M.A.P. andava affrontato, proprio nella prima fase progettuale delle scelte insediative ed architettoniche, come un tema di recupero e di riconversione funzionale nel lungo periodo. Una riqualificazione futura che doveva comportare un rilancio economico, un potenziamento delle strutture turistiche e sportive, servizi pubblici per favorire interscambi culturali, per la formazione di attività produttive di piccola dimensione: in questa logica risultava strategica per lo sviluppo futuro la scelta oculata della localizzazione dei nuovi interventi M.A.P. Fin dall'inizio, ci è parso prioritario scegliere le aree in base ad un'attenta analisi della struttura urbana e in vista di quegli interventi auspicabili di ricucitura urbana e di potenziamento turistico. In questa logica gli interventi sarebbero stati previsti per piccoli nuclei, in grado di porsi come strategia di completamento e come sottolineatura del tessuto esistente in modo da svolgere un'azione di riqualificazione nel lungo periodo. Questa strategia cercava di evitare logiche estranee a quelle prettamente urbane, ma basate semplicemente sulla disponibilità delle aree. Altrettanto importante ci sembrava curare le relazioni delle zone M.A.P. con i centri storici, proprio per evitare la formazione di enclaves e di nuclei isolati, il cui proliferare sarebbe andato a detrimento della salva-

guardia del paesaggio. Un altro criterio adottato nella scelta delle localizzazioni è stato la riduzione dell'uso del suolo, in modo da contenere le opere di infrastrutturazione, per salvaguardare l'ambito paesaggistico e mettere in valore la forma urbana, la vocazione turistica del territorio e le relazioni territoriali. I criteri progettuali sono stati, quindi, improntati a: una progettazione sensibile al contesto e alla lettura dei caratteri di identità del territorio; una pianificazione degli insediamenti residenziali attenta ai rapporti di vicinato consolidati; la previsione futura di riconversione dei M.A.P. in strutture ricettive, turistiche e produttive; la valorizzazione degli spazi pubblici, degli spazi di aggregazione della vita collettiva. La stessa configurazione nell'aggregazione dei moduli abitativi ha avuto come obiettivo quello di ricostruire l'idea di 'comunità' e di unità di vicinato, in modo tale da riprendere la 'narrazione' di una vita sociale e collettiva interrotta.

Gli insediamenti M.A.P. per Fontecchio sono stati progettati a partire da un sistema di spazi pubblici e pedonali, da quelli più collettivi che prevedevano la dotazione minima di un edificio di servizio a quelli più privati costituiti dalle corti verdi dell'unità di vicinato. Questo ha comportato la scelta di una quasi totale pedonalizzazione degli insediamenti a favore di un sistema di aree verdi e percorsi pedonali e ciclabili. La forma dell'insediamento si pone come un impianto 'sensibile' all'andamento del terreno, che si adatta alle curve di livello, in modo da generare una percezione variata dell'insieme. Le ipotesi aggregative nelle due differenti aree di Fontecchio si sono differenziate proprio in base alla configurazione del paesaggio che hanno interessato, a partire dall'idea di una rete di spazi pubblici di accesso al sistema dei patii verdi delle unità di vicinato, segnate dalla presenza di un grande albero. Il progetto delle aree M.A.P. di Fontecchio evidenzia la volontà di valorizzare le 'vie del territorio' culturalmente importanti, collegate in 'rete'. Infatti, le aree si collocano in prossimità di un asse storico di collegamento tra

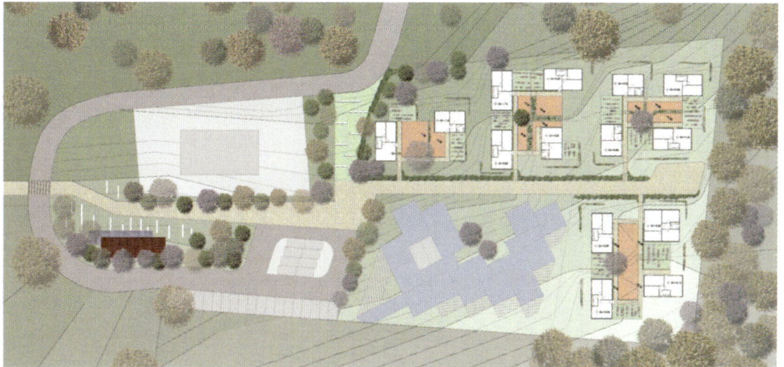

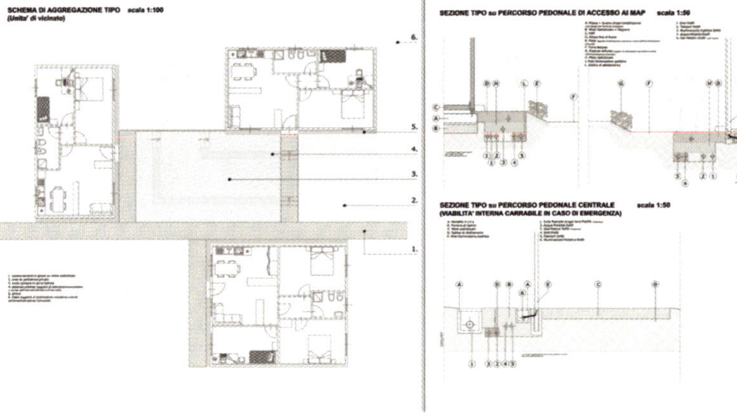

Fontecchio e San Pio, delle quali la più grande, si pone parallelamente al percorso dell'antica mulattiera e su un terreno leggermente scosceso e in relazione ad attrezzature sportive esistenti.

Il progetto prevede una dorsale di attraversamento pedonale e una serie di percorsi trasversali, impostati a quote diverse seguendo l'andamento delle curve di livello, di distribuzione al sistema delle corti verdi su cui si organizza l'aggregazione dei moduli abitativi.

La realizzazione del sistema degli spazi pubblici permette di preve-

OBIETTIVI TECNOLOGICI ED AMBIENTALI

Antonio Basti

dere la dotazione futura di piccole strutture collettive. Il progetto delle corti configura la disposizione delle unità abitative, scelte in maniera variata nelle superfici, in forma aperta sullo spazio comune e seguendo la migliore esposizione degli ambienti. Lo spazio aperto della corte tra le case è stato progettato con un disegno costituito da elementi di pavimentazione, percorsi, aree in terra compattata, zone verdi ed alberate, orti comuni e privati.
La forma architettonica ha teso a riunire le singole unità in un sistema unitario che potesse stimolare l'uso, l'appropriazione e la 'cura' dello spazio comune. L'elemento progettuale del verde è stato introdotto

anche per completare in modo leggero la forma delle corti con siepi e per variare la percezione d'insieme dei moduli prefabbricati con pareti verdi sui fronti più compatti. Inoltre, la forma dell'insediamento ha rispettato la totalità delle alberature esistenti, potenziandole nella fascia sulla strada e recuperandole all'interno delle corti, così come è stato rimodellato il suolo a verde dopo le opere di posizionamento delle piastre di fondazione dei moduli abitativi.
Dal punto di vista della messa in campo delle possibili strategie progettuali e tecnologie edilizie per la sostenibilità ambientale dell'intervento, il contributo del GdL si è

orientato su tre livelli di approfondimento: una disposizione altimetrica dei MAP (moduli abitativi provvisori) che tenesse conto della morfologia del terreno e cercasse di ridurre al massimo le opere di movimento terra; una disposizione planimetrica dei MAP che tenesse conto del microclima locale ai fini del mantenimento delle condizioni di confort degli spazi esterni (corti delle unità di vicinato) e degli alloggi; l'indicazione di alcune soluzioni realizzative e gestionali orientate ad una maggiore efficienza ed ecologicità. In particolare quest'ultimo punto ha analizzato: i sistemi di ombreggiamento e schermatura dei MAP e degli spazi esterni dalla radiazione solare estiva e dai venti dominanti invernali; i sistemi di pavimentazione esterna (percorsi e piazze pedonali); i sistemi di raccolta e riuso delle acque meteoriche, i sistemi di produzione energetica da fonte rinnovabile per la copertura di quota parte del fabbisogno di illuminazione esterna e di acqua calda sanitaria.

Interventi realizzati ed in corso

Fra le opere eseguite ed in corso meritano di essere evidenziate, sempre nell'ottica della eco-sostenibilità dell'intervento, le particolari modalità adottate per la modellazione del terreno, la disposizione dei moduli abitativi e la realizzazione dei percorsi esterni.
Nel primo caso l'approccio orientato alla minimizzazione dei movimenti di terreno (scavi e riporti) necessari alla realizzazione dei piani di appoggio al suolo dei moduli abitativi, ha consentito di contenere la quantità di terreno residuo da trasportare e sistemare fuori dalla zona d'intervento. Buona parte del terreno scavato è stato infatti riutilizzato "in situ" per la rimodellazione delle aree esterne, concepite come terrazzamenti progressivamente degradanti, utili a creare i piani per i percorsi di accesso alle unità abitative e gli spazi aperti (giardini) a servizio delle "unità di vicinato".
Nel secondo caso un'approfondita riflessione sulle caratteristiche climatiche del sito (Basti et al,

2008) ha permesso di individuare alcuni elementi naturali significativi attraverso cui orientare le scelte progettuali:
la presenza di una folta schermatura arborea disposta linearmente da sud-ovest a nord-est capace di schermare i venti freddi invernali provenienti da nord-ovest;
la favorevole disposizione del sito, leggermente scosceso verso sud-est, con un'ampia area libera da vegetazione verso sud-ovest;
l'andamento delle temperature medie mensili che evidenziano la presenza di periodi di surriscaldamento limitati ai due mesi di luglio e agosto, mentre per circa 7 mesi l'anno le temperature sono al di sotto della media di confort (Cogliani et al, 1999).
Queste considerazioni hanno suggerito di configurare ciascuna "unità di vicinato" ravvicinando il più possibile le unità abitative disposte a nord e lasciando invece varchi più ampi verso sud-est e sud-ovest per favorire l'irraggiamento ed i guadagni termici invernali. Siepi alte sulle orientazioni nord-ovest contribuiscono a ridurre il surriscaldamento del tardo pomeriggio estivo, mentre a nord proteggono dai venti invernali nei casi in cui non sia stato possibile ravvicinare le unità abitative. Le siepi svolgono anche funzione di protezione dall'introspezione e per questo sono a volte presenti anche nelle orientazioni sud/sud-est, ma a foglia caduca, per non compromettere i guadagni solari invernali. Nel terzo caso un primo obiettivo è stato quello di minimizzare il consumo di materiale inerte da cava da utilizzarsi per la realizzazione dei sottofondi mediante il riuso delle macerie1, in particolare degli inerti provenienti dalla loro bonifica negli appositi siti di stoccaggio e separazione (Gangemi, 2004). Le necessità di urgenza non hanno però permesso di attuare tale programma, in quanto le attività di sgombero e di selezione delle macerie riutilizzabili sono iniziate dopo la realizzazione dei MAP. Un secondo obiettivo è stato di utilizzare nella realizzazione delle pavimentazioni pedonali esterne una pietra che presentasse un ridotto impatto ambientale legato alle attività di estrazione e trasporto. Allo scopo sono stati analizzati vari materiali (da cava, da bonifica dei terreni2, da scarti di lavorazione) e vari siti estrattivi (Veneto, Lazio, Abruzzo). E' emerso che il riuso degli scarti, specie se provenienti da aziende locali, consentirebbe di ridurre al massimo gli impatti ambientali (Basti, 2010; Neri, 2007) ed i costi di realizzazione, a condizione di realizzare pavimentazioni ad "opus incertum". Per tutte e tre le opzioni è stato ipotizzato un sistema di posa a secco, su letto di sabbia, in modo ridurre al massimo la realizzazione di massetti di sottofondo in calcestruzzo.
La scelta finale è caduta sull'uso di pietra da cava nazionale in quanto immediatamente disponibile e fornita da un'Azienda locale a prezzo di costo, limitato al solo rimborso delle spese di acquisto, lavorazione e trasporto.

Futuri interventi di miglioramento ambientale

Come accennato le esigenze di tempestività ed economicità degli interventi hanno permesso di realizzare solo alcune delle soluzioni di qualificazione ambientali individuate. Le rimanenti restano nel quadro delle future azioni di miglioramento, e mantengono una totale validità ed attualità specie nell'ottica di un futuro utilizzo a fini di ricettività turistica dell'insediamento, una volta terminata la funzione di accoglienza temporanea delle popolazioni locali colpite dal sisma.
Vale la pena quindi di ricordarne alcune e di indicarne altre, tutte utili al conseguimento degli obiettivi di sostenibilità del complesso residenziale (Dierna et al, 2005), come ad esempio il completamento della proposta di sistemazione a verde e della proposta di arredo delle aree esterne, concepite anche nell'ottica di contribuire all'efficienza energetica e bioclimatica dell'intero insediamento.
Aspetti bioclimatici: completamento delle sistemazioni a verde, a livello di insediamento e di singolo edificio; realizzazione di sistemi di ombreggiatura delle aree esterne comuni.
Aspetti energetici: utilizzo di energia da fonte rinnovabile; dotazione

PROGETTARE DOPO IL TERREMOTO

di impianti solari, fotovoltaici e/o termici

Aspetti idrici: riciclo delle acque piovane; riuso e depurazione delle acque grigie; riduzione dei consumi idrici

Aspetti gestionali: raccolta differenziata dei rifiuti; riduzione dei prodotti monodose; riduzione di detersivi e disinfettanti chimici; formazione ambientale del personale; comunicazione ambientale agli utenti

Vale la pena infine di sottolineare che le stesse azioni rientrano nel novero di quelle individuate per l'attribuzione del marchio ECOLABEL, marchio europeo di qualità ecologica dei servizi turistici a ridotto impatto ambientale (Regolamento CE 66/2010), e che pertanto la loro attuazione potrebbe consentire una contestuale certificazione ambientale dell'intero insediamento.

Note.

1. Un tale programma di riutilizzazione di quota parte delle macerie rimosse dai centri storici (50%) è stato anche sottoscritto ed adottato dal Presidente della Provincia e dal Sindaco dell'Aquila nell'ambito di un protocollo orientato alla formulazione degli obiettivi di sostenibilità dei processi di ricostruzione degli edifici e centri urbani danneggiati (gli obiettivi di sostenibilità: autoabbattimento del 35% delle emissioni rispetto al 1990, fonti rinnovabili integrate nel tessuto urbano, ricostruire con almeno il 50% di materiale generato da processi di riciclo delle macerie. Carta per la ricostruzione della Città dell'Aquila, dicembre 2009).

2. La pietra da bonifica è ottenuta mediante approvvigionamento di massi erratici di origine glaciale, fluviale o tettonica in terreni di altra natura, quindi senza creazione di nuove cave. La sua disponibilità è però limitata, cosi come la lavorabilità a causa della forma variabile dei singoli massi. Fattore che ne causa appunto l'incremento di costo.

Riferimenti Bibliografici

Basti A., Forlani M.C., a cura di, Recupero e riqualificazione del borgo di Castelbasso. Un'esperienza di Progettazione Ambientale, Alinea Editrice, Firenze, 2008

Cogliani F. et al, Profilo climatico d'Italia: Abruzzo e Molise, ENEA-DIPARTIMENTO ENERGIA, Divisione Sistemi Energetici per la Mobilità e l'Habitat, DEI Edizioni, Roma, 1999

Gangemi V., a cura di, Riciclare in architettura. Scenari innovativi della cultura del progetto, CLEAN Edizioni, Napoli, 2004

Basti A., Life cycle design of building elements, in S. Hernandez et al., editors, Eco-Architecture 2010. Harmonisation between Architecture and Nature, WIT Press, Southampton (UK), 2010

Neri P., La valutazione ambientale LCA a supporto della progettazione eco-sostenibile degli edifici. Procedure, strumenti e casi applicativi, Alinea Editrice, Firenze, 2007

Dierna S., Orlandi F., Buone Pratiche per il Quartiere Ecologico. Linee guida di progettazione sostenibile nella città della trasformazione, Alinea Editrice, Firenze, 2005

CRONISTORIA DEL PROGETTO

Alessandro Da Ros

15.07.09 Comune di Fontecchio. Primo sopralluogo sulle aree individuate dall'Amministrazione Comunale. Il Comune non è ancora, ufficialmente, nell'elenco di quelli indicati all'interno del cratere del sisma.
16.07.09 Paganica, campo della Protezione Civile - Provincia Autonoma di Trento. Illustrazione delle metodologie applicabili al progetto di insediamento dei MAP, elaborate all'interno del "Laboratorio Interdisciplinare Terremoto".
17.07.09 Pubblicazione del Decreto n. 11 del Commissario Delegato alla Ricostruzione - Fontecchio è nel cratere.
18.07.09 Secondo sopralluogo e scelta delle aree.

Area n. 1 – Villaggio "Fuliana"; Area n. 2 - Villaggio dell'Aia.
La prima area interessata dall'intervento è ubicata in località "Fuliana", sulla strada che collega il centro del paese al piccolo borgo di San Pio, posto più a monte. Il lotto, si trova così sull'asse visivo che traguarda il borgo e il convento di San Francesco, un antico complesso monastico che domina il centro storico più a valle.
L'orografia del terreno oggetto di insediamento presenta una doppia pendenza, con dislivelli massimi che variano dai quindici metri distribuiti parallelamente alla strada esistente su una distanza di circa 220 metri, ai circa 6 metri misurati

perpendicolarmente alla strada, su una distanza di circa 80 metri. Sulla naturale pendenza del sito verranno distribuite 8 unità di vicinato per un totale di 29 piastre, che ospiteranno i moduli prefabbricati di varie dimensioni, secondo le direttive dell'Amministrazione Comunale.
In particolare saranno realizzati 8 moduli 'Map 70' con dimensioni in pianta di 9.80 m x 8.70 m, per nuclei familiari composti da più di tre persone; 14 moduli 'Map 50' con dimensioni in pianta di 10.80 m x 5.80 m, per nuclei composti da due o tre persone; 7 moduli 'Map 40' con dimensioni in pianta di 5.80 m x 8.70 m, per nuclei composti da una sola persona. Il nuovo impianto urbano prevede la disposizione dei moduli abitativi provvisori secondo gruppi di tre o quattro unità raccolte intorno ad uno spazio comune. Ogni gruppo di abitazioni o "unità di vicinato" è raggiungibile mediante percorsi pedonali che attraversano il lotto in senso trasversale, uniti a loro volta da un percorso centrale, anch'esso pedonale. Posta in posizione piuttosto baricentrica rispetto alle aggregazioni ed a tutta l'area

è prevista la realizzazione di una piazza allungata. Questa piazza, anch'essa trasversale all'insediamento, metterà in relazione il percorso centrale ad un secondo percorso "naturale" descritto dai filari di alberi che costeggiano i segni dei muri di contenimento dei terreni a nord, segni di una antica mulattiera che collegava il convento di San Francesco al borgo di San Pio. Sul lato opposto a questo percorso, attraverso la strada comunale esistente, la piazza si relaziona con l'area destinata agli impianti sportivi del Comune di Fontecchio, indicando così possibili sviluppi successivi, destinati alla futura sistemazione generale dell'area. Il percorso centrale potrà essere utilizzato anche dagli autoveicoli in caso di necessità o per eventuali emergenze. Gli spazi destinati al parcheggio degli automezzi sono quelli indicati sul PRG e saranno completati in seconda fase. Attraverso una serie di piccoli terrazzamenti, posti a quote che variano dai trenta centimetri ad un massimo di un metro e venti centimetri l'uno dall'altro, le abitazioni saranno posizionate

sfruttando la conformazione naturale del sito, limitando i movimenti del terreno, riducendo al minimo i volumi di sbancamento, modellando gli spazi tra le case a formare patii orizzontali raccordati tra loro da leggere scarpate o da tratti in leggera pendenza.
In questa prima fase è prevista la modellazione del suolo e la realizzazione dei percorsi funzionali, predisponendo l'intera area ad una fase successiva, gestita dall'Amministrazione Comunale, che prevede la sistemazione complessiva dell'area come già accennato in precedenza.
La seconda area, in località "Aia", più a sud, subito sopra il centro storico, ha un dislivello di circa sei metri, misurati sulla retta di massima pendenza che attraversa diagonalmente il lotto. Qui saranno distribuite 14 piastre in quattro unità di vicinato: 1 Map 70, 9 Map 50 e 4 Map 40. Un percorso attrezzato collegherà il nuovo insediamento al centro storico. Sullo stesso percorso, sarà realizzata una scuola, donazione delle Province Lombarde.
06.08.09 L'Aquila. Riunione presso il

DI.COMA.C. (Dipartimento Comando e Controllo della Protezione Civile) per una 'revisione' del progetto ed alcuni chiarimenti amministrativo-procedurali.
13.08.09 Consegna del Progetto Preliminare. Le linee guida del progetto sono state indirizzate innanzitutto dalla necessità e dalla volontà di far fronte all'emergenza, tutelando al contempo il patrimonio paesaggistico ambientale che caratterizza i molti centri colpiti dal sisma. In questo senso il progetto si configura come "progetto di paesaggio", che cerca di valorizzare le qualità di quei luoghi, centri storici innanzitutto, che rischiano di essere compromessi da logiche insediative del tutto estranee ad essi. Tutela del paesaggio quindi anche come tutela delle "consuetudini" e dei modi di "vivere la normalità". Per far ciò sono state messe in atto una serie di indagini, dall'analisi dei luoghi alla scelta delle aree per la localizzazione dei MAP in accordo con l'Amministrazione Comunale, dalle interviste alla popolazione alla ricerca di "segni" sul territorio e di tutti quegli elementi che possono

indirizzare una ricucitura tra nuovo insediamento e territorio. E' in questo senso che le aggregazioni dei moduli provvisori si basano su logiche atte a mantenere intatti i segni del territorio ed a tentare di ricostruire quelle "unità di vicinato" stravolte dalle circostanze e che in realtà forse più di altri meccanismi, tra quelli ormai possibili, possono rappresentare quel ritorno alla normalità della vita quotidiana.
24.08.09 Consegna delle aree. Si procede con le operazioni prodromiche alla redazione della progettazione esecutiva quali sondaggi, rilievi e tracciamenti, in concomitanza con le imprese aggiudicatarie degli appalti.
04.09.09 Picchettamento aree e preparazione cantieri.
07.09.09 Consegna del Progetto Esecutivo.
23.09.09 Inizio Lavori. Il cronoprogramma ha previsto la sovrapposizione di più fasi e più imprese.
Ia fase: operazioni di scavo e prima modellazione del suolo, preparazione delle platee, sottofondi, casseri e armature; IIa fase: realizzazione dei sottoservizi e delle

urbanizzazioni. IIIa fase: riempimento scavi, getto del calcestruzzo per le platee, modellazione definitiva dei suoli. IVa fase: montaggio dei MAP (Prot. Civile).
05.10.09 Trasporto in cantiere dei primi componenti per l'assemblaggio dei Moduli Abitativi forniti dalla Protezione Civile. I cantieri avanzano, nonostante il meteo.
13.11.09 Si susseguono i sopralluoghi con i responsabili MAP della Protezione Civile per verifica stato dei lavori.
14.12.09 L'Aquila, DI.COMA.C. Il Sindaco di Fontecchio programma un incontro con il Commissario Delegato.
02.02.10 Proposta di progetto di completamento (verde e pavimentazioni).
11.02.10 Consegna dei MAP ai cittadini
18.03.10 Fine dei lavori
27.03.10 Con fondi finanziati dalla Croce Rossa Italiana si provvede alla fornitura delle piantumazioni e delle pietre per alcuni tratti di pavimentazione esterna.

ESPERIENZE DIDATTICHE
DIDACTIC EXPERIENCES

UN MASTER PLAN PER L'AQUILA *

Renata Cetta

La proposta di master plan della città de L'Aquila dopo il terremoto scaturisce dalla riflessione sulla singolare configurazione storica della struttura urbana, caratterizzata dal policentrismo nei rapporti tra l'area centrale e i numerosi nuclei minori distribuiti nell'intorno. Il progetto conferma questo spiccato policentrismo come valore, rafforzandolo tuttavia con l'ancoraggio a tre poli di elevata centralità: il polo della cultura, riferito al consolidamento della città storica; il polo della conoscenza e dell'assistenza, attribuito al potenziamento del polo ospedaliero e universitario esistente; infine un nuovo polo della direzionalità, dell'amministrazione e dei servizi urbani localizzato introno al fulcro della Piazza D'Armi. Tutte le aree di centralità sono direttamente accessibili dalla grande rete della viabilità esterna, ma anche dalla rete ferroviaria e dalla sua prevista integrazione con una linea di trasporto collettivo su ferro.

Il Master plan seleziona le parti con riferimento alle aree di centralità, ne individua il ruolo urbano e territoriale, provvede al loro collegamento tramite una rete di mobilità sostenibile associata ad altre reti di sostenibilità (acqua, verde, energia). In questo senso rappresenta una visione di futuro che intende mettere a sistema le parti più consolidate con le altre che hanno conosciuto uno sviluppo più recente anche per effetto dei primi interventi per la ricostruzione. In questa visione gioca un ruolo determinante la rete di interconnessione, riprogrammata secondo l'accezione della sostenibilità, con particolare riferimento al telaio infrastrutturale e al telaio ambientale.

Il telaio infrastrutturale, ispirato alle strategie della mobilità sostenibile, muove dalla linea di "metropolitana di superficie" esistente e ne prevede un' estensione mirata a servire il centro storico riconnettendo il parco del Castello, la basilica di Collemaggio e la stazione ferroviaria, attrezzando le fermate con i relativi parcheggi di scambio, e predisponendo l'interconnessione con le rete del trasporto pubblico complementare. Una importanza strategica è attribuita al parcheggio adiacente alla stazione ferroviaria, concepito come un hub intermodale, di snodo tra gli spazi di accesso alla città e di trasporto alternativo (ciclo-pedonale-carrabile). Il sistema delle porte di accesso regola i flussi di entrata e uscita dalla città, prevedendo un disegno della struttura urbana che integra le arterie principali di accesso con i principali varchi di ingresso: l'asse autostradale A 24 Roma- L'Aquila e la strada statale n° 80 con la porta de L'Aquila ovest (casello autostradale e Piazza D'Armi); la strada statale n° 17 Pescara- L'Aquila con la porte di Collemaggio e di Castello; e la

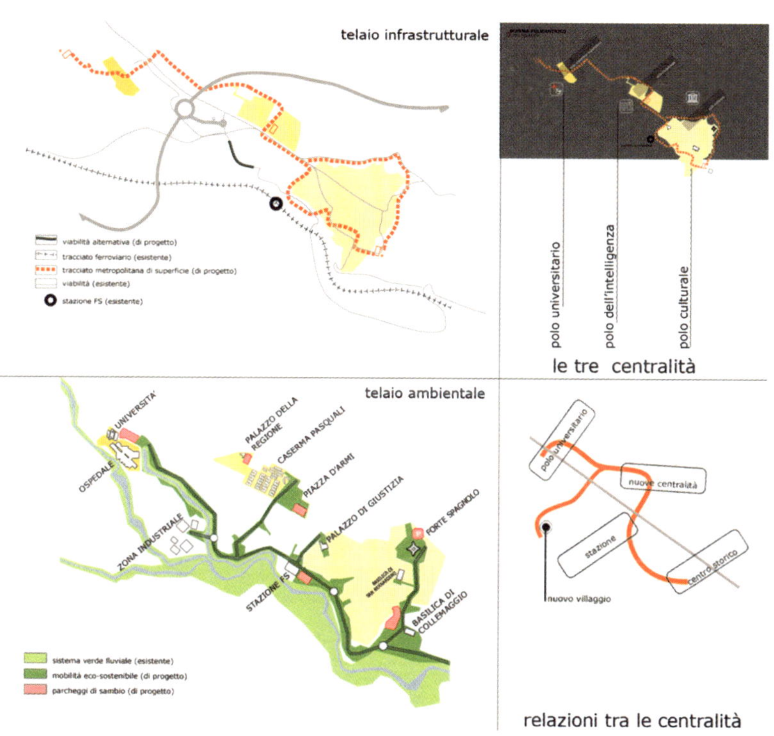

Le tre centralità e
il telaio strategico
del master plan

linea ferroviaria, da potenziare, con la porta della stazione ferroviaria. Il telaio ambientale funge da struttura a pettine che irriga le tre centralità urbane, innestandosi sul telaio della mobilità come infrastruttura naturale che connette la rete d'acqua (fiume Aterno , il torrente Raio, il laghetto e il fiume Vetoio), la rete verde del parco fluviale, i corridoi ecologici dei fossi, il parco urbano di Castello , l'orto botanico di Collemaggio e il nuovo parco urbano di Piazza D'Armi. In questo senso la rete ambientale-paesaggistica, fino ad oggi negletta e residuale, viene notevolmente rafforzata, innervando l'area urbana allargata con i propri valori identitari e con una concezione attiva della presenza della natura nella città. Il suo spazio di pertinenza sale dal fiume verso la città, con inserti verdi che s'infiltrano nella trama insediativa, e creano le condizioni propizie per attivare un processo enzimatico di rigenerazione urbana. All'interno del telaio ambientale le connessioni ciclo-pedonali, integrandosi con il trasporto pubblico, creano una rete di mobilità dolce che con-

sente di accedere alle funzioni di centralità urbana senza appesantire il traffico veicolare indotto dal trasporto privato.
In definitiva l'immagine proposta dal Master Plan per l'Aquila, attraverso in particolare le reti di infrastrutturazione ambientale e tecnica e attraverso il progetto urbano di Piazza D'Armi , incarna una visione al futuro di una città più sostenibile, più inclusiva e più intelligente . Un ruolo chiave è esercitato dalla Piazza D'Armi, Questa da area di risulta, *diventa la cerniera di snodo* della città, fungendo da *spazio rappresentativo della contemporaneità*. Svolge una funzione di attivazione della riqualificazione sostenibile del contesto, caratterizzata dalla promiscuità di destinazioni d'uso come conseguenza del processo di parziale dismissione delle caserme in corso. Gli usi militare, residenziale e terziario, per la prossimità alla sede degli uffici regionali, con l'insediamento del piano C.A.S.E. di Sant'Antonio, previsto dal piano della ricostruzione, stanno in effetti inducendo un'accelerazione nel processo di trasformazione.

Il progetto urbano per Piazza D'armi identifica nello spazio collettivo un catalizzatore dei nuovi assetti della città, attraversato dalla rete ciclo-pedonale e integrato alla linea della metropolitana di superficie. Con la sua riorganizzazione della trama edilizia esistente, si configura come tessuto connettivo che mette a sistema le diverse parti: il parco urbano dedicato allo sport e al tempo libero; la caserma Pasquali, recuperata per la localizzazione degli uffici pubblici e privati più importanti della città; l'isola dei servizi con la stazione della metropolitana di superficie. Il riuso dei padiglioni della caserma Pasquali rappresenta una notevole occasione di riqualificazione del patrimonio del demanio militare in un'ottica di abbattimento di consumo di suolo urbano; consente di rigenerare i tessuti insediativi circostanti, altrimenti lasciati al degrado e alla casualità degli interventi dovuta alla mancanza di programmazione. Una nota di innovazione tecnologicamente avanzata è espressa dalla copertura prevista per lo spazio collettivo,

con valenza energetica , garantita dall'impianto di una pannellatura fotovoltaica; la copertura, leggera ed efficiente, lambisce la piazza centrale, corrugandosi verso l'alto o verso il basso seguendo l'articolazione altimetrica delle costruzioni, fino a trasformarsi nella pavimentazione dello spazio tra gli edifici. Al di sotto della copertura energetica, si crea un microclima favorevole rispetto al contesto climatico della città che ne garantisce la gradevolezza di fruizione durante tutto l'arco dell'anno.
L'intervento per Piazza D'Armi si inserisce nella strategia di attuazione dal master plan che, attraverso i progetti per le reti di sostenibilità dei due telai, propaga gli effetti della riqualificazione sostenibile al resto del tessuto urbano esistente, evitando di chiudersi in un'isola di autosufficienza, seppure ad alta sostenibilità.
La strategia di trasformazione proposta dal master plan per la città de L'Aquila , necessita di un controllo costante che ne verifichi e adegui le previsioni nel tempo, attraverso una processualità incre-

mentale degli interventi, con una scansione in tre fasi ,a breve, medio e lungo termine, nell' arco di venti, trenta anni.

* Tesi di laurea Ambito Progetto e Contesto "Progetto urbano per piazza D'Armi, L'Aquila. Nuova porta urbana de L'Aquila" A.A. 2008-2009, relatore prof.Alberto Clementi, correlatore arch. Salvatore Colletti

Le tre centralità e
il telaio strategico
del master plan

NUOVI POLI PRODUTTIVI A L'AQUILA *

Giorgio Talamonti, Andrea Valente

Il progetto affronta il tema del rilancio e dello sviluppo dei poli produttivi de l'Aquila, dopo il devastante terremoto del 6 aprile 2009 che ha messo duramente alla prova il sistema industriale e artigianale locale. La prospettiva di riferimento è non soltanto di potenziare le strutture esistenti, raggiungendo al più preso i livelli produttivi e occupazionali pre-sisma, ma anche di sperimentare i nuovi orientamenti di sviluppo sostenibile applicati ai territori del terremoto.

In particolare si tiene conto del fatto che *"la previsione di un insediamento ad alta sostenibilità non va riferita soltanto ai suoi caratteri interni, come se si trattasse di un'isola che non scambia relazioni con l'intorno. Al contrario, il progetto del nuovo intervento va concepito come un attivatore di contesto, che è in grado di propagare nello spazio e nel tempo effetti della trasformazione nel segno della sostenibilità. In questo senso il progetto urbano sensibile alla sostenibilità deve incentivare i processi di osmosi con il contesto, sia quello direttamente interessato dall'intervento, sia lo spazio di prossimità dove si riverberano gli effetti generati dalla trasformazione. La sua efficacia dovrà essere valutata di conseguenza non soltanto alla luce delle prestazioni ambientali conseguite dall'insediamento (come emissione zero, o l'autosufficienza energetica) ma anche come contributo al miglioramento dell'area adiacente* (Ester Zazzero, *Progettare Green Cities*, 2010).

Dunque le proposte per Nuovi Poli Produttivi a l'Aquila sono applicate alla riconversione degli insediamenti produttivi esistenti, con l'obiettivo non solo di risolvere localmente la riduzione dei consumi di risorse non riproducibili, ma anche di irradiare nel tempo e nello spazio i valori della sostenibilità, fungendo da attivatore di contesto per una " messa in sostenibilità" più generale dell'impianto insediativo del quadrante meridionale della città.

Il progetto tiene conto anche dei nuovi riferimenti legislativi e della nuova cultura ambientale, che inducono a concepire i parchi eco-industriali come occasione per innovare il modo di pianificare i distretti produttivi, con particolare riguardo alle dotazioni degli impianti di tutela dell'ambiente, della sicurezza e della salute pubblica. Questa prospettiva in Abruzzo è affermata dalle stesse organizzazioni

DESIGNING AFTER THE EARTHQUAKE

225

imprenditoriali della Confindustria, che si propongono di promuovere la diffusione sul territorio di aree produttive ecologicamente attrezzate. Sono aree dotate di un sistema integrato di collegamenti a reti ed infrastrutture, con l'obiettivo di prevenire processi di inquinamento dell'aria, dell'acqua e del suolo, nonché di migliorare l'accessibilità rispetto alle principali reti di comunicazione a livello regionale, garantendo al contempo la presenza di tutte le opere di urbanizzazione interne (energia elettrica, fognature industriali, impianti di depurazione, impianto di smaltimento dei rifiuti), e la sicurezza idrogeologica e ambientale.

Questo nuovo approccio pianificatorio e gestionale delle attività produttive è caratterizzato da alcuni requisiti comuni:

- Progettazione coerente con il corretto uso delle risorse non riproducibili e consapevole delle criticità del territorio (requisiti di tipo urbanistico ed ambientale);
- Raggiungimento dell'ecoefficienza dell'area produttiva (controllo degli input e degli output delle singole aziende, e la valorizzazione di possibili sinergie di scambio e collaborazione);
- Presenza di un referente unico per la collaborazione tra aziende e pubblica amministrazione;
- Partecipazione attiva delle imprese alla gestione del loro sito produttivo, con il loro coinvolgimento diretto ai fini della maggiore efficacia delle prestazioni ambientali.

La corretta applicazione dei requisiti contribuisce alla formazione di ecodistretti di nuova generazione, che spingono le aziende ospitate ad innovarsi, sia ottimizzando i processi, che riducendo i costi legati agli approvvigionamenti delle materie di lavorazione e allo smaltimento degli scarti.

La pianificazione e progettazione di aree produttive ecologicamente attrezzate porta un valore aggiunto che attiene in particolare alla dimensione efficace dell'area, spostando l'attenzione dalla singola azienda e dai singoli processi pro-

duttivi alla gestione ambientalmente integrata delle imprese insediate. I siti industriali non sono più visti come un agglomerato di aziende, ma come un'unica entità complessa, da pianificare e gestire in maniera unitaria, assicurando elevate performances nella prevenzione dell'inquinamento delle diverse componenti ambientali e nella tutela della sicurezza e della salute.

Il nuovo approccio prende spunto dai principi di ecologia industriale e di ecoefficienza che si traducono in modulità organizzative che privilegiano comportamenti di natura simbiotica. La convergenza delle collaborazioni porta a benefici superiori rispetto a questi conseguibili con la somma di tanti buoni comportamenti individuali. In questo senso, lo scambio di risorse (materiali, acqua, energia), ma anche di buone pratiche per l' innovazione tra le varie aziende, diviene prioritario rispetto alle operazioni di gestione ambientale delle singole attività, comunque da realizzare.

Poiché l'obiettivo primario da raggiungere è la riduzione degli inquinamenti agendo direttamente alla fonte del problema, dovranno essere privilegiati atteggiamenti preventivi, piuttosto che riparatori, nei confronti dell'impatto ambientale. A questo riguardo è necessario ricorrere alla procedura di Valutazione ambientale strategica (Vas), che comporta lo spostamento dell'attenzione dalla definizione di obiettivi statici al processo complessivo della trasformazione, secondo un'ottica dinamica ed evolutiva.

Il nuovo approccio metodologico di programmazione-valutazione che ne scaturisce prefigura la piena integrazione dei principi di sviluppo sostenibile all'interno dei processi di pianificazione, con l'integrazione degli obiettivi ambientali in tutte le politiche di sviluppo. In particolare la possibilità di ristrutturare i processi produttivi consente di liberare ampi spazi che si aggiungono alle disponibilità di aree a destinazione industriale previste da strumenti urbanistici di vecchia generazione e in gran parte rimaste inattuale; inoltre, l'adozione del principio di sostenibilità impone di "evitare il consumo di nuovo suolo".

A partire dunque da uno studio dettagliato dell'area (analisi delle risorse ambientali del sito), che evidenzia le criticità e le potenzialità del contesto, diventa possibile individuare le soluzioni più opportune per conseguire gli obiettivi di eco-efficienza richiesti. Una corretta declinazione del "processo di gestione ambientale di area", porta a verificare la sostenibilità delle strategie di progetto, nella organizzazione dell'area e nella gestione dei suoi edifici attraverso il tempo, per controllare l'attuazione progressiva degli interventi e per introdurre gli eventuali correttivi che si rendessero necessari, al fine di garantire la loro sostenibilità nel tempo.

Nel caso dell'Aquila il progetto di riqualificazione e sviluppo sostenibile delle aree industriali di Bazzano e Pile si pone l'obiettivo di ristrutturare gli insediamenti esistenti in modo da orientarne in senso ecologico, fin da una fase preliminare, la ripianificazione mirata alla loro "messa in sostenibilità" . Elemento centrale su cui ruota tutta la strategia di trasformazione sostenibile degli assetti esistenti è la valorizzazione del fiume Aterno.Il fiume viene utilizzato come corridoio ambientale di connessione tra le due aree, oggi separate funzionalmente e reciprocamente indifferenti, in futuro invece messe a sistema proprio attraverso la loro appartenenza al corridoio fluviale.

Diverse sono le strategie per il polo di Bazzano e Pile. Il primo, più consistente dimensionalmente e scarsamente danneggiato dal terremoto, viene ristrutturato con l' introduzione delle reti di sostenibilità al suo interno, con il potenziamento dell' accessibilità multimodale rispetto alle provenienze regionali e locali, e infine con la formazione di una cintura verde di bordo che funge da filtro rispetto al territorio circostante. Il secondo polo viene invece potenziato sensibilmente, curando la riconnessione funzionale con la periferia occidentale de l'Aquila, riqualificando il rapporto con l'intorno fluviale, e densificando gli usi del suolo al fine di trasformare in tessuto l'attuale edificazione disordinata lungo il fronte stradale. Accomuna le strategie per entrambi i poli la volontà di introdurre nuove funzioni produttive connesse alle politiche della sostenibilità in Abruzzo. In questo senso le due aree industriali dovrebbero arricchirsi di nuove opportunità occupazionali, indotte dalla loro partecipazione ai poli dell'innovazione promossi dalla Regione, qualificandosi in particolare come spazi per la sperimentazione di nuovi materiali e nuove tecnologie per la città sostenibile.

Le previsioni progettuali sono state approfondite in otto schede che affrontano le principali tematiche dello sviluppo sostenibile:

A. Integrazione con il contesto
B. Gestione sostenibile delle acque
C. Gestione sostenibile dell'energia
D. Gestione sostenibile dei rifiuti
E. Mobilità
F. Qualità dell'aria
G. Rumore
H. Management dell'area

* Tesi di Laurea Ambito Progetto e Contesto "Riqualificazione delle aree industriali di Bazzano e Pile" - A.A. 2009-2010 Relatore Prof. Alberto Clementi, Correlatore Arch. Ester Zazzero

PROGETTARE DOPO IL TERREMOTO

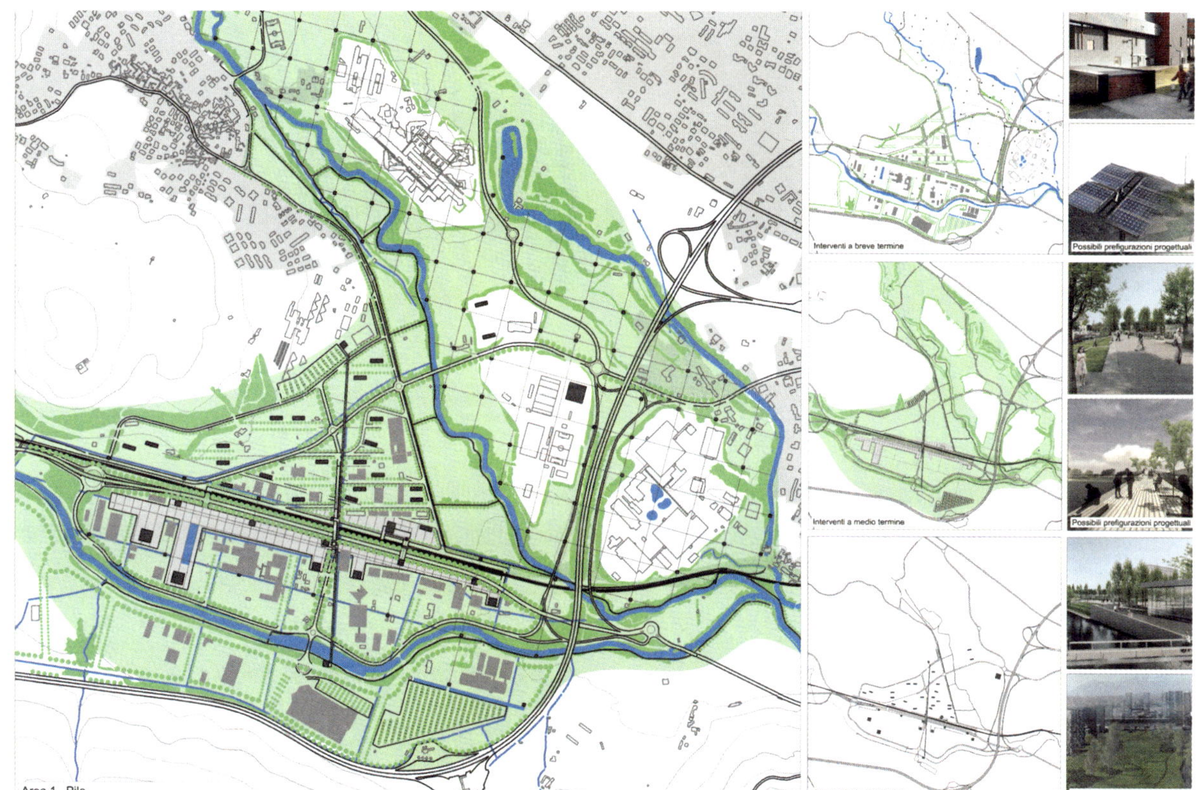

DESIGNING AFTER THE EARTHQUAKE

229

EDIFICI PUBBLICI A POGGIO PICENZE (AQ) *

Nicola Quercio, Carmela Sguera, Sara Staniscia, Marco Trivellone

La riqualificazione dell'ex comparto scolastico va ad agire su tre edifici attualmente inagibili e sugli spazi di connessione tra di essi e col contesto circostante: le strutture in questione sono l'ex edificio scolastico "Ignazio Silone" (1), il Centro polifunzionale (2) ed il cosiddetto Miniclub (3) (Fig.1). Gli edifici si trovano in un'interessante configurazione, poiché racchiudono una sorta di corte interna, sono in adiacenza con un importante asse viario di accesso al paese (la vecchia S.S. 17) e con l'ampio spazio libero su cui prospetta la monumentale chiesa di S. Felice Martire. La costruzione, nei mesi immediatamente seguenti al terremoto, delle nuove scuole prefabbricate in legno (dell'infanzia ed elementare) a poca distanza dal nucleo in questione, pone il problema di come riqualificare i vecchi edifici.

Lo studio di tali edifici ha preso le mosse da un'analisi dello stato di fatto: rilievo geometrico e dei materiali, definizione del quadro fessurativo e delle criticità post-sisma. Successivamente, si è proceduto all'analisi strutturale dei manufatti più danneggiati (scuola "I. Silone" e centro polifunzionale), al fine di valutare la risposta sismica globale del complesso edilizio, sottoponendo a verifica puntuale tutti gli elementi resistenti. Dalle analisi condotte, è scaturita la necessità di una serie di interventi volti al miglioramento sismico delle strutture ed in particolare dei maschi murari danneggiati. Tali interventi sui singoli manufatti si collocano in un progetto architettonico più ampio, che riguarda la riqualificazione dell'intero comparto, per la quale si è ritenuto di dover assumere come stimolo progettuale il festival "Poggio Picenze in Blues", che è l'iniziativa di maggiore attrazione culturale nel comune e che potrebbe diventare motore di iniziative non solo occasionali.

Il *concept* progettuale, a scala urbana, si propone di creare una connessione sia con gli assi che portano ai nuclei storici, sia con la piazza antistante la chiesa di San Felice e le realtà periferiche che ospitano le nuove scuole e gli impianti sportivi.

Per i tre edifici in questione sono state proposte nuove destinazioni d'uso:
un centro per l'accoglienza e la ristorazione nell'ex-edificio scolastico;

una scuola di musica con sale prova ed auditorium nel centro polifunzionale;
un percorso espositivo che fa anche da accesso, attraverso l'edificio del *miniclub*.
Tra i volumi preesistenti viene inserito un nuovo edificio destinato alle prove musicali ed ai concerti, conferendo una identità contemporanea al comparto, legata al blues ed alla ricerca sul tema.

* Tesi di Laurea "Riqualificazione e miglioramento sismico degli edifici pubblici del comune terremotato di Poggio Picenze (AQ)" - A.A. 2009-2010 Relatore Prof. Enrico Spacone

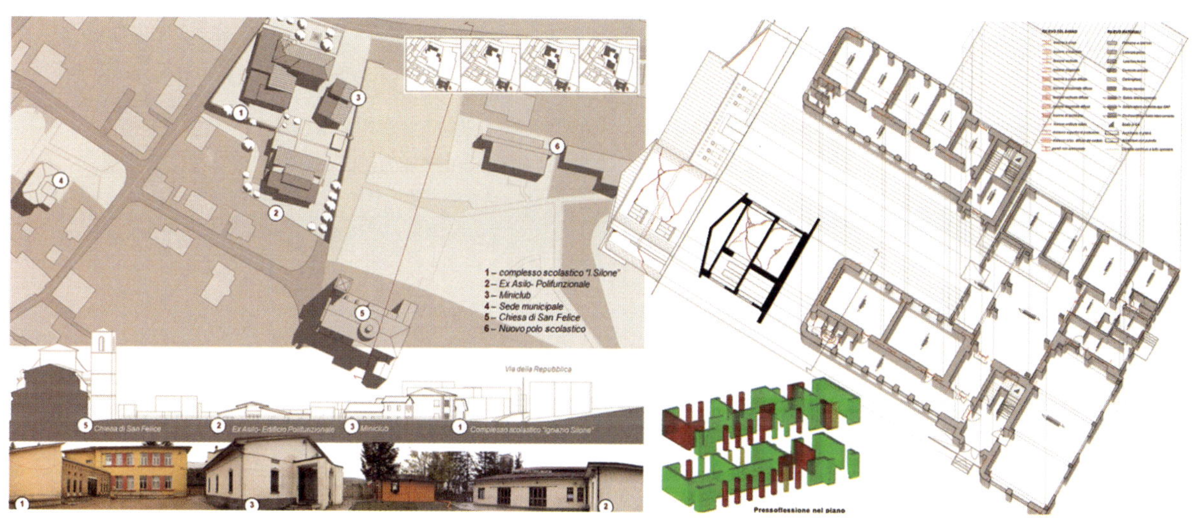

Fig. 1.
Blues center

NUCLEO STORICO DI POGGIO PICENZE

Eva Raka

L'analisi dei danni prodotti dal sisma sull'abitato di Poggio Picenze si è concentrata in uno studio più approfondito del nucleo del "castello", attraverso un rilievo geometrico affiancato dall'analisi del rispettivo quadro fessurativo e dalla individuazione dei meccanismi di collasso di macroelementi resistenti (pareti, cantonali, ecc...), già descritti in un precedente paragrafo.

Il verificarsi, in maniera più o meno accentuata, dei meccanismi di danno e di collasso riscontrati in occasione del sisma, è stato messo in relazione a scala urbana con le caratteristiche meccaniche del tessuto murario e con le diverse epoche costruttive degli edifici, mostrando (pur nei limiti delle analisi fin qui condotte) come sia possibile individuare il livello di danno atteso e dunque la vulnerabilità di interi fronti edificati e relativi percorsi urbani mediante l'osservazione di tipiche caratteristiche del patrimonio edilizio, riconoscibili in via speditiva.

In una successiva fase di studio sono state esaminate possibili strategie per il rilancio economico e sociale, attraverso una serie di ipotesi riguardanti il progetto di un alloggio diffuso per la terza età.

La progettazione è scaturita dalla complessità dei bisogni di una particolare fascia d'età che presenta esigenze e necessità differenziate. Gli "habitat a misura di terza età" devono tener conto del soddisfacimento dei requisiti di accessibilità e fruibilità, di gestione e di comfort ambientale, di flessibilità degli spazi e la possibilità di adeguamento dell'articolazione spaziale e delle dotazioni tecnologiche. E' necessario definire delle tipologie distinte di alloggi, diversi non solo per dimensioni, ma anche per livello di autonomia fisica richiesta: il progetto prevede quindi sia alloggi autonomi che una residenza collettiva assistita.

In una prima fase sono state studiate principalmente due tipologie abitative, considerando anche un possibile ampliamento in funzione di successivi finanziamenti: il progetto prevede la realizzazione sul perimetro del comparto di 60 alloggi per soggetti autosufficienti ed un blocco attrezzato per anziani non autosufficienti collegato all'infermeria, con possibilità di realizzare ulteriori alloggi lungo il perimetro esterno (Fig.2).

La proposta di albergo diffuso per anziani mira a rilanciare la parte di centro storico considerata, attraverso la realizzazione di un programma complesso che preveda, oltre al piano degli alloggi, anche il progetto degli spazi collettivi, quali:

- Una hall di ingresso con caffetteria e info - point;
- Un "cuore" verde con valorizzazione dei resti della torre;
- Un palazzetto per ristorazione;
- Spazi ricreativi (sala musica, video, incontri);
- Spazio benessere (vasche termali, sauna, bagno turco);
- Blocco fisioterapia (massaggi, cure).

* Tesi di Laurea "Effetti del sisma del 6 aprile 2009 sull'abitato di Poggio Picenze (AQ): valutazione del danno e progetto di rilancio del nucleo storico"- A.A. 2009-2010 Relatore Prof. Enrico Spacone

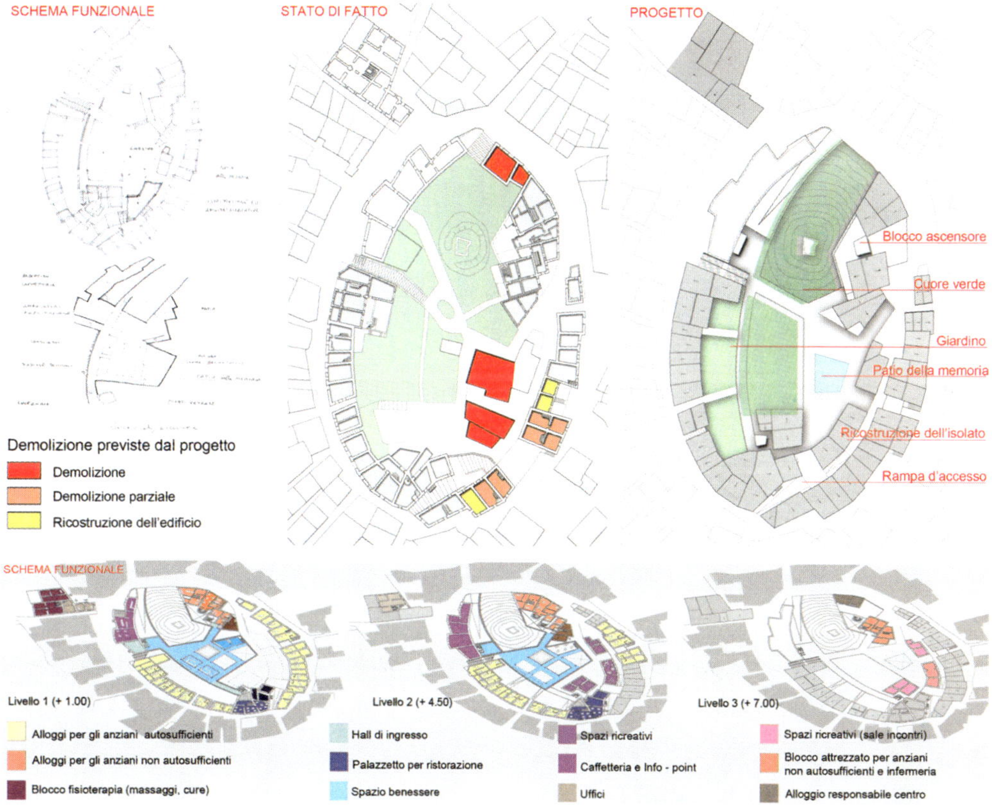

Fig. 2
Residenza temporanea per anziani, tesi di laurea di Eva Raka

LA CHIESA DI SANTA GEMMA A GORIANO SICOLI *

Emanuela Criber

Il lavoro di tesi qui sintetizzato è stato prevalentemente incentrato su un'analisi interpretativa e giustificativa dei dissesti prodotti dal terremoto abruzzese del 6 Aprile 2009 sulla Chiesa di Santa Gemma a Goriano Sicoli. Tale chiesa rappresenta un tipico esempio di edificio di culto in muratura appartenente ad uno dei tanti centri storici abruzzesi danneggiati dal terremoto dell'Aquila. Come la gran parte delle strutture tipologicamente simili, anche la chiesa di Santa Gemma è caratterizzata da una complessità significativa, tanto per la peculiarità dei materiali, quanto per la conformazione strutturale estremamente articolata che comporta una risposta sismica sia di tipo globale che di tipo locale. Tale risposta ha messo alla luce delle carenze strutturali estremamente gravi, così come, d'altra parte, è emerso per gli altri manufatti di interesse storico architettonico appartenenti al nucleo storico di Goriano Sicoli; la Chiesa di San Francesco, la Chiesa di Santa Maria Nova, Palazzo Paolucci e l'ex Caserma dei Carabinieri. Il santuario di S. Gemma, dedicato alla santa patrona di Goriano Sicoli, è un edificio che risale alla prima metà del '500, quando fu ricostruito sulla pianta di una vecchia chiesa di tipo mendicante. I terremoti del 1703 e 1706 sono da considerare un momento di trasformazione significativa della chiesa in quanto, a causa di crolli e danni rilevanti, fu necessario procedere al suo sventramento e, quindi, alla sua la riedificazione. In particolare, fu mantenuto l'involucro esterno e furono ricostruiti le colonne, gli archi interni, le volte, la copertura a capriata lignea e la cupola su pennacchi. Nel 1818, fu completata la facciata. Dal punto di vista stilistico la chiesa presenta evidenti stratificazioni nei secoli, dalla spazialità rinascimentale, alle decorazioni barocche fino alla facciata neoclassica. La struttura è attualmente costituita da una pianta a croce latina con tre navate e transetto, tre campate laterali con volte a vela ellittiche e navata centrale con volta a botte lunettata, cupola su pennacchi e abside semicircolare. La facciata a salienti introduce la scansione interna attraverso delle paraste. In una prima fase analitica dello studio svolto è stato osservato il danno attraverso il rilievo fotografico e la definizione del quadro fessurativo provocato dall'evento

sismico. In particolare sono state rilevate gravi lesioni dovute all'attivazione del meccanismo rigido di rotazione della facciata da ricondurre al distaccamento del macroelemento dalle due pareti ad essa ortogonali causato da un cattivo ammorsamento e dall'assenza di catene in direzione longitudinale. Sono stati constatati, inoltre, i dissesti delle compagini murarie provocati dalle azioni agenti nel loro piano. Sono state evidenziate fessure diagonali per taglio da trazione, fratture orizzontali da scorrimento dei cordoli in cemento armato e danni da schiacciamento nelle colonne. Negli archi dell'ala sud sono stati rilevati inoltre danni importanti sul concio di chiave che rendono instabile il sistema. La torre campanaria, non particolarmente snella, ha avuto un comportamento scatolare presentando solo alcune lesioni da taglio superficiali. Nella fase successiva sono stati definiti i parametri di indagine utili all'identificazione del danno. In un primo momento è stata svolta un'analisi previsionale attraverso la determinazione del valore di un Indice di Vulnerabilità globale fornito dalla letteratura e definito sulla base di rilievi visivi. Si è passati quindi alla definizione delle accelerazioni al suolo (PGA) ammissibili attraverso l'implementazione di analisi cinematiche il cui risultato ha permesso di confrontare le capacità con le domande strutturali. Il confronto tra le PGA di attivazione di ogni meccanismo e l'accelerazione reale, ottenuta attraverso opportune leggi di attenuazione calibrate sui dati accelero metrici forniti dall'Istituto Nazionale di Geofisica e Vulcanologia (INGV), ha permesso quindi di giustificare il danno occorso.
Il risultato di questo studio ha palesato un sensibile livello di vulnerabilità della chiesa che poteva essere previsto anche per accelerazioni inferiori a quelle realmente verificatesi.
Si è quindi giunti alla conclusione secondo la quale lo stato di dissesto della chiesa di Santa Gemma in Goriano Sicoli, palesato a seguito dell'evento sismico del 6-04-2009, poteva essere previsto attraverso una preventiva valutazione della vulnerabilità sismica e che avrebbe permesso di determinare gli interventi di messa in sicurezza da adottare ai fini della sua protezione.

Tesi di Laurea "La chiesa di Santa Gemma a Goriano Sicoli: gli effetti del sisma del 6 aprile 2009 e definizione della vulnerabilità", A.A. 2009-2010, relatore Prof. Ing. Gianfranco De Matteis, correlatore Ing. Giuseppe Brando

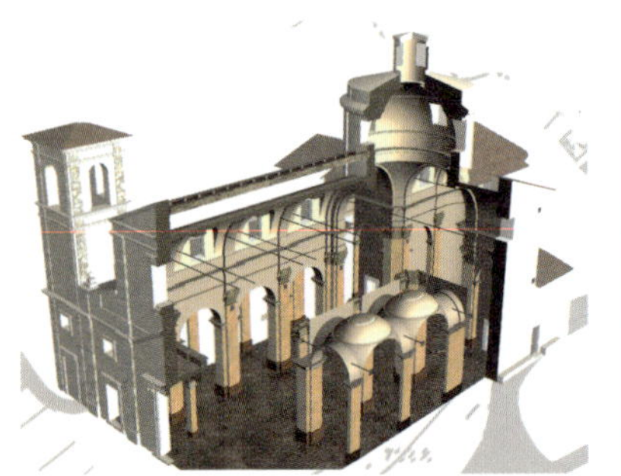

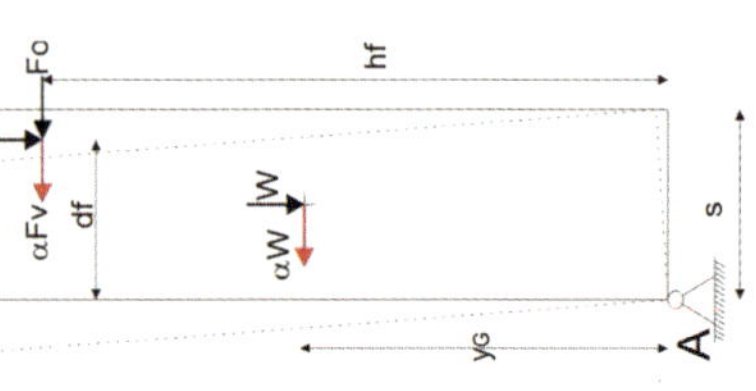

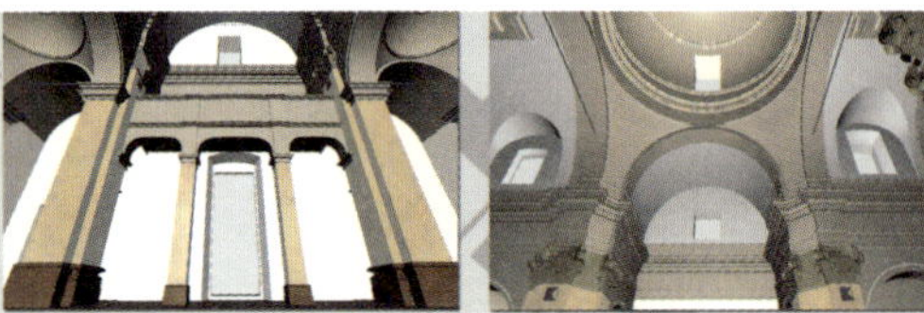
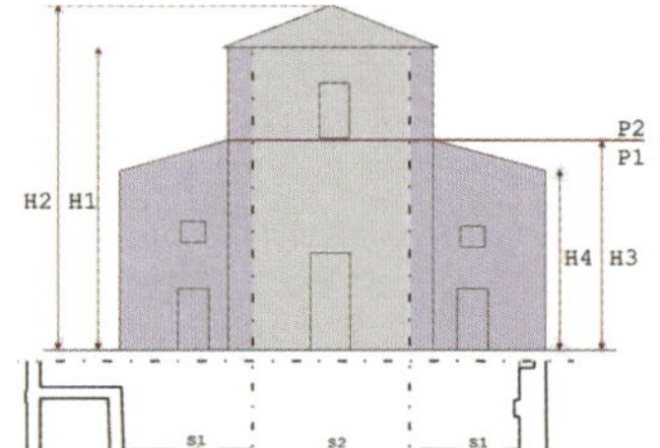

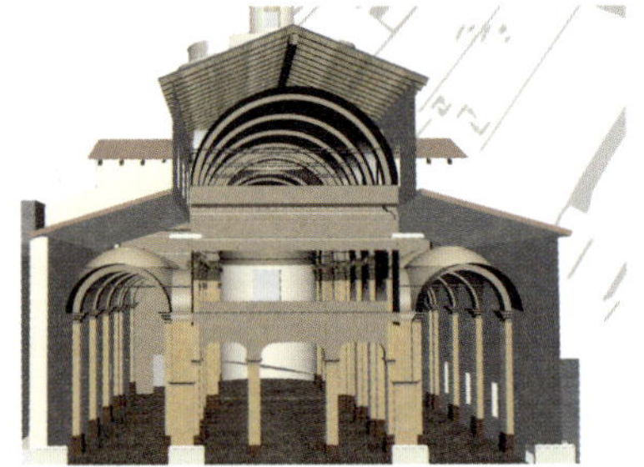
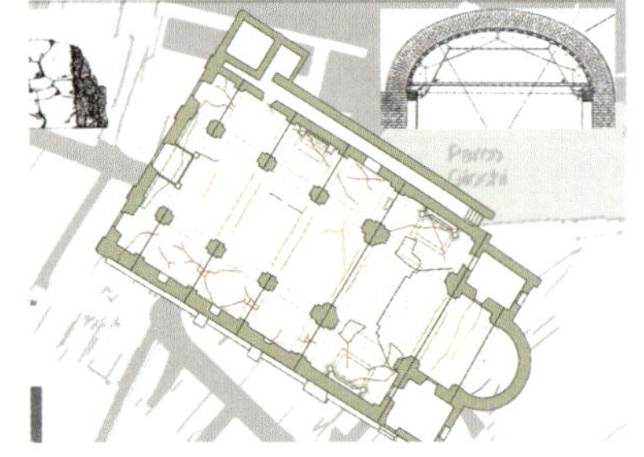

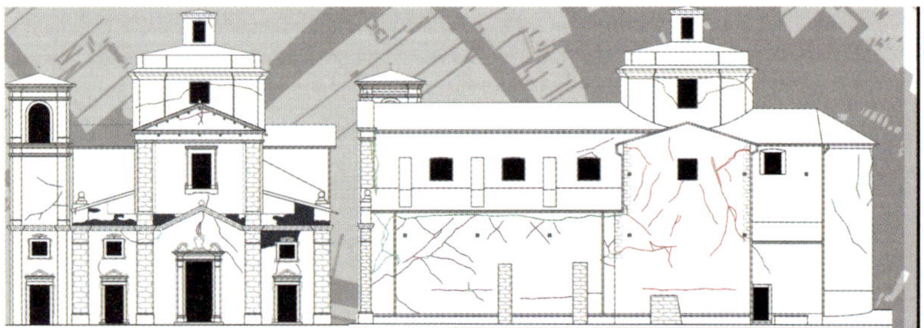

PROGETTARE DOPO IL TERREMOTO

ALLEGATI
ANNEXES

BRAIN HUB. UNA PIATTAFORMA CONOSCITIVA A SERVIZIO DELLA RICOSTRUZIONE

A cura di Aldo Casciana

Le esperienze dei processi di ricostruzione post-sismica, italiane in particolare, mostrano come in genere sia mancata qualsiasi valutazione di efficacia delle politiche e degli interventi. Le "innovazioni per l'urbanistica" richiamate in apertura di questo libro quindi affermano invece la necessità di introdurre nuovi strumenti attraverso cui osservare e valutare l'evolversi dei processi di ricostruzione "in corso d'opera". Il modello preferibile è quello che affida il compito del monitoraggio e valutazione ad una struttura "terza" rispetto ai soggetti attuatori e la committenza. La valutazione dovrebbe accompagnare l'intero processo, misurando l'efficacia delle politiche rispetto alle criticità individuate, sia iniziali che intervenute in corso di attuazione. E dovrebbe avvalersi di tecnologie avanzate di gestione dei dati, con l'uso di reti digitali e software mirati che consentano la condivisione selettiva delle conoscenze prodotte. Si tratta di uno strumento innovativo di monitoraggio e accompagnamento dei processi di ricostruzione (*Brain Hub*), da mettere meglio a punto nella sua configurazione tecnica e organizzativa, ma che trova già riscontro nella manualistica della Banca Mondiale (WB), come richiamato nel capitolo introduttivo di questo libro. Qualcosa del genere del resto è in corso di sperimentazione nell'ambito dell'importante programma finanziato dalla WB per

la valutazione delle politiche della ricostruzione in Cina, a seguito del terremoto che ha investito le regioni del Sichuan, Shanxi e Gansu. Questo contributo tende a delineare i possibili contenuti del Brain Hub prefigurato dal nostro gruppo di ricerca presso la facoltà di architettura di Pescara. A questo scopo utilizza i materiali del programma *Supporting Sustainable Post-Earthquake Recovering*, promosso dal Governo Cinese e dalla WB; e poi quelli elaborati da un gruppo internazionale che ha partecipato alla gara WB per l'affidamento del programma suddetto, presentando in particolare il contributo di metodo offerto da un team interdisciplinare, coordinato da Alberto Clementi e Paolo Fusero.

1. Il Programma Supporting Sustainable Post-Earthquake Recovering.

Come contributo alla ricostruzione in Cina, la World Bank ed il *Fondo globale per il recupero e la riduzione delle catastrofi* (GFDRR) hanno avviato una collaborazione con il Governo Cinese, attraverso il programma *Supporting Sustainable Post-Earthquake Recovering*, destinato alle regioni del Sichuan, Shanxi e Gansu colpite da un devastante terremoto. Il programma è mirato alla conoscenza sistematica e alla valutazione degli sforzi realizzati fino ad oggi nel processo di ricostruzione e dell'impatto delle diverse politiche. Gli obiettivi sono in particolare:
valutare il processo di ricostruzione post-terremoto in corso del Wenchuan, al fine di ricostruire le esperienze, individuare le criticità e fornire suggerimenti per migliorare l'efficacia della ricostruzione;
produrre uno studio comparativo tra la pratiche adottate in Cina e le esperienze internazionali più rilevanti, al fine di indirizzare meglio anche le future azioni internazionali di fronte ai futuri terremoti e altre calamità naturali.
Il servizio di assistenza messo a concorso prevedeva inizialmente la raccolta di informazioni, dati statistici e dati socio-economici, da elaborare anche attraverso indagini di campo e interviste in collaborazione con le agenzie governative e gli interlocutori istituzionali (governo centrale, città e distretti). E' prevista la validazione dei dati in collaborazione con le agenzie governative coinvolte sulla base di alcuni indicatori chiave, concordati preventivamente. Inoltre si deve tener conto delle esperienze internazionali più significative, per meglio valutare l'efficacia degli interventi e le eventuali criticità.
Tre sono i temi ritenuti di particolare importanza: *ricostruzione dei servizi pubblici, delle città più colpite, del sistema industriale post-terremoto*.
Riguardo al primo e secondo tema, sono richieste relazioni conoscitive in particolare sulle ripercussioni fisiche ed economiche causate dal terremoto, corredate da analisi dettagliate sulle prestazioni del processo di ricostruzione e sull'utilizzo degli investimenti pubblici. Le conoscenze sono mirate al miglioramento delle strategie di intervento, fornendo raccomandazioni in particolare per il recupero del servizi pubblici e delle infrastrutture. Per il terzo tema, si tratta di valutare le prestazioni e l'impatto delle misure messe in atto per il recupero del settore industriale nelle regioni del Gansu, Sichuan e dello Shaanxi. Muovendo dalla descrizione della situazione antecedente dell'economia e delle industrie colpite in ogni provincia, si richiede di individuare e valutare le ripercussioni fisiche ed economiche del terremoto sul tessuto industriale preesistente. Anche in questo caso l'obiettivo è di adeguare le strategie di intervento alla luce delle conoscenze sulla efficacia delle misure intraprese.

a. servizi e delle attrezzature pubbliche

Gli obiettivi della valutazione riguardano in particolare:
le attività di recupero e di ricostruzione, confrontando i risultati con gli obiettivi iniziali del programma, e verificando l'efficienza e l'efficacia degli interventi;
i risultati della ricostruzione secondo le necessità e le attese delle popolazioni;
ruolo dei servizi pubblici ai fini dello sviluppo territoriale e infrastrutturale;
la riduzione dei rischi di catastrofe e prevenzione nelle attività di ricostruzione.

Le conoscenze vanno strutturate in considerazione dei seguenti aspetti:

- *Situazione pre-sisma.* Analisi del livello dei servizi pubblici nelle zone colpite, indicatori socio-economici e le tendenze della offerta di servizi pubblici prima del terremoto.
- *Principali effetti del sisma.* Valutazione della gravità degli impatti del terremoto sul livello di servizi pubblici, considerando anche i danni alle infrastrutture (in particolare strutture sanitarie e l'istruzione, servizi pubblici comunali), nonché i principali impatti socio-economici.
- *Piano di recupero.* Valutazione degli effetti del piano e delle misure adottate, in particolare: obiettivi prioritari prefigurati, progetti e qualità delle strategie, programmi e dispositivi di attuazione, ruoli e responsabilità delle autorità di governo (ai diversi livelli) e degli altri protagonisti del coordinamento dei programmi, principali risultati attesi, livello di integrazione della riduzione del rischio di catastrofi nelle strategie e nei processi di pianificazione.
- *Risultati delle attività di ripresa e ricostruzione.* Valutazione dell'efficacia del piano di ricostruzione attraverso: l'analisi dei risultati sui servizi pubblici e infrastrutture (quantitativa e qualitativa), efficienza e tempestività nell'uso delle risorse e risultati attesi, attuazione di strategie di riduzione del rischio attraverso programmi strutturali (costruzione di linee guida, i codici normativi per l'edilizia, applicazione dei codici) e delle misure non strutturali (formazione, sensibilizzazione, raccolta politiche).
- *Impatti complessivi dei programmi.* Valutazione complessiva degli effetti dei programmi della ricostruzione attraverso il confronto con la condizione pre-disastro.

b. Trasferimento e ricostruzione delle città più colpite

Gli obiettivi possono essere così riassunti:

- contribuire alla revisione degli schemi di delocalizzazione utilizzati dal Governo, del piano di finanziamento, delle strategie di assistenza per le popolazioni trasferite, nonché alla analisi dei procedimenti utilizzati per il confronto con le popolazioni;
- descrivere i progressi compiuti fino ad oggi nella delocalizzazione delle città più colpite e valutare l'efficacia del programma;
- valutare gli aspetti ambientali, sociali ed economici della delocalizzazione e ricostruzione dei centri più colpiti.

Il trasferimento e la ricostruzione dei centri più colpiti costituisce un punto chiave dell'approccio proposto dal governo cinese, che si basa su un'analisi delle capacità di carico e dei potenziali di sviluppo delle diverse regioni. In considerazione dei livelli individuati, le aree più colpite sono state suddivise in tre categorie: aree idonee per la ricostruzione, aree destinate alla ricostruzione e aree necessarie al ripristino ecologico.

Con l'obiettivo di documentare i risultati ottenuti e le sfide per la ricostruzione, mirando ai possibili miglioramenti, si approfondiscono i seguenti temi specifici:

Governance della ricostruzione.
La sostenibilità dei piani di trasferimento delle città e dei piani per l'ambiente costruito.
Obiettivi per l'accesso a infrastrutture e servizi pubblici
Obiettivi per la ripresa economica e per la offerta di mezzi di sussistenza sostenibili
Obiettivi per la salvaguardia del patrimonio culturale
Obiettivi per il benessere e la coesione sociale

c. Ricostruzione del sistema produttivo e industriale

Gli obiettivi della terza fase di valutazione sono:

- *Valutare l'impatto del terremoto e del piano di ricostruzione in generale sull'economia, e in particolare sul settore privato;*
- *Valutare l'impatto sulle piccole e medie imprese in settori selezionati;*
- *L'impegno e i risultati in termini di occupazione e di reddito per il recupero delle condi-*

PROGETTARE DOPO IL TERREMOTO

zioni di vita delle popolazioni colpite;

- *Valutare i danni alle strutture industriali e le strategie di sviluppo;*

2. Una proposta di metodo.

Le proposte di metodo elaborate dal gruppo italiano per il Progetto "Supporting Sustainable Post-Earthquake Recovering in China" partono dalla consapevolezza di una sostanziale scarsità di conoscenze su tutto ciò che è avvenuto e ciò che sta accadendo. In particolare sono carenti le informazioni sulle condizioni di contesto e sugli interventi effettuati, sia quelli di primo soccorso alle popolazioni colpite, che quelli per far fronte all'emergenza abitativa e al collasso delle infrastrutture e servizi vitali. In attesa di accedere a queste indispensabili conoscenze, al fine di intraprendere le valutazioni sistematiche previste nei servizi richiesti dal Progetto, e in particolare per operare le comparazioni con le pratiche correnti in altri Paesi, è parso opportuno fare riferimento

ad un insieme di *principi-guida* che ispirano abitualmente le strategie di intervento, sia per rendere più efficaci le azioni della ricostruzione che per ridurre il rischio di errori. I principi proposti tengono conto delle considerazioni contenute nel Rapporto "Overall Planning for Post-Wenchuan Earthquake Restoration", elaborato dal Planning Group of Post-Wenchuan Earthquake under State Council della Repubblica cinese (vedi Fusero in questo volume). Ma derivano anche dallo studio delle esperienze internazionali più significative, e in particolare dall'esperienza dell'Italia che più volte nel corso degli ultimi trenta anni si è dovuta misurare con terremoti dagli effetti disastrosi.

Il riferimento ai principi guida con cui affrontare il delicato processo di ricostruzione fisica, sociale ed economica dei territori della regione del Wenchuan, nasce dalla consapevolezza che gli indirizzi dovranno essere aggiornati sulla base degli orientamenti espressi dalle autorità cinesi, nonché sulla base dei primi riscontri "in progress" che emerge-

ranno con l'approfondimento delle conoscenze specifiche. Inoltre le strategie d'intervento considerate attengono prevalentemente alle azioni sul territorio, rinviando ad un successivo approfondimento le strategie economico-finanziarie e sociali della ripresa per lo sviluppo, nonché quelle di sostegno materiale e psicologico alla popolazione che tanta importanza hanno in queste circostanze. Pur con questi limiti, il "Repertorio dei Principi guida" da cui muove la proposta di metodo consente di finalizzare meglio l'insieme delle attività di monitoraggio e valutazione degli effetti previste, concentrando la raccolta delle conoscenze e la loro elaborazione intorno ad alcuni nodi chiave delle *strategie di intervento*.

I "Principi-Guida" si rivolgono innanzitutto alle pubbliche amministrazioni competenti in materia di gestione delle politiche di ripresa e ricostruzione post-disastro e al tempo stesso a quelle responsabili del governo del territorio ai diversi livelli (stato, provincia, distretti, enti locali). Il modello organizzativo sotteso da questi principi guida è

l'espressione di una *governance multilivello* fondata sul partenariato tra le diverse istituzioni in gioco, pur nell'ambito dei poteri di coordinamento generale attribuiti all'autorità di governo che funge da centro strategico. Questo modello offre il vantaggio di favorire la mobilitazione di tutte le risorse provenienti dai diversi attori in gioco, facendo loro condividere la responsabilità degli sforzi e dei progressi nelle strategie della ripresa e della ricostruzione. Inoltre, permette di interpretare in modo più diretto ed efficace i bisogni e le attese delle popolazioni coinvolte, considerate non come semplici destinatari degli aiuti per la ricostruzione, ma come protagonisti attivi della ricostruzione, chiamati ad alimentare processi di sviluppo locale endogeno e autopropulsivo. L'obiettivo è di contribuire a superare quanto più rapidamente possibile la fase dell'emergenza, ponendo contestualmente le basi per uno sviluppo sociale ed economico duraturo e pienamente sostenibile; consapevole dell'importanza dell'identità dei contesti locali e delle valenze

ambientali e paesaggistiche del territorio del Wenchuan, e al tempo stesso aperto alle innovazioni che possono rendere più competitivo e coeso socialmente lo sviluppo futuro, finanziato grazie anche agli investimenti previsti per la ricostruzione post-sismica.

Tab. 1. I Principi guida per la ricostruzione Principi guida per la ricostruzione

GESTIRE razionalmente l'emergenza, cercando di evitare *errori irreversibili* dovuti agli interventi di urgenza poco attenti alle conseguenze durature da loro provocate;

EVITARE il consumo di suolo non giustificato nei processi di ricostruzione, in particolare privilegiando, per quanto possibile, il recupero delle strutture preesistenti che non hanno subito danni eccessivi; INTERVENIRE prioritariamente sul ripristino delle strutture e nelle infrastrutture che, come *lifelines networks*, hanno un ruolo strategico nel consentire il funzionamento della città e del territorio e nel garantire l'accessibilità alle aree colpite dal terremoto;

FAVORIRE strategie di intervento immediato, volte alla rivitalizzazione sostenibile del sistema produttivo, in particolare dell'industria e dell'agricoltura ;

ASSICURARE la coerenza degli interventi rispetto ai caratteri identitari e alle specifiche potenzialità dei contesti locali, a fine di ridurre gli effetti di stravolgimento degli assetti sociali, economici e territoriali radicati localmente;

CONSIDERARE prioritario il recupero del patrimonio storico-culturale che rappresenta un valore fortemente condiviso dalle comunità locali, e in quanto tale funge da importante elemento di coesione per la popolazione colpita dal terremoto; al tempo stesso avviare il restauro del patrimonio di riconosciuto valore nazionale e internazionale ;

GARANTIRE un'adeguata sostenibilità ecologica, paesaggistica ed ambientale degli interventi più rilevanti previsti per la ripresa e la ricostruzione, valutando attentamente la sostenibilità ambientale anche degli interventi da realizzare nella fase dell'emergenza;

EVITARE, per quanto possibile, di contravvenire alle regole e alle disposizioni delle leggi vigenti, soprattutto quelle volte alla protezione dell'ambiente e alla tutela del paesaggio storico locale e quelle connesse al rispetto della trasparenza nell'affidamento dei lavori per le opere pubbliche;

PREVEDERE il possibile riuso di alcune tipologie di strutture temporanee, da adibire a spazi di servizio anche successivamente alla fase dell'emergenza abitativa;

IMPOSTARE le azioni per la ripresa e la ricostruzione, in particolare per le infrastrutture e i nuovi insediamenti abitativi e di servizio, facendo riferimento ad un Master plan di carattere strategico, che definisca una visione complessiva del territorio al futuro, con l'obiettivo di mettere in rete le diverse azioni per la ricostruzione e di fare sistema tra loro producendo un tangibile valore aggiunto territoriale.

Strategie di intervento

Interventi urbanistici

La fase iniziale di impostazione degli interventi per la ricostruzione dopo un sisma è notoriamente cruciale, poiché impone scelte che avranno impatti duraturi per il futuro. Si individuano infatti le aree di espansione destinate a provocare il passaggio definitivo dei terreni agricoli a lotti urbanizzati, pronti ad accogliere altre destinazioni d'uso dopo che è terminata la fase dell'emergenza. Al fine dunque di impedire processi irreversibili di compromissione del territorio, occorre procedere con cautela, ispirandosi a principi di sostenibilità, di equità e di coerenza con la visione del territorio al futuro oltre che naturalmente di fattibilità e di rapidità degli interventi. In particolare:
Il consumo di suolo dovrà essere limitato il più possibile, e le aree per le residenze provvisorie e per gli insediamenti produttivi dovranno essere scelte con cura, preferibilmente secondo una logica di "ricucitura" e razionalizzazione dei tessuti urbani esistenti. In linea di principio, è opportuno realizzare una molteplicità di interventi di recupero e ricucitura a piccola scala, all'interno dei tessuti esistenti, anziché nuove grandi aree di espansione che prevedano anche la delocalizzazione della popolazione preesistente;
Gli schemi distributivi delle residenze (provvisorie o definitive) previste per far fronte all'emergenza abitativa dovrebbero per quanto possibile essere aderenti ai caratteri identitari dei contesti locali, scongiurando cambiamenti traumatici nello stile di vita delle popolazioni locali;
La realizzazione dei nuovi insediamenti deve evitare per quanto possibile effetti di radicale trasformazione del paesaggio preesistente, con la perdita delle sue qualità costitutive; sono in particolare da evitare pesanti scavi su terreni scoscesi, imponenti muraglioni di contenimento, nonché gli interventi di rimodellazione del suolo a forte impatto ambientale;
Per collegare le nuove aree di ricucitura tra loro e con gli spazi urbani sopravvissuti, si dovrà tendere al potenziamento delle reti per la mobilità slow, in particolare pedonali e ciclabili, nonché alla continuità dei sistemi ambientali esistenti, rafforzando al tempo stesso l'accessibilità ai capisaldi funzionali ed ai luoghi di aggregazione sociale;
E' indispensabile elaborare tempestivamente un Programma integrato per la ricostruzione e lo sviluppo territoriale di tutto il territorio colpito dal sisma, mirando al rilancio economico e al rafforzamento della coesione sociale dell'area in una logica di sostenibilità ambientale.

Interventi sulle infrastrutture e sull'energia

Come è noto, una delle priorità più urgenti del processo di ricostruzione è il recupero ed il potenziamento delle reti infrastrutturali della mobilità preesistenti. E' necessario razionalizzare gli interventi tenendo in considerazione innanzitutto gli aspetti territoriali, idrogeologici e di vulnerabilità delle strutture, nonché l'importanza delle diverse reti nel garantire il funzionamento delle attrezzature strategiche sia nella fase della ricostruzione che del mantenimento ordinario delle condizioni di vita a regime del territorio, integrando le diverse azioni all'interno di una visione strategica dello sviluppo dell'intera Regione dello Wenchuan. Anche per le infrastrutture sarà fondamentale il rispetto dei valori ambientali e paesaggistici, garantendo la sostenibilità ambientale in tutte le sue forme. Al riguardo va fatto rilevare che la riorganizzazione complessiva del sistema della mobilità può diventare l'occasione per introdurre i principi della mobilità sostenibile, ridefinendo le modalità di trasporto e introducendo le tecnologie mirate alla riduzione delle emissioni inquinanti in atmosfera. A questo scopo è indispensabile un Master Plan che ridefinisca il sistema delle reti e dei servizi di trasporto, privilegiando le soluzioni che minimizzano la produzione di CO_2 e al tempo stesso rispettando per quanto possibile le forme delle mobilità praticate tradizionalmente nel territorio.
Altro tema decisivo è il recupero ed il potenziamento della rete di produzione e di distribuzione

dell'energia, che rappresenta un passaggio fondamentale del processo di ricostruzione insieme a quello della gestione delle acque. Anche in questo caso è opportuno ricorrere a soluzioni ad elevata sostenibilità ambientale, con l'introduzione di sistemi di energie rinnovabili incentivati da fondi pubblici e commisurati alle specifiche condizioni dei contesti locali, e con la organizzazione più efficiente del ciclo locale delle acque mirando a ridurre i fabbisogni grazie allo sfruttamento delle acque piovane e al riuso delle acque domestiche. In questo senso la ricostruzione può diventare un'opportunità da cogliere per accelerare il passaggio ad un'infrastrutturazione sostenibile del territorio, considerando le diverse reti della sostenibilità (reti verdi, della mobilità a zero emissioni, delle energie rinnovabili, delle acque, degli spazi di uso pubblico) come opere pubbliche a tutti gli effetti, indispensabili a garantire un corretto funzionamento dei complessi metabolismi urbani che caratterizzano la città contemporanea.

Interventi sul tessuto produttivo

L'esperienza insegna che le strategie di maggior successo per la ricostruzione sono quelle che antepongono la ripresa delle attività produttive alle stesse urgenze abitative. Investendo infatti sul rilancio della produzione e dei consumi locali, non soltanto si permette alle popolazioni interessate di provvedere a sè stesse, con il proprio lavoro, piuttosto che contando troppo a lungo sull'assistenza pubblica, ma si riducono in questo modo i rischi di un' emigrazione massiccia verso altri territori che offrono maggiori possibilità di reddito. Utilizzando convenientemente i finanziamenti pubblici disponibili per la ricostruzione si possono promuovere in queste circostanze politiche di riconversione produttiva mirate all'innovazione, stimolando processi di sviluppo maggiormente competitivi di quelli preesistenti. Per far ciò è necessario trovare un punto di equilibrio tra l'esigenza di una immediata ripresa produttiva e la valorizzazione delle potenzialità del contesto.

All'interno di questa complessa strategia di ridisegno delle politiche economiche e sociali del territorio, si possono tener presenti alcuni indirizzi che dovrebbero facilitare il recupero delle capacità produttive locali. In particolare:
Creare appositi distretti industriali (Cluster) capaci di aiutare lo sviluppo delle imprese locali e di favorire processi di internazionalizzazione dell'economia, anche tramite l'attrazione di capitali e imprese esterne.
Sostenere le imprese che hanno subito danni dal terremoto, aiutandole ad aumentare il livello di produttività e la qualità delle loro produzioni.
Razionalizzare la scala della ricostruzione, scoraggiando l'insediamento di imprese con bassi standard qualitativi e tecnologici.
Incentivare l'innovazione tecnologica dei processi produttivi in particolare attraverso lo sviluppo delle ICT (Information and Communication Technology) trainato dalla realizzazione delle opportune infrastrutture di rete.
Incoraggiare il risparmio (energetico, idrico, di suolo, di materiali) e la riduzione delle emissioni dannose, incentivando lo sviluppo di un'economia "verde" ad alta sostenibilità ambientale, sociale ed economica.
Dare sostegno alla ricostruzione nel settore privato, in particolare rivolto alle piccole e medie imprese organizzate a rete, ad alto utilizzo di manodopera, con particolare attenzione alle esigenze specifiche dei diversi gruppi etnici.

Interventi sul patrimonio archeologico architettonico ed artistico

L'entità e la vastità dei danni inferti dal terremoto del Wenchuan impone una attenta riflessione sui contenuti e sugli obiettivi delle strategie di restauro e consolidamento del patrimonio storico-culturale. Durante il sisma sono stati danneggiati molti siti storico-archeologici di rilevanza mondiale, compresi la Grande Pagoda dell'Oca Selvaggia, la Torre del Tamburo e della Campana e il sito simbolo della regione: l'esercito di terracotta di

Xi'an, che fortunatamente ha subito danni non consistenti.
L'importanza di questo patrimonio archeologico, architettonico ed artistico richiede - laddove possibile - di investire adeguate risorse sulle operazioni di conservazione e restauro, mirando in particolare a:
impostare una tempestiva azione di catalogazione e rilevamento sistematico dei beni interessati dal sisma, nonché delle macerie provocate dalla loro distruzione, per consentire una adeguata opera di ricostruzione o almeno di verificare le possibilità di recupero culturalmente sostenibili in fase successiva;
rispettare le stratificazioni storiche accumulate nei monumenti, utilizzando le tecniche più aggiornate ed i procedimenti scientifici più avanzati di rinforzo antisismico;
evitare arbitrarie sperimentazioni formali o libere interpretazioni dei manufatti che possono stravolgere il senso del patrimonio storico;
evitare per quanto possibile il ricorso a nuovi modelli insediativi che penalizzano il mantenimento dei centri urbani esistenti, prevedendo operazioni di adeguamento delle tipologie abitative condivise con gli abitanti;
individuare le modalità di intervento più appropriate nei centri storici, per i quali si impone la massima attenzione in termini di sensibilità e di sostenibilità.

Interventi di prevenzione dal rischio sismico

Per poter programmare razionalmente gli interventi, bisogna definire il livello di sicurezza sismica, che dipende non solo dall'ubicazione del fabbricato, ma anche dalla natura e dalla morfologia dei terreni oltre che dalla fattibilità tecnica ed economica degli interenti.
Sono necessarie adeguate indagini preventive geologiche e geotecniche, provvedendo al monitoraggio di alcuni punti significativi. Per mettere in sicurezza i centri abitati è ammissibile la demolizione di quegli edifici fortemente danneggiati che non hanno un particolare valore storico culturale.
Anche per le strutture poco danneggiate, bisogna prevedere una adeguata prevenzione del rischio sismico. Ciò riguarda qualunque tipo di struttura, in muratura o cemento armato. La strada da seguire è abbastanza chiara per il cemento armato, meno per le murature più antiche o le strutture degli edifici dei centri storici. Il programma da seguire prevede abitualmente: a) supporto tecnico alle verifiche di vulnerabilità sismica e di sicurezza statica degli edifici; b) supporto tecnico alle opere di miglioramento o adeguamento sismico (per giudicare, ad esempio, la fattibilità e la efficacia degli interventi proposti); c) casi campione sui quali intervenire (edifici storico-monumentali, chiese, edifici dei centri storici).

Laboratori per il monitoraggio del processo di ricostruzione

L'esperienza insegna che la ricerca delle metodologie d'intervento più efficaci è notevolmente facilitata dalla concreta sperimentazione su alcuni casi pilota opportunamente individuati. La sperimentazione consente di valutare la fattibilità delle soluzioni prefigurate, adattando i modelli praticati correntemente. Al tempo stesso, se adeguatamente impostata, consente di generalizzare i risultati, evitando i limiti della manualistica indifferente al contesto. Sulla base dei progetti pilota opportunamente testati, si possono infatti definire linee guida di intervento adattate agli specifici contesti di intervento, eventualmente prendendo in considerazione anche i comportamenti degli utenti. In questo senso appare molto utile la predisposizione di un Programma Sperimentale che preveda la organizzazione tempestiva di appositi Laboratori, con il compito di monitorare in corso d'opera il processo di ricostruzione, sperimentando preventivamente linee guida e metodologie di intervento.

Note

Il gruppo di lavoro interdisciplinare interfacoltà che ha elaborato la proposta metodologica è stato coordinato da Alberto Clementi con Paolo Fusero, e ha visto la partecipazione di Carmen Andriani, Giuseppe Barbieri, Attilio Belli, Guido Camata, Giandomenico Cifani, Gianfranco De Matteis, Valter Fabietti, Susanna Ferrini, M. Cristina Forlani, Raffaele Landolfo, Pierluigi Properzi, Livio Sacchi, Enrico Spacone, Ivo Vanzi, Claudio Varagnoli, Lucio Zazzara.

Il Global Facility for Disaster Reduction and Recovery (GFDRR), costituito da una partnership di 21 paesi, il Segretariato per l'Africa, i Caraibi ed il Pacifico (ACP), la Commissione Europea, la ISDR delle Nazioni Unite (International Strategy for Disaster Reduction) e dalla World Bank, è impegnato nell'aiutare i paesi in via di sviluppo e le regioni esposte alle catastrofi per ridurre la vulnerabilità ai rischi naturali e l'adattamento ai cambiamenti climatici. Promuove assistenza tecnica e finanziaria nei paesi ad alto rischio e a basso e medio reddito, sulla base di un modello finanziario di sostegno ex-ante per la riduzione del rischio di catastrofi e di assistenza post-emergenza per il recupero sostenibile, anche attraverso la promozione della conoscenza globale e delle buone pratiche.

La partecipazione al bando di gara per il progetto si è svolta in due fasi. Nella prima fase (giugno 2010) i partecipanti hanno presentato una expression of interest, corredata da un breve profilo sulle attività, esperienze e professionalità a disposizione. In questa fase si è formato un raggruppamento internazionale composto dalla Società Italiana di Monitoraggio (SMI), l'Istituto di Emergency Management and Reconstruction in Post-disaster dell'Università del Sichuan (China), il World Habitat Research Centre, dell'Università di Scienze Applicate della Svizzera Meridionale e la Facoltà di Architettura di Pescara dell'Università degli Studi "G. d'Annunzio". A questa prima fase è seguito l'invito formale del Governo Cinese (agosto 2010) a sei gruppi selezionati a presentare una proposta metodologica corredata dai curricula dei partecipanti in particolare in merito alle capacità ed esperienze svolte sul tema della ricostruzione post-sismica. Alla seconda fase sono stati invitati sei raggruppamenti, di cui cinque di provenienza cinese ed un gruppo internazionale, articolati come di seguito:

- Sichuan Research Institute of Statistical Science;
- Sichuan Huaheng Assets Appraisal Co., Ltd.;
- Fiscal Investment Appraisal Center of Sichuan Province;
- Sichuan Institute of Land Surveying and Planning;
- Associazione tra lo Shanghai Tongji Urban Planning & Design Institute (Main Consultant) e Easen International Co., Ltd.;
- Associazione tra la Società Italiana di Monitoraggio (Main Consultant), l'Istituto di Emergency Management and Reconstruction in Post-disaster dell'Università del Sichuan (China), il World Habitat Research Centre, dell'Università di Scienze Applicate della Svizzera Meridionale e la Facoltà di Architettura di Pescara dell'Università degli Studi "G. d'Annunzio".

PROGETTARE DOPO IL TERREMOTO

ABRUZZO A SHANGAI. IL TERREMOTO ALL'EXPO 2010

Ester Zazzero*

Nel presentare l'Abruzzo a Shangai, si è cercato di suscitare interesse per una regione oggi praticamente sconosciuta in Cina, tenendo conto al tempo stesso del notevole sovraccarico di immagini e stimoli offerti da una mega esposizione, grande e affollata come mai è accaduto nella storia.

L'Abruzzo ha qualcosa in comune con la Cina. Ha conosciuto la drammatica esperienza del terremoto, lì anticipata un anno prima dall'immane catastrofe del Wenchuan. Un territorio immenso, mezzo milione di chilometri quadrati, devastato da un sisma che ha lasciato senza casa milioni di persone. Le dimensioni della tragedia sono radicalmente diverse, ma in fondo simili le questioni che ne discendono: come far riprendere la vita di territori feriti a morte; come impostare la ricostruzione utilizzando al meglio le risorse pubbliche; con quale modello governare le strategie d'intervento; come mobilitare tutte le risorse disponibili tra pubblico e privato.

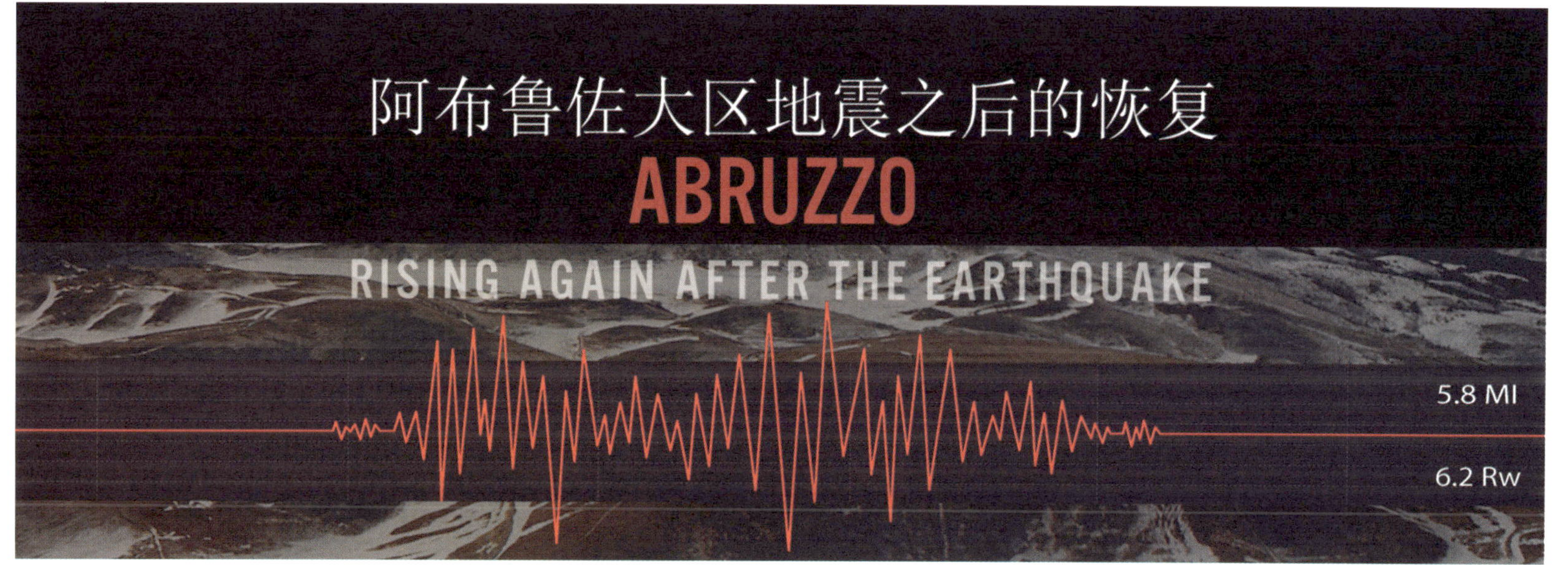

阿布鲁佐大区地震之后的恢复
ABRUZZO
RISING AGAIN AFTER THE EARTHQUAKE
5.8 Ml
6.2 Rw

Il progetto del padiglione interno all'edificio Italia, elaborato su incarico del Centro Estero della Camera di Commercio Abruzzo, in accordo con la Regione Abruzzo e l'ICE, ha inserito la vicenda del sisma all'interno di una presentazione più complessiva dell'esperienza abruzzese. Si è proposta l'immagine di un Abruzzo ricco di qualità ambientali e paesaggistiche, alle prese con problemi di ritardo dello sviluppo all'ordine del giorno anche in alcune province della Cina. L'immagine di una regione che, diversamente dalle altre del nostro Mezzogiorno, ha saputo comunque uscire dalla propria condizione di sottosviluppo, mantenendo un'apprezzabile coesione sociale e tutelando al tempo stesso la propria natura di "cuore verde" dell'Europa. Una regione che oggi si sta interrogando sul modo di portare l'ambiente anche dentro le città, facendo proprio gli obiettivi della sostenibilità richiesti dall'Unione europea. Una regione infine che vorrebbe ispirare alla sostenibilità anche gli sforzi per la ricostruzione post-sismica, particolarmente gravosi per un trauma che

ha messo in ginocchio la capitale regionale ripercuotendosi negativamente sul funzionamento di tutto il territorio abruzzese.
Nel restituire l'esperienza del terremoto dell'Aquila, si è preferito non insistere troppo sui temi della programmazione degli interventi per l'emergenza, su cui la Cina vanta già una formidabile capacità operativa, che le ha consentito di raggiungere risultati notevoli pur di fronte alla vastità della catastrofe sofferta. Piuttosto, si è cercato di mettere in risalto il modello innovativo di governance per la ricostruzione, che il nostro Paese sta cercando di sperimentare in questa drammatica circostanza. Una governance multilivello e interistituzionale, che nel passaggio dall'emergenza alla ricostruzione vorrebbe far condividere le responsabilità in modo partenariale tra Stato, Regione, Comuni, Agenzie di settore e Corpi tecnici dello Stato, favorendo anche il contributo solidale del volontariato e di altre istituzioni pubbliche e private.

Come sappiamo, la praticabilità di questo modello partenariale è tutt'altro che scontata, soprattutto se la cooperazione si trasforma in conflitto, e se la gestione non viene effettivamente condivisa e trattata in modo trasparente, affermando esplicitamente il primato dell'interesse pubblico nella regia degli interventi di ricostruzione.
I suoi risultati saranno in ogni caso l'esito dell'effettiva capacità di dialogo e cooperazione tra i diversi attori, più ancora che dell'architettura istituzionale adottata. Ma appaiono comunque innegabili i suoi vantaggi potenziali, rispetto al modello di gestione fortemente centralizzata su un solo attore. Sotto questo profilo, l'esperienza italiana può suscitare interesse anche in Cina, oggi alle prese con un problema irrisolto di rappresentatività delle popolazioni locali e delle loro istituzioni di governo.
Il progetto per l'allestimento propone un'esperienza conoscitiva coinvolgente, giocata con l'alternanza delle luci e delle ombre e con rapide figurazioni evocative.
Un percorso-guida fa immergere

inizialmente nella scena urbana dell'Aquila prima del terremoto, come esempio magnifico di centro storico italiano; poi, dopo la dissolvenza delle immagini di una bellezza perduta, la sequenza serrata degli schermi video parziali, che richiamano i contenuti salienti della comunicazione attraverso un linguaggio concitato e intermittente; infine l'incontro con il megaschermo finale, che mette in scena il dramma dell'Aquila, le azioni dell'emergenza e della ricostruzione, con poche battute di forte impatto emotivo. Alla conclusione del percorso guida, sulla via dell'uscita, i dispositivi di consultazione ipertestuale dei materiali prodotti dalle molte istituzioni che hanno voluto partecipare questo importante evento.
La parete-schermo espone con video, proiezioni ed espositori i quattro temi portanti intorno ai quali cui ruota l'esposizione:
- La Città sostenibile ;
- Il Terremoto e la Ricostruzione, tra paesaggi culturali e turismo sostenibile;

PROGETTARE DOPO IL TERREMOTO

- Poli di Innovazione e Cluster d'imprese;
- Ricerca scientifica.

La grande proiezione a parete lascia ampio spazio alla rappresentazione dell'evento del terremoto e delle prime azioni per l'emergenza, evidenziando i temi di ricerca connessi al recupero del patrimonio storico e dell'innovazione tecnologica della ricostruzione.

(*) Dottore di Ricerca in Urbanistica, Università "G.D'Annunzio " di Chieti-Pescara, curatrice dell'allestimento. collaboratori: arch. Vincenzo La Rosa, arch. Angelo Venturi, arch.Valerio Rompietti, arch.Jean Pier Fuda, arch. Roberta Di Stasio, arch.Valeria Sansoni

Riferimenti bibliografici:
E.Zazzero, 2010, "Abruzzo_Rising again after the earthquake", Sala editore, Pescara

Credits documentario
Regione Abruzzo
Centro Estero delle Camere di Commercio d'Abruzzo
S.C.U.T. Centro di Ricerche "Sviluppo Competitivo Urbano e Territoriale", Università "G.D'Annunzio" di Chieti-Pescara
Casting
Direzione Alberto Clementi
Coordinamento operativo e curatrice dell'allestimento Ester Zazzero
Elaborazioni grafiche Dante Antonucci, Laura Crognale, Maura Pasquini
Realizzazione allestimento Eurostands S.p.A.
Materiale Fotografico
Dante Antonucci, Ennio Balducci, Francesco Casciola, Franco Ceccarini, Laura Crognale, Antonio De Paolis, Antonio Di Loreto, Massimo Molino, Giuseppe Santalena, Mauro Vitale.

PROGETTARE DOPO IL TERREMOTO

为了恢复的迅即行动
ACTING IN TIME FOR RECOVERY

拉奎拉2010年4月6日
L'AQUILA APRIL 6, 2010

PUBLISHED BY
PUBBLICATO DA
LISt Lab Laboratorio
Internazionale Editoriale
www.listlab.eu
www.momboo.net

AUTHORS AUTORI
Alberto Clementi
Paolo Fusero

EDITORIAL DIRECTION
COORDINAMENTO EDITORIALE
Pino Scaglione

ART DIRECTOR
DIRETTORE ARTISTICO
Massimiliano Scaglione

GRAPHIC DESIGN
DISEGNO GRAFICO
Harry Scheihing

DIGITAL PRODUCTION
PRODUZIONE DIGITALE
Arianna Scaglione

Printed and bound in the
European Union, Giugno 2011
Stampato e rilegato in
Unione Europea, June 2011

ISBN 9788895623474

CONTACT
CONTATTI
Italy-Italia
Piazza Lodron, 9
38100, Trento
tel. +39 0461 282665
Spain-Spagna
C/ Ferlandina, 53 bajo
08001, Barcelona
tel. +34 934422365

www.listlab.eu
info@listlab.eu

LISt Lab is an editorial workshop, set in
Barcelona, that works on contemporary
issues. LISt Lab not only publishes, but
also researches, proposes, endeawour,
promotes, produces, creates networks.

List Lab è un Laboratorio editoriale, con
sede a Barcellona, che lavora intorno ai
temi della contemporaneità. List ricerca,
propone, elabora, promuove, produce,
mette in rete e non solo pubblica.

INTERNATIONAL SALES AND PROMOTION
PROMOZIONE E DISTRIBUZIONE INTERNA-
ZIONALE
Actar D
Roca i Batlle, 2
08023 Barcelona
T: +34 934174993
F: +34 934186707
office@actar-d.com
www.actar-d.com

Actar D USA
158 Lafayette Street 5th Fl.
New York, NY 10013 (USA)
officeusa@actar-d.com
www.actar-d.com